Mobile Commerce

Springer

Berlin
Heidelberg
New York
Hongkong
London
Mailand
Paris
Tokio

Klaus Turowski
Key Pousttchi

Mobile Commerce

Grundlagen und Techniken

Mit 84 Abbildungen
und 9 Tabellen

 Springer

Prof. Dr. Klaus Turowski
Dipl.-Kfm. Key Pousttchi
Universität Augsburg
Lehrstuhl für Wirtschaftsinformatik und Systems Engineering
Universitätsstraße16
86159 Augsburg
http://wi2.wiwi.uni-augsburg.de

ISBN 3-540-00535-8   Springer-Verlag Berlin Heidelberg New York

Bibliografische Information Der Deutschen Bibliothek
Die Deutsche Bibliothek verzeichnet diese Publikation in der Deutschen Nationalbibliografie;
detaillierte bibliografische Daten sind im Internet über *http://dnb.ddb.de* abrufbar.

Dieses Werk ist urheberrechtlich geschützt. Die dadurch begründeten Rechte, insbesondere
die der Übersetzung, des Nachdrucks, des Vortrags, der Entnahme von Abbildungen und
Tabellen, der Funksendung, der Mikroverfilmung oder der Vervielfältigung auf anderen Wegen und der Speicherung in Datenverarbeitungsanlagen, bleiben, auch bei nur auszugswei-
ser Verwertung, vorbehalten. Eine Vervielfältigung dieses Werkes oder von Teilen dieses
Werkes ist auch im Einzelfall nur in den Grenzen der gesetzlichen Bestimmungen des Urheberrechtsgesetzes der Bundesrepublik Deutschland vom 9. September 1965 in der jeweils
geltenden Fassung zulässig. Sie ist grundsätzlich vergütungspflichtig. Zuwiderhandlungen
unterliegen den Strafbestimmungen des Urheberrechtsgesetzes.

Springer-Verlag Berlin Heidelberg New York
ein Unternehmen der BertelsmannSpringer Science + Business Media GmbH

http://www.springer.de

© Springer-Verlag Berlin Heidelberg 2004
Printed in Germany

Die Wiedergabe von Gebrauchsnamen, Handelsnamen, Warenbezeichnungen usw. in diesem
Werk berechtigt auch ohne besondere Kennzeichnung nicht zu der Annahme, dass solche
Namen im Sinne der Warenzeichen- und Markenschutz-Gesetzgebung als frei zu betrachten
wären und daher von jedermann benutzt werden dürften.

Umschlaggestaltung: Erich Kirchner, Heidelberg
SPIN 10914144   42/3130 – 5 4 3 2 1 0 – Gedruckt auf säurefreiem Papier

Vorwort

Im alltäglichen Leben, in der betrieblichen Praxis und in der Wirtschaftsinformatik hat der Einsatz mobiler elektronischer Kommunikationstechniken in den letzten zehn Jahren zunehmend an Bedeutung gewonnen.

Ebenso wie die Internet-, hat auch die Mobilfunktechnologie durch ihre rasante Verbreitung eindrucksvoll unter Beweis gestellt, wie hoch in einer durch stetig steigende Mobilität gekennzeichneten Informationsgesellschaft der Bedarf für derartige Technologien ist. Die Konvergenz der beiden Schlüsseltechnologien ist eine logische Folge dieser Entwicklung und findet in der Entstehung des *Mobile Commerce* als neuer Ausprägung des Electronic Commerce ihren Ausdruck. Dabei haben die am Markt aufgetretenen Probleme zwar die noch vor einigen Jahren überschwänglich vorhandene Euphorie äußerst wirkungsvoll gebremst, vermögen jedoch die aufgezeigte Grundrichtung – und damit die Tendenz hin zu mobilen Systemen und Anwendungen – nicht zu ändern. Gleichzeitig ist festzustellen, dass zwischen dem Mobile Commerce und dem „klassischen" Electronic Commerce in vielen Bereichen mindestens ebenso signifikante Unterschiede bestehen wie Gemeinsamkeiten. Aus diesem Grund haben sich die Verfasser im Jahr 2001 entschieden, den technischen und betriebswirtschaftlichen Grundlagen des Mobile Commerce an der Universität Augsburg eine eigene Lehrveranstaltung zu widmen, die seitdem im Rahmen des Schwerpunktes Wirtschaftsinformatik gleichermaßen für Studenten der Betriebswirtschaftslehre und der Angewandten Informatik angeboten wird.

Das vorliegende Buch basiert auf den Inhalten dieser Lehrveranstaltung. Es setzt allgemeine Wirtschaftsinformatik-Grundkenntnisse voraus. Darauf aufbauend bietet es Studenten und Praktikern, insbesondere Entscheidungsträgern, eine praxisorientierte Einführung in die Besonderheiten mobiler elektronischer Kommunikationstechnologien und ihres Einsatzes im Rahmen geschäftlicher Transaktionen. Dabei sollen sowohl Wissen und Methoden vermittelt als auch praktische Anleitungen gegeben werden. Mit einer solchen, breit angelegten Einführung kann in keinem Falle das Detailwissen für alle Aufgabenbereiche vermittelt werden. Daher ist ein weiteres Ziel, den Leser zu befähigen, die vorhandene Spezialliteratur einschätzen und zielgerichtet nutzen zu können. Dies gilt ebenso für Internetquellen, auf deren Nutzung der Leser in vielen Fällen angewiesen sein wird. Da die Qualität dieser Quellen sehr unterschiedlich ist, kommt es hier in noch stärkerem Maße darauf an, einschätzen und differenzieren zu können. Einen ersten Einstiegspunkt in die Recherche bieten die zu den einzelnen Kapiteln angegebenen Literaturhinweise und Internetquellen, die zum vertiefenden Studium empfohlen werden.

Die Wirtschaftsinformatik ist eine angewandte Wissenschaft. Es ist den Verfassern daher auch auf dem Fachgebiet des Mobile Commerce ein Anliegen, Forschung und Lehre im ständigen Dialog mit der Praxis zu halten. Am Lehrstuhl für Wirtschaftsinformatik und Systems Engineering findet diese Verknüpfung einerseits in einer ganzen Reihe von Forschungs- und Praxisprojekten, andererseits in institutionalisierter Form, beispielsweise durch Zusammenarbeit im Rahmen des Mobile Application Research Center (MARC), des Arbeitskreises Mobile Business (AKMB), durch Mitarbeit in Industrie-Standardisierungsgremien oder durch Veranstaltungen wie dem alljährlich unter dem Leitmotiv „Science meets industry" stattfindenden Augsburger Workshop Mobile Commerce statt. Noch wichtiger ist die Verknüpfung von Theorie und Praxis für den studentischen Leser: Erst sie schafft tatsächlich Urteilsfähigkeit und bereitet angemessen auf eine Berufstätigkeit vor. Es kann daher nicht deutlich genug empfohlen werden, entsprechende Möglichkeiten sowohl im Studium (z.B. durch Projektseminare), als auch studienbegleitend (z.B. durch Praktika) zu nutzen.

Unser Dank gilt Herrn Andreas Gumpp sowie Herrn Dipl.-Kfm. Bernhard Selk und Herrn Andreas Eberhardt für ihre engagierte Unterstützung bei der Erstellung und Korrektur des Manuskriptes. Wir danken zudem einer Vielzahl von Praktikern aus dem Bereich des Mobile Commerce, mit denen wir unsere Konzepte und Einschätzungen diskutieren konnten, sowie Herrn Dr. Werner A. Müller und Frau Irene Barrios-Kežić, Springer-Verlag, für die gute Zusammenarbeit, vielfältige Anregungen und nicht zuletzt die den Verfassern gegenüber aufgebrachte Geduld.

Abschließend sei darauf hingewiesen, dass Internetquellen und Informationen den Stand Mitte 2003 widerspiegeln. Ein „Update-Service" für dieses Buch und weitere Informationen sind im Internetangebot der Arbeitsgruppe Mobile Commerce unter

http://wi2.wiwi.uni-augsburg.de/mobile/

verfügbar. Hier besteht auch die Möglichkeit, den Verfassern Anregungen und Hinweise zukommen zu lassen.

Augsburg, im August 2003

Klaus Turowski   Key Pousttchi

Inhaltsverzeichnis

1 Vom Electronic zum Mobile Commerce

1.1 Grundlagen und Begriffe

Folgt man dem Global Mobile Commerce Forum, so ist *Mobile Commerce* „the delivery of electronic commerce capabilities directly into the consumer's device, anywhere, anytime via wireless networks". Ist dies auch noch keine präzise Definition, wird doch die Richtung sehr deutlich.

Ausgangspunkt ist also der Begriff des *Electronic Commerce (EC)*. In diesem Buch wird dabei generell vom Electronic Commerce im weiteren Sinne ausgegangen, der jede Art von geschäftlicher Transaktion umfasst, bei der die Transaktionspartner im Rahmen von Leistungsanbahnung, Leistungsvereinbarung oder Leistungserbringung elektronische Kommunikationstechniken einsetzen.[1] In der Literatur findet sich hierfür häufig auch der Begriff *Electronic Business*, der durch eine IBM-Werbekampagne in den 90er Jahren populär wurde.

Mobile Commerce (MC) ist eine spezielle Ausprägung des EC und weist als solche einige besondere Charakteristiken auf, insbesondere die Verwendung drahtloser Kommunikation und mobiler Endgeräte. Dies führt zu folgender Begriffsdefinition:

> *Mobile Commerce* bezeichnet jede Art von geschäftlicher Transaktion, bei der die Transaktionspartner im Rahmen von Leistungsanbahnung, Leistungsvereinbarung oder Leistungserbringung mobile elektronische Kommunikationstechniken (in Verbindung mit mobilen Endgeräten) einsetzen.

Auch für den MC gibt es in der Literatur noch kein einheitliches Begriffsgerüst, so dass auf die genannte Definition analog zu EC häufig auch der Begriff *Mobile Business* Anwendung findet und MC nur im engeren Sinne, also für Warenverkehr, gebraucht wird. In diesem Buch wird die obige Definition verwendet, der Begriff des Mobile Business findet keine Anwendung.

---

[1] EC im engeren Sinne würde nur die elektronische Abwicklung des Warenverkehrs umfassen.

Unter *mobilen elektronischen Kommunikationstechniken* versteht man die verschiedenen Arten drahtloser Kommunikation, insbesondere natürlich den Mobilfunk, aber in verschiedenen Einsatzgebieten ebenso Technologien wie etwa Wireless LAN, Bluetooth oder Infrarotübertragung. Auf diese Techniken wird in Kapitel 2 näher eingegangen.

Unter *mobilen Endgeräten* versteht man alle Endgeräte, die für den mobilen Einsatz konzipiert sind. Dieses Spektrum beginnt bei beliebig kleinen, möglicherweise in Alltagsgeräte eingebetteten Elementen und führt über verschiedenste Arten von Mobiltelefonen bis hin zu Handheld-Geräten und Tablet-PC. Der Laptop-Computer wird mit dieser Definition ausgeschlossen, da er dem typischen Verständnis von mobilem Einsatz nicht genügt. Auf die einzelnen Arten mobiler Endgeräte wird in Kapitel 1 näher eingegangen.

Als wesentliche Transaktionspartner können, analog zum EC, Unternehmen (Business, „B") und Endkunden (Consumer, „C") identifiziert werden. Dies führt zu den Ausprägungsgraden

- *Business-to-Business (B2B)* Mobile Commerce und
- *Business-to-Consumer (B2C)* Mobile Commerce.

Hinzu tritt noch der Begriff des *Device-to-Device (D2D)*, wobei es sich aber nicht im selben Sinne um Transaktionspartner handelt. Stattdessen bezeichnet D2D eine Spezialform des B2C oder B2B MC, bei der Geräte stellvertretend für einen oder mehrere Transaktionspartner agieren.

Häufig werden noch weitere, teils wenig standardisierte Kürzel verwendet. Geläufig ist „A" für Administration (gemeint sind staatliche Stellen), seltener sind „P" für Person und „E" für Enterprise oder Employee.

Wie oben angesprochen, ist MC Teilmenge des EC. In diesem Buch wird jedoch häufig der Vergleich zwischen „klassischem" EC und MC benötigt. Aus Gründen der Begriffsvereinfachung wird daher – wo nicht anders angegeben – der Begriff des EC synonym mit dem „klassischen" EC ohne den Einsatz mobiler Kommunikationstechniken und mobiler Endgeräte, also für die Differenzmenge (EC – MC), verwendet.

1.2 Randbedingungen

Betrachtet man nun die Randbedingungen des MC, so stößt man als erstes auf die hohe und nachhaltige Akzeptanz des Mobilfunks. Im Jahr 2002 war das Mobiltelefon in Deutschland bereits stärker verbreitet als der Personal Computer und nur noch wenig geringer als das Fernsehgerät. Diese beeindruckende Verbreitung ist in wenigen Jahren erfolgt und zieht sich quer durch alle sozialen Schichten und Altersgruppen. Sie geht einher mit einer überwiegend positiven emotionalen Belegung – das Mobiltelefon wird mit Modernität assoziiert. Hinzu kommt, dass ständige Erreichbarkeit zu einer sozialen Anforderung der heutigen Gesellschaft geworden ist.

Daraus folgt die zweite Randbedingung: Es genügt nicht, ein Gerät zu besitzen, sondern man führt es auch ständig mit sich. Das Mobiltelefon ist integraler Bestandteil des Lebens vieler Nutzer geworden. Es ist *allgegenwärtig*, sein Nutzer ist über diesen Kanal ständig zu erreichen. Weiterhin sind Gerät und Nutzer typischerweise 1:1 zugeordnet, die Nutzung eines Gerätes durch mehrere Personen oder mehrerer Geräte durch eine Person ist die Ausnahme. Das mobile Endgerät hat damit mehr Ähnlichkeit mit einer Brieftasche, als mit einem Arbeitsplatzcomputer. Es wird zum *Personal Trusted Device*.

MC-Angebote können nach ihrer Entwicklungsstufe differenziert werden. Man unterscheidet nach den bereitgestellten Möglichkeiten die Stufen

- *Information*, z.B. die Bereitstellung eines Online-Kataloges mit Preisinformationen,
- *Transaktion*, z.B. die Möglichkeit zum Kauf von Waren,
- *Interaktion*, z.B. kundenzentrierte Beratung, die auf Anforderungen flexibel reagiert.

Den Zusammenhang zwischen dem Aufwand für die Realisierung der einzelnen Stufen in Form der Erfordernis an Interoperabilität, Komplexität und Bandbreite einerseits und dem Ertrag in Form von erhöhter Wertschöpfung und Attraktivität sowie der Stärke der Veränderung zeigt Abb. 1-1.

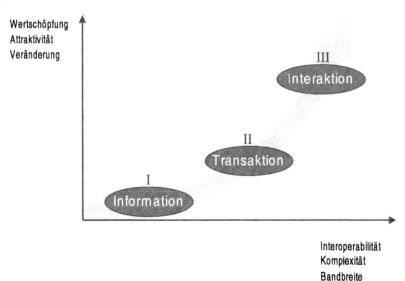

Abb. 1-1: Entwicklungsstufen des MC

Sieht man sich die Marktentwicklung des MC in Europa - und besonders in Deutschland - an, so stellt man in den Jahren 1999/2000 einen ersten „MC-Hype" fest, alle Umsatzprognosen zeigten bereits auf kurze Sicht steil nach oben. Diese Euphorie wurde durch die von Medien und Marketingabteilungen auf dem Höhepunkt des Internetbooms getriebene Vorstellung ausgelöst, mit dem aufkommenden WAP-Standard das Internet bald ohne wesentliche Einschränkungen mobil nutzen zu können.

Diesem hohen Erwartungsdruck waren die tatsächlichen Möglichkeiten mit niedrigen Bandbreiten, kleinen Displays und beschränkten Eingabemöglichkeiten natürlich nicht gewachsen.

Zudem steckt der Teufel bei einer neuen Technologie häufig im Detail, was auch bei prinzipiell realistischen Projekten die Markteinführung oft erheblich verzögerte. Verbesserungen der oben genannten Parameter einerseits, aber auch eine veränderte Sicht- und Konstruktionsweise von MC-Anwendungen andererseits, ermöglichen inzwischen auch bei nüchterner Betrachtung wieder Aussichten auf hohe Zuwachsraten. Insbesondere im B2B MC gibt es inzwischen eine Reihe von Anwendungen, die hohe Effektivitäts- oder Effizienzgewinne für die einsetzenden Unternehmen realisieren, z.B. im Außendienst oder im Fuhrparkmanagement. Beispiele sind insbesondere in Kapitel 10 zu finden. Die „Hypekurve" der Erwartung gegenüber der realen Entwicklung des MC (in Anlehnung an den „Gartner Hype Cycle of Emerging Technology") zeigt Abb. 1-2.

Derzeit befindet sich der Markt fraglos in der Phase des Wachstums. Wann jedoch von einer Etablierung gesprochen werden kann, hängt von vielen Faktoren ab – die zeitliche Einordnung der Phase 5 in der Grafik kann hier nur eine Tendenz wiedergeben.

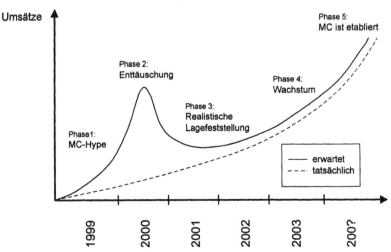

Abb. 1-2: Erwartung vs. Realität der MC-Marktentwicklung („Hypekurve")

Ein wichtiger Faktor für die Marktentwicklung im MC ist die Durchdringungsrate der Bevölkerung mit mobilen Endgeräten, insbesondere Mobiltelefonen. Nach Angaben der UN-Standardisierungsorganisation *ITU (International Telecommunication Union)* Ende 2002 liegt weltweit Taiwan mit 97 Mobiltelefonen je 100 Einwohner an der Spitze, europaweit Italien (91). Im Vergleich zu diesen Einzelwerten folgt Gesamt-Westeuropa zwar nur mit deutlichem Abstand, liegt mit einem Verbreitungsgrad von 68 (je nach Landauswahl auch 78) Mobiltelefonen je 100 Einwohner jedoch bei den Regionen an erster Stelle und dabei deutlich höher als Japan (59) und Nordamerika (41). Weltweit geht man von etwa 15 Mobiltelefonen je 100 Einwohner aus; die stärksten Wachstumsmärkte sind augenblicklich Osteuropa, Afrika und Asien. Insbesondere in weniger entwickelten Regionen geht der Aufbau der Mobilfunk-Infrastruktur oft erheblich schneller vor sich, als derjenige der drahtgebundenen Telekommunikation.

Vergleicht man die Wettbewerbspositionen Europas und der USA, so ergibt sich derzeit ein Vorsprung von etwa ein bis zwei Jahren für Europa. Die wesentlichen Gründe liegen darin, dass Europa mit GSM seit vielen Jahren über einen einheitlichen, erfolgreichen Mobilfunkstandard verfügt, die Durchdringungsrate mit entsprechenden Endgeräten hoch ist und es außerdem nur wenige, dafür aber große Netzbetreiber gibt. In den USA dagegen fehlt der einheitliche Standard und die Gerätelandschaft ist (bei geringerer Durchdringungsrate) sehr heterogen. Hinzu kommt, dass es eine unüberschaubare Vielzahl an (häufig regionalen) Netzbetreibern gibt, die nicht immer kompatible, teils gar noch analoge Netze betreiben. Eine Veränderung könnte jedoch durch die Adaption der 3G-Technologie eintreten.

Zusammenfassung

Mobile Commerce (MC) bezeichnet jede Art von geschäftlicher Transaktion, bei der die Transaktionspartner im Rahmen von Leistungsanbahnung, Leistungsvereinbarung oder Leistungserbringung *mobile elektronische Kommunikationstechniken* (in Verbindung mit *mobilen Endgeräten*) einsetzen. Seine wesentlichen Ausprägungen sind *B2B* und *B2C* MC; agieren Geräte dabei stellvertretend für Transaktionspartner, bezeichnet man dies als *D2D* MC.

Wesentliche Randbedingungen des MC sind die hohe Akzeptanz der Mobilfunktechnik, die typische 1:1-Zuordnung der Endgeräte und somit die Allgegenwärtigkeit dieser Technologie. Die Entwicklungsstufen von MC-Angeboten werden danach unterschieden, ob sie *Information*, *Transaktion* oder *Interaktion* ermöglichen.

Vor allem Standardisierung, hohe Durchdringungsrate und das Vorhandensein nur weniger, dafür großer Netzbetreiber ermöglichen dem Markt in Europa derzeit noch etwa ein bis zwei Jahre Vorsprung vor den USA.

Kontrollfragen

(1) Definieren Sie den Begriff Mobile Commerce. Welche Rolle spielt im MC die Mobilfunktechnik?

(2) Nennen Sie drei Beispiele für MC-Angebote, die im Bankbereich vorstellbar sind und sich auf unterschiedlichen MC-Entwicklungsstufen befinden.

Literaturhinweise

[1] *Graumann, S.; Köhne, B.:* Monitoring Informationswirtschaft, 6. Faktenbericht 2003. NFO Infratest GmbH & Co. KG im Auftrag des Bundesministeriums für Wirtschaft und Arbeit. München 2003.
Download: http://www.nfo-bi.com/bmwa/

[2] *Lehner, F.:* MobiLex – Begriffe und Abkürzungen für das Mobile Business. Regensburg 2002.
Download: http://www-mobile.uni-regensburg.de/

[3] *Michelsen, D.; Schaale, A.:* Handy Business – M-Commerce als Massenmarkt. Financial Times Prentice Hall, München 2002.

[4] *Selk, B.; Turowski, K.:* Mobile Commerce: Stand und Perspektiven. In: *Pousttchi, K.; Turowski, K. (Hrsg.):* Mobile Commerce - Anwendungen und Perspektiven. Proceedings zum 3. Workshop Mobile Commerce. Köllen, Bonn 2003, S. 7-11.

2 Drahtlose Kommunikation

2.1 Grundlagen und Begriffe

In Kapitel 1 wurde als eines der entscheidenden Merkmale des Mobile Commerce die Verwendung *mobiler elektronischer Kommunikationstechniken* genannt. Diese sollen im Folgenden betrachtet werden.

Als elektronische Kommunikationstechniken bezeichnet man Verfahren, die den Austausch von Signalen auch über größere Entfernungen unter Zuhilfenahme technischer Mittel ermöglichen. Dies wird auch als *Telekommunikation* bezeichnet. Bezug nehmend auf die Definition des ETSI (European Telecommunications Standards Institute) ist Telekommunikation „any transmission and/or emission and reception of signals representing signs, writing, images and sounds or intelligence of any nature by wire, radio, optical or other electromagnetic systems". Als *mobil* bezeichnet man eine solche Technik dann, wenn die Übertragung drahtlos erfolgt.

Um diese Techniken einsetzen zu können, muss man sich zunächst mit der Technologie befassen, die hierbei zur Anwendung kommt. Ziel dieses Kapitels ist es daher, die für den MC relevanten Übertragungstechnologien mit deren Funktionsweise, wesentlichen Charakteristiken und Einsatzbereichen zu kennen und beurteilen zu können.

Mobilfunk spielt im MC eine sehr große Rolle, stellt aber gleichwohl nur eine von mehreren Möglichkeiten der drahtlosen Kommunikation dar. Die wesentlichen Technologien sind

- für den Bereich der Weitverkehrsnetze (Wide Area Network, WAN):
  Mobilfunk, insbesondere wenn für mobile Endgeräte vollständige Ortsunabhängigkeit erforderlich ist (z.B. für Außendienstmitarbeiter, etwa im Job Dispatch eines Paketdienstes, oder in vielen B2C-Diensten wie Stadtführern oder mobilen Bankdienstleistungen),
- für den Bereich lokaler Vernetzung (Local Area Network, LAN):
  Wireless LAN, insbesondere wenn mobile Endgeräte sich in einem lokal eingegrenzten Bereich bewegen sollen (z.B. für Intranetzugang auf einem Firmengelände oder Internetzugang in einem Hotel, Flughafengebäude oder Messegelände),

- für den Bereich so genannter persönlicher Vernetzung (Personal Area Network, PAN):
  Bluetooth oder *Infrarotübertragung*, insbesondere wenn mobile Endgeräte untereinander oder mit einzelnen (Peripherie-)Geräten vernetzt werden sollen (z.B. ein Mobiltelefon mit einem Kassenautomat oder ein PDA mit einem Drucker).

Zusammenfassung

Eines der entscheidenden Merkmale des MC ist die Verwendung *mobiler elektronischer Kommunikationstechniken*. Die relevanten Technologien hierfür sind *Mobilfunk, Wireless LAN, Bluetooth* und *Infrarotübertragung*.

Kontrollfragen

(3) Bewerten Sie die Aussage „Mobile Commerce findet ausschließlich über das Handy im Mobilfunknetz statt".

2.2 Mobilfunk

2.2.1 Überblick

Mobilfunk ist eine Form der Telekommunikation, bei der ein Dienstanbieter die Übertragung von Sprache und Daten von und zu mobilen Endgeräten durch ein drahtloses Zugangsnetz auf Basis elektromagnetischer Wellen ermöglicht. Die ortsfesten Einrichtungen des Zugangsnetzes können dabei terrestrisch oder satellitengestützt sein.

Die von dieser Definition umfasste Erfordernis der Übertragung von Daten gehört heute zu den Grundanforderungen. In den Anfängen des Mobilfunks war sie jedoch nicht vorhanden. Entsprechende alte Technologien zählen daher zum Mobilfunk, auch wenn sie keine Datenübertragung vorsehen.

Um Mobilfunk zu betreiben, benötigt man ein so genanntes *Mobilfunknetz*. Mit diesem Begriff bezeichnet man die technische Infrastruktur, auf der die Übertragung der Mobilfunksignale stattfindet. Das Mobilfunknetz umfasst im Wesentlichen

- ein *Mobilvermittlungsnetz (Core Network, CN)*, in dem die Übertragung und Vermittlung der Signale zwischen den ortsfesten Einrichtungen des Mobilfunknetzes stattfindet sowie

- ein *Zugangsnetz (Radio Access Network, RAN)*, in dem die Übertragung der Signale zwischen einer Mobilfunkantenne und dem mobilen Endgerät stattfindet; man nennt dies auch die *Luftschnittstelle*.

Die Übertragung im Mobilvermittlungsnetz findet typischerweise drahtgebunden (also im „Festnetz") statt, in seltenen Fällen auch über Richtfunkstrecken. Erst das Zugangsnetz ist also das eigentliche Funknetz.

Bei dem Begriff Mobilfunknetz denkt der unbedarfte Betrachter typischerweise zuerst an das Funknetz. Die Signalübertragung findet jedoch in der Regel auf dem weit überwiegenden Teil der Strecke im Mobilvermittlungsnetz statt. Dies sei an einem Beispiel verdeutlicht: Führt ein Mobilfunkteilnehmer aus Augsburg ein Gespräch mit einem Mobilfunkteilnehmer in Berlin, so werden die Signale typischerweise nur über eine kurze Strecke im Stadtgebiet von Augsburg sowie über eine kurze Strecke im Stadtgebiet von Berlin mittels Funk übertragen. Der gesamte Rest der Übertragungsstrecke wird drahtgebunden zurückgelegt. Die schematische Darstellung in Abb. 2-1 soll den Unterschied verdeutlichen.

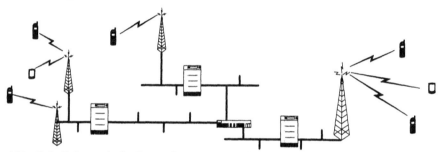

Abb. 2-1: Schematische Darstellung eines Mobilfunknetzes

Im Folgenden wird zunächst in Abschnitt 2.2.2 ein Überblick über bedeutsame Mobilfunkstandards der ersten bis dritten Generation gegeben.

Im Mittelpunkt der nachfolgenden Abschnitte steht der GSM-Standard. Die Relevanz dieses Standards ergibt sich nicht nur aus dessen unangefochtener Marktführerschaft in den meisten Teilen der Welt, sondern vor allem daraus, dass er sowohl das Begriffsgerüst, als auch die technische Grundlage für Nachfolgestandards wie GPRS und UMTS bildet.

Abschnitt 2.2.3 führt die Mehrfachnutzung von Funkressourcen mittels der verschiedenen Multiplexverfahren ein und verdeutlicht diese am Beispiel. Abschnitt 2.2.4 geht auf die Struktur und Funktionsweise eines GSM-Mobilfunknetzes ein. Aufbauend auf diesem Grundverständnis befasst sich Abschnitt 2.2.5 mit den verschiedenen Möglichkeiten und Standards der Datenübertragung und Abschnitt 2.2.6 schließlich mit Struktur und Funktionsweise der aktuellen GPRS- und UMTS-Mobilfunknetze.

Zusammenfassung

Mobilfunk ist eine Form der Telekommunikation, bei der ein Dienstanbieter die Übertragung von Sprache und Daten von und zu mobilen Endgeräten durch ein drahtloses Zugangsnetz auf Basis elektromagnetischer Wellen ermöglicht. Ein Mobilfunknetz besteht aus *Mobilvermittlungsnetz* (in dem der größte Teil der Übertragung stattfindet) und *Zugangsnetz*. Der weltweit dominierende *GSM*-Standard bildet die konzeptionelle und technische Grundlage für die Nachfolgestandards *GPRS* und *UMTS*.

2.2.2 Mobilfunkstandards

Im Folgenden sollen kurz die wesentlichen Mobilfunkstandards der ersten bis dritten Generation angesprochen werden. Zuvor seien zwei Begriffe aus dem Festnetzbereich genannt: Der Begriff *PSTN* bezeichnet das *Public Switched Telephone Network*, eine übliche Bezeichnung für das (analoge) Festnetz. Der Begriff *ISDN* ist hierzulande bekannter und bezeichnet das *Integrated Services Digital Network*, das digitale Festnetz. Bei den Mobilfunkstandards spricht man typischerweise von drei Generationen.

Die 1. Generation (1G) verwendet im Zugangsnetz analoge Übertragungstechnik. Einige Standards sind bereits datenfähig.

In Deutschland sind die 1G-Netze inzwischen abgeschaltet, für die öffentliche Nutzung existierten das *A-Netz* (1958-1977, handvermitteltes Autotelefon, ca. 10.000 Teilnehmer), das *B-Netz* (1972-1994, sektororientiertes Autotelefon, ca.16.000 Teilnehmer) und das *C-Netz* (1985-2000, tragbare Telefone auf Basis analoger Funktechnik, ca. 800.000 Teilnehmer). Das A-Netz war zu seiner Zeit das weltgrößte flächendeckende öffentliche Mobilfunknetz. Datenübertragung wurde erstmals mit dem C-Netz möglich. In Skandinavien werden unter *NMT (Nordic Mobile Telephone)* noch 1G-Netze betrieben, die Lizenzen laufen jedoch aus. Das nordamerikanische *AMPS (Advanced Mobile Phone Service)* ist jedoch nach wie vor in Nutzung (1998: 60 Mio. Teilnehmer). Außerhalb Nordamerikas waren AMPS-basierte Netze auch in Südamerika, Teilen Afrikas sowie in Europa mit *TACS (Total Access Communications System)* und in Japan mit *JTACS (Japan Total Access Communications System)* in Betrieb.

Bei den Standards der 2. Generation (2G) wird digitale Übertragungstechnik verwendet. Die Netze sind auf Sprachübertragung optimiert, aber durchgängig datenfähig.

Der weltweit dominierende Standard ist hier *GSM (Global System for Mobile Communications)*. GSM wird nach den verwendeten Frequenzbereichen unterschieden, die wichtigsten Ausprägungen sind *GSM 900* (z.B. in Deutschland D-Netze seit 1991), *GSM 1800* (Weiterentwicklung, z.B. in

Deutschland E-Netze seit 1994) und *GSM 1900* (USA/Kanada). Daneben gibt es in einigen Ländern GSM 400 sowie speziell für den Einsatz bei Eisenbahngesellschaften GSM-Rail (GSM-R). GSM-R verfügt über zahlreiche Erweiterungen, etwa für die automatisierte Kontrolle und Steuerung des Zugverkehrs *(Automatic Train Control, ATC)*, die Möglichkeit zu Broadcast- und Gruppenrufen *(Voice Broadcast Service, VBS,* bzw. *Voice Group Call Service, VGCS)*, einer funktionsorientierten und relativen Adressierung (z.B. „Zugchef im ICE 123" oder „für diesen Streckenabschnitt zuständiges Stellwerk") und einer Priorisierung von Gesprächen innerhalb des Netzes.

Obschon auch in Nordamerika die Bedeutung von GSM ansteigt, wird dieser Markt noch immer von zwei anderen Standards dominiert. Bei dem ersten Standard handelt es sich um die digitale Weiterentwicklung von AMPS, die als *TDMA IS-136 (Time Division Multiple Access)* oder auch simpel als *D-AMPS* (digitales AMPS) bezeichnet wird. Dieser Standard unterstützt neben digitalen auch weiterhin analoge Kanäle; er ist für paketorientierte Datenübertragung erweiterbar. Bei dem zweiten Standard handelt es sich um *CDMA IS-95 (Code Division Multiple Access)*, das auch als *CDMAone* bezeichnet wird. Dieser Standard basiert auf einem digitalen Netz, in dem die Ausnutzung des Frequenzspektrums bereits mittels Codemultiplex-Verfahren (siehe 2.2.3) erfolgt und das zu *IS-95B* mit der Möglichkeit der Kanalbündelung (siehe 2.2.5) und der Bereitstellung von Kurznachrichten- und Telefax-Diensten erweiterbar ist. Der in Japan dominierende 2G-Standard ist *PDC (Personal Digital Cellular)*, das auf einem digitalen Netz und der Anwendung von Frequenz- und Zeitmultiplex-Verfahren (siehe 2.2.3) basiert.

Einen Vergleich der Teilnehmerzahlen im Jahr 2001 zeigt Abb. 2-2. Anfang 2003 betrug die Zahl der GSM-Teilnehmer bereits 780 Millionen.

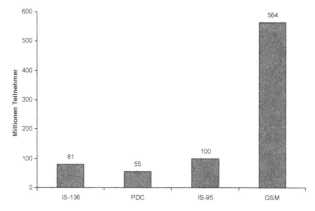

Abb. 2-2: Teilnehmerzahlen nach Mobilfunkstandards 2001 (Quelle: Global Mobile Suppliers Association)

Ebenfalls zur 2. Generation zählt *Terrestrial Trunked Radio (TETRA)*, ein ETSI-Standard für digitalen Bündelfunk, der für sicherheitsrelevante Anwendungen bei Behörden, Sicherheitsdiensten usw. vorgesehen ist.

2G-Netze sind zwar prinzipiell datenfähig, diese Fähigkeit ist jedoch eher rudimentär ausgeprägt. Um nun einerseits den Zeitraum bis zur Einführung datenoptimierter Netze der 3. Generation zu überbrücken und andererseits deren Einführung durch eine schrittweise Vorgehensweise zu erleichtern, wurde eine Zwischengeneration geschaffen, die 2.5G-Netze. Bestehende 2G-Netze werden unter Nutzung dieser Standards um die Fähigkeit zur paketorientierten Datenübertragung erweitert (siehe 2.2.5). Die Standards in diesem Bereich sind *GPRS (General Packet Radio Service)*, das weltweit als Ausbaustufe von GSM-Netzen eingeführt wurde, und *EDGE (Enhanced Data Rates for Global Evolution)*, das sowohl zum Ausbau von GSM-, als auch von AMPS-basierten Netzen geeignet ist. Beide Standards werden in Abschnitt 2.2.6 ausführlicher betrachtet.

Die Erfahrung mit den sehr heterogenen 2G-Standards führte dazu, dass für die Entwicklung der 3. Generation (3G) eine weltweit abgestimmte Zielvorstellung zugrunde gelegt wurde, das Konzept *IMT-2000 (International Mobile Telecommunications 2000)* der ITU. Die wichtigsten Ziele hierbei waren

- Unterstützung höherer Übertragungsraten (bis 2 MBit/s),
- Unterstützung von Multimedia-Anwendungen,
- erweitertes Roaming.

Dieses Konzept wurde weltweit in eine Reihe von Vorschlägen umgesetzt, aus denen zwei beherrschende Standards hervor gingen: Das stark europäisch beeinflusste Gremium *3GPP (Third Generation Partnership Project)* legte den auf die GSM/GPRS-Spezifikationen aufbauenden Standard *UMTS (Universal Mobile Telecommunications System)* vor, das stark nordamerikanisch beeinflusste Gremium 3GPP-2 den auf die IS-95-Spezifikationen aufbauenden Standard *CDMA-2000*. Asien ist sowohl in der Gruppe 3GPP, als auch in der Gruppe 3GPP-2 vertreten.

Mit Blick auf die Ausgangslage, i. e. die Teilnehmerzahlen in den derzeit verfügbaren Netzen (vgl. Abb. 2-2), ist es sehr wahrscheinlich, dass UMTS als GSM-Nachfolger zum weltweit führenden 3G-Standard avancieren wird. UMTS wird in Abschnitt 2.2.6 ausführlicher betrachtet.

Verschiedene Technologiefirmen und seit Ende 1999 auch die ITU arbeiten unter dem Stichwort „beyond IMT-2000" bereits an den Anforderungen für die 4. Mobilfunkgeneration (4G). Wie schon bei den vorhergegangenen Generationswechseln sind auch beim Schritt von 3G nach 4G deutliche Steigerungen bei den Faktoren Funktionalität, Verlässlichkeit, Effizienz und Qualität zu erwarten (Abb. 2-3).

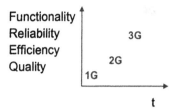

Abb. 2-3: Generationenfortschritt der Mobilfunk-Standards

Schwerpunkte der 4G-Entwicklung liegen in den Bereichen der Integration heterogener drahtloser Netze (z.b. unter Einbeziehung von WLAN- und Bluetooth-Technologie), der Sicherheit sowie der effizienteren Ausnutzung des Frequenzspektrums. Der Nutzer der Zukunft soll über eine Breitband-Datenanbindung verfügen, die im mobilen Einsatz, transparent gegenüber der verwendeten Funktechnologie, die definierte (und bezahlte) Dienstgüte bereitstellt. Mit der Verfügbarkeit entsprechender Technologien ist frühestens ab 2007 zu rechnen.

Zusammenfassung

Mobilfunkstandards der 1. Generation (z.b. *NMT*, *AMPS*) verwenden analoge Übertragungstechnik, die teils datenfähig ist. 2G-Standards (z.B. *GSM*, *IS-136*, *IS-95*) verwenden digitale Netze. Sie sind auf Sprachübertragung optimiert und generell datenfähig. Um jedoch heutigen Anforderungen zu genügen, ist als erster Schritt zu 3G die Fähigkeit zur *paketorientierten Datenübertragung* erforderlich. Hierfür werden die 2.5G-Technologien *GPRS* und *EDGE* verwendet. 3G-Netze unterstützen vor allem höhere Übertragungsraten, Multimedia-Anwendungen und erweitertes Roaming. Sie sind datenoptimiert. Aufgrund der GSM-Dominanz kann grundsätzlich von *UMTS* als wichtigstem 3G-Standard ausgegangen werden; zumindest im nordamerikanischen Raum wird allerdings vorwiegend *CDMA-2000* zum Einsatz kommen. In 4G-Netzen werden zukünftig verschiedene Funktechnologien integriert zur Verfügung stehen.

2.2.3 Multiplexverfahren

Eines der Grundproblem im Mobilfunk ist die effiziente Nutzung der knappen Funkressourcen. Hierzu bedient man sich verschiedener Möglichkeiten, das Medium – also das verfügbare Frequenzspektrum – auf unterschiedliche Art mehrfach zu nutzen. Die verwendeten Verfahren sind *Raummultiplex*, *Frequenzmultiplex*, *Zeitmultiplex* und *Codemultiplex*. Dabei kommen häufig Kombinationen der Verfahren zum Einsatz.

Raummultiplex

Raummultiplex (Space Division Multiplex, SDM) realisiert die Mehrfach-nutzung von Funkressourcen, indem die selbe Frequenz in unterschiedlichen räumlichen Bereichen des Netzes unabhängig genutzt wird. Hierzu wird das Zugangsnetz in Funkzellen aufgeteilt und gleichzeitig mehrere räumlich zusammenhängende *Funkzellen* zu einem *Zellcluster* zusammengefasst. Die Anzahl der Zellen in einem Cluster wird durch die *Clustergröße k* wiedergegeben.

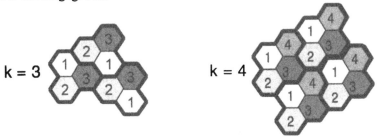

Abb. 2-4: Zellcluster der Größe k=3 bzw. k=4

Die Menge der zur Verfügung stehenden Frequenzen wird nun vollständig unter den Zellen eines Clusters aufgeteilt. Es ergeben sich k Frequenzsätze F_i, die disjunkt sind, d.h. $F_i \cap F_j = \emptyset$ für alle $i \neq j$ und $i, j \in \{1, \dots, k\}$. Die Clusterzelle Z_i verwendet jeweils den Frequenzsatz F_i. Das Netz wird nun durch die Aneinanderreihung von Zellclustern gebildet (vgl. Abb. 2-4), mit dem Effekt, dass Zellen, die aneinandergrenzen, keine gleichen Frequenzen verwenden und dadurch Interferenzen gering gehalten werden. Unter Berücksichtigung der Vorteile möglichst großer Cluster (großer Abstand zwischen Zellen mit gleichen Frequenzen vorhanden) und möglichst kleiner Cluster (viele Frequenzen je Zelle verfügbar) kann entsprechend gegebener Bedingungen je eine optimale Clustergröße ermittelt werden.

GSM verwendet Zellcluster der Größe k=7 (vgl. Abb. 2-5). Dabei ist die Darstellung der Zellen im Raummultiplex als gleich große Sechsecke natürlich grob vereinfachend. In der Realität sind Aufteilung und Größe der Zellen natürlich noch durch eine Vielzahl anderer Faktoren beeinflusst. Einerseits sind dies selbst gewählte Parameter wie etwa die Leistung der Sendestation und die aus Kostengründen möglichst geringe Zahl der Basis-stationen, andererseits externe Einflüsse wie etwa geographische Gegebenheiten. Außer Geländeformen und -bewuchs hat vor allem auch die Bebauung Einfluss. So schirmt eine Stahlbetonwand beispielsweise stärker ab als Fensterglas; ein Signal kann etwa abgeschattet, reflektiert, gestreut oder abgelenkt werden. Schließlich spielt bei der Planung des Funknetzes die Kapazitätsauslastung eine erhebliche Rolle.

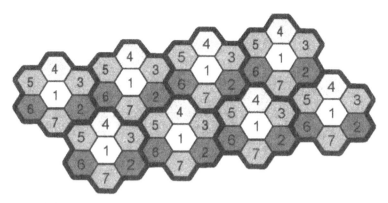

Abb. 2-5: Abdeckung einer Fläche mit Zellclustern der Größe k=7

In GSM-Netzen werden nach ihrer Größe im Wesentlichen drei Zellarten unterschieden:

- *Makrozellen* (Durchmesser z.B. 10-30 km), die häufig im ländlichen Raum verwendet werden,
- *Mikrozellen* (Durchmesser z.B. 1-3 km) für dichter besiedelte Räume,
- *Picozellen* (Durchmesser z.B. 100-300m) für Räume mit hoher Nutzerdichte *(Hot Spots)*, häufig etwa in Innenstädten, in Messehallen oder sogar einzelnen Bürogebäuden.[2]

Eine Zelle entsteht, einfach gesagt, indem ein Sender mit einer Antenne aufgestellt wird; sie reicht prinzipiell so weit, wie das Signal zu empfangen ist. In einem flächendeckenden Netz gibt es dabei häufig Überschneidungen mit Nachbarzellen, so dass das mobile Endgerät die Signale mehrerer Zellen empfängt. Die Einbuchung erfolgt dann in der Zelle, von der das stärkste Signal empfangen wird. Wie stark dieses Signal ist, hängt nicht nur von der Leistung der Sendestation und der Entfernung zum Endgerät ab, sondern ebenso von den bereits angesprochenen externen Einflüssen. Bei einer Veränderung externer Einflussfaktoren, z.B. der Wetterlage, können Zellgrenzen sich also durchaus ändern.

Um eine gleich starke Abstrahlung in alle Richtungen zu erzielen, werden *omnidirektionale Basisstationen* mit *Rundstrahlantennen* eingesetzt. Dies geschieht vorrangig in offenem, weniger stark besiedeltem Gebiet. Insbesondere in dicht besiedeltem Gebiet oder schwierigen geographischen Gegebenheiten werden jedoch große Funkzellen häufig durch *Sektorisie-*

---

[2] Die Zahlenwerte gelten für ein typisches deutsches GSM900-Netz, in GSM1800-Netzen sind die Zelldurchmesser deutlich kleiner, z.B. Makrozellen bis 8 km.

rung in mehrere kleinere aufgeteilt. Hierfür werden *sektorisierte Basisstationen* mit *Sektorantennen* verwendet.

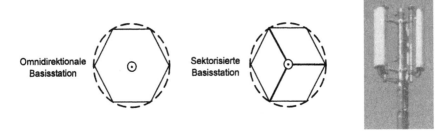

Abb. 2-6: Prinzip der Sektorisierung und Beispiel für eine Sektorantenne

Dies ist sinnvoll zur Kapazitätserhöhung oder zur Anpassung an Besonderheiten von Gelände oder Bebauung. So werden Sektorantennen auch häufig zur Versorgung einzelner Straßenzüge oder sogar einzelner Gebäude verwendet. Typische Aufteilungen sind etwa 3 x 120° in Städten (vgl. Abb. 2-6) oder 2 x 180° an Autobahnen, mit der Zellgrenze quer zur Fahrtrichtung.

Frequenzmultiplex

Frequenzmultiplex (Frequency Division Multiplex, FDM) realisiert die Mehrfachnutzung von Funkressourcen, indem verschiedenen Nutzern jeweils nur ein Teilbereich des verfügbaren Frequenzspektrums zugewiesen wird. Hierzu wird das Spektrum in *Frequenzbänder* aufgeteilt, die jeweils ausreichend breit sind, um eine störungsfreie Kommunikation zu ermöglichen (vgl. Abb. 2-7).

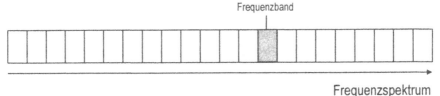

Abb. 2-7: Unterteilung des verfügbaren Spektrums in Frequenzbänder

Das Problem der Mehrfachnutzung einer Frequenz besteht nicht nur für verschiedene Nutzer, sondern bereits bei der Durchführung der Kommunikation eines Nutzers, die ja stets bidirektional ist: vom mobilen Endgerät zur Basisstation *(Uplink)* und von der Basisstation zum mobilen Endgerät *(Downlink)*. Verfahren, um eine solche bidirektionale Kommunikation ermöglichen, nennt man *Duplexverfahren*.

Ein Spezialfall des Frequenzmultiplex ist dessen Anwendung als Duplex-verfahren, in dem Up- und Downlink getrennt und in verschiedenen Frequenzbändern ausgeführt werden. Dieses Verfahren bezeichnet man als *Frequency Division Duplex (FDD)*.

Hierbei wird die Menge der Frequenzbänder zweigeteilt in einen Bereich für Up- und einen Bereich für Downlink. Jedem Nutzer werden nun zwei Frequenzbänder zugewiesen, je eines aus dem Uplink- und aus dem Downlink-Bereich. Einen solchen Satz zusammengehöriger Frequenzbänder bezeichnet man als *Frequenzpaar* oder *Kanal* (vgl. Abb. 2-8).

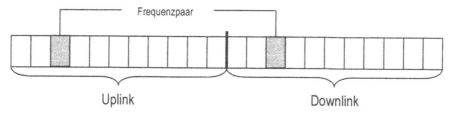

Abb. 2-8: Frequency Division Duplex (FDD)

GSM verwendet Frequenzmultiplex sowohl zur Aufteilung des Spektrums auf verschiedene Nutzer, als auch zur Duplex-Realisierung. Die weltweit einheitlich verfügbaren GSM 900- und GSM 1800-Spektren und ihre Aufteilung in Frequenzbänder zeigt Abb. 2-9.

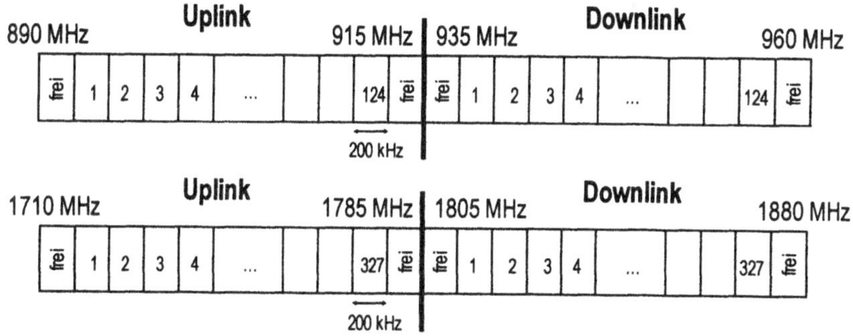

Abb. 2-9: Verfügbare GSM 900- und GSM 1800-Frequenzbänder

Am Beispiel GSM 900 in Deutschland betrachtet, muss dieses Gesamtspektrum auf zwei Netzbetreiber aufgeteilt werden. Hierbei werden von insgesamt 124 Kanälen 10 für Trennung und Reserve benötigt, jeweils 57 Kanäle sind für D1 und D2 verfügbar. Bei gleichzeitigem Raummultiplex mit k=7 ergibt dies etwa 8 Kanäle je Zelle. In der Realität liegt dieser Wert etwas niedriger, da einige Kanäle z.B. für netzinterne Kommunikation benötigt werden.

Durch das größere Frequenzspektrum sind für GSM 1800 erheblich mehr Kanäle verfügbar. Während GSM 900-Netze – insbesondere in Räumen mit hoher Nutzerdichte – häufig unter Kapazitätsproblemen leiden, ist dieses Problem für GSM 1800-Netze in aller Regel vernachlässigbar. Dagegen ist die Reichweite der Sender und damit die Zellgröße bei GSM 1800-Netzen erheblich geringer.

Um die Nachteile beider Systeme auszugleichen, verwendet man heute in der Praxis oft *Dualband-Netze*. Dabei werden entweder einem GSM 900-Netz in Ballungsräumen zur Kapazitätssteigerung einzelne GSM 1800-Zellen überlappend hinzugefügt, oder ein GSM 1800-Netz erhält in der Fläche GSM 900-Zellen, um die vollständige Abdeckung mit weniger Basisstationen zu realisieren. Ein Beispiel für ersteres sind die Netze von Vodafone in Großbritannien und Deutschland, ein Beispiel für zweiteres das Netz von O2 Germany, das allerdings mittels National Roaming (vgl. 2.2.4) im Netz des Anbieters T-Mobile zu einem Dualband-Netz wird.

Zeitmultiplex

Zeitmultiplex (Time Division Multiplex, TDM) realisiert die Mehrfachnutzung von Funkressourcen, indem verschiedenen Nutzern die Nutzung der selben Frequenz zyklisch nacheinander gestattet wird. Hierzu erhält jeder Sender einen *Zeitschlitz (slot)*, in dem er senden darf. Das Prinzip zeigt Abb. 2-10.

Zeitschlitz

Abb. 2-10: Prinzip der Aufteilung der Sendezeit in Zeitschlitze (slots)

Ein Spezialfall des Zeitmultiplex ist dessen Anwendung als Duplexverfahren, indem Up- und Downlink getrennt und (im selben Frequenzband) in verschiedenen Zeitschlitzen ausgeführt werden. Dieses Verfahren bezeichnet man als *Time Division Duplex (TDD)*.

GSM verwendet Zeitmultiplex und teilt dabei jeden der in Abb. 2-9 gezeigten Kanäle in 8 Zeitschlitze. Verfügt eine Zelle also beispielsweise über 3 bzw. 5 Kanäle, so können hierüber 24 bzw. 40 Gespräche gleichzeitig geführt werden.

Ein GSM-Zeitschlitz hat eine Länge von 0,577 ms und erlaubt die Sendung einer definierten Bitfolge, eines *Burst*. Man bezeichnet einen Zeitschlitz daher auch als *Burst Period (BP)*. Neben dem so genannten *Normal Burst* zur Datenübertragung existieren vier weitere Burst-Typen für unterschiedliche Zwecke *(Frequency Correction Burst, Synchronisation Burst,*

Dummy Burst, Access Burst). Mit einem Normal Burst können 114 Bit Nutzdaten übertragen werden. Außerdem ist eine Trainingssequenz enthalten, die z.B. zur Ermittlung der Bitfehlerhäufigkeit dient. Den Aufbau der Bitfolge zeigt Abb. 2-11.

3 Bit Tail	57 Bit Information	1	26 Bit Training	1	57 Bit Information	1	3 Bit Tail	Guard Period

Abb. 2-11: Aufbau eines GSM Normal Burst

Die GSM-Spezifikation sieht vor, dass die Zeitschlitze im Up-/Downlink-Kanal um 3 BP gegeneinander verschoben sind. Damit wird erreicht, dass ein mobiles Endgerät in keinem Fall gleichzeitig senden und empfangen muss.

Codemultiplex

Codemultiplex (Code Division Multiplex, CDM) realisiert die Mehrfachnutzung von Funkressourcen, indem mehreren Nutzern die gemeinsame, überlagernde Nutzung einer Frequenz gestattet wird.

Man kann sich diese am Beispiel eines Botschaftsempfangs klar machen, bei dem eine große Menge Menschen in einer Halle versammelt ist und sich lautstark in verschiedenen Sprachen unterhält. Der Versuch, dieses Chaos so zu ordnen, dass eine sinnvolle Verständigung möglich ist, kann auf verschiedene Arten unternommen werden. Während beim Raum- und Frequenzmultiplex die Halle (auf unterschiedliche Arten) in kleinere Räume aufgeteilt würde, würde beim Zeitmultiplex jeder Sprecher in der Halle nacheinander für einige Sekunden das Recht erhalten, als einziger zu sprechen. Beim Codemultiplex nun würde man sich auf das Phänomen verlassen, dass – obschon alle durcheinander sprechen – jeder Teilnehmer der Veranstaltung intuitiv die Nachrichten heraushört, die in seiner eigenen Sprache gesendet wurden, und die Nachrichten in nicht interessierenden Fremdsprachen dabei ignoriert.

Dieser Effekt wird beim Codemultiplex dadurch erzielt, dass die zu sendenden Daten zuvor mit einer speziellen Bitfolge – dem *Spreizcode* – codiert, dann auf dem gemeinsamen Medium übertragen und vom Empfänger mit dem selben Spreizcode wieder decodiert (rekonstruiert) werden. Dabei können sich prinzipiell die Daten so vieler Nutzer überlagern, wie verschiedene Spreizcodes zur Verfügung stehen. Dieses Verfahren wird als *CDMA (Code Division Multiple Access)* bezeichnet. Den prinzipiellen Ablauf der Codierung und Decodierung zeigt Abb. 2-12.

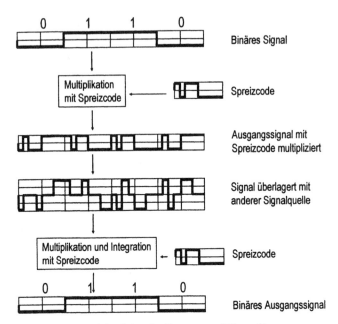

Abb. 2-12: Prinzipieller Ablauf der Codierung und Decodierung

GSM verwendet kein CDM, wohl aber andere 2G-Netze, z.B. IS-95. Für 3G-Netze ist CDM eine Standardtechnologie, die hohe Bandbreiten auf der Luftschnittstelle ermöglicht.

Zusammenfassung

Zur effizienten Nutzung eines Frequenzspektrums werden Multiplexverfahren verwendet.

Beim *Raummultiplex (SDM)* wird das Zugangsnetz in *Funkzellen* aufgeteilt. Räumlich zusammenhängende Funkzellen werden zu *Zellclustern* zusammengefasst, innerhalb derer die vorhandenen Frequenzen aufgeteilt werden. GSM verwendet Zellcluster der Größe k=7 und unterscheidet *Makrozellen, Mikrozellen* und *Picozellen*. Zur Kapazitätserhöhung oder zur Anpassung an Besonderheiten von Gelände oder Bebauung werden große Funkzellen häufig in kleinere aufgeteilt, indem *omnidirektionale* Basisstationen durch *sektorisierte* ersetzt werden.

Beim *Frequenzmultiplex (FDM)* wird das verfügbare Spektrum in *Frequenzbänder* aufgeteilt, die verschiedenen Nutzern zugewiesen werden. *Frequency Division Duplex (FDD)* ist ein Duplexverfahren, bei dem Up- und Downlink getrennt und in verschiedenen Frequenzbändern *(Frequenzpaar)* ausgeführt werden. Um die Nachteile von GSM 900- und GSM 1800-Systemen auszugleichen, verwendet man heute oft *Dualband-Netze*.

Beim *Zeitmultiplex (TDM)* erhält jeder Sender einen zyklisch wiederkehrenden *Zeitschlitz*, in dem er senden darf. *Time Division Duplex (TDD)*

ist ein Duplexverfahren, bei dem Up- und Downlink getrennt und (im selben Frequenzband) in verschiedenen Zeitschlitzen ausgeführt werden. GSM verwendet 8 Zeitschlitze, je nutzbarem Zeitschlitz kann ein *Burst* mit 114 Bit Nutzdaten versendet werden.

Codemultiplex (CDM) ermöglicht die gemeinsame, überlagernde Nutzung einer Frequenz durch mehrere Nutzer, indem das Signal vor dem Versenden mittels eines *Spreizcodes* codiert und durch den Empfänger rekonstruiert wird. CDM ist eine 3G-Schlüsseltechnologie, die hohe Bandbreiten auf der Luftschnittstelle ermöglicht. Die verschiedenen Multiplexverfahren werden häufig kombiniert.

Kontrollfragen

(4) In einer Funkzelle eines deutschen GSM-Netzes stehen 10 Kanäle zur Verfügung. Wie viele Nutzer können in dieser Zelle gleichzeitig ein Gespräch führen? Welche Art des Duplexing wird hier verwendet und um welche GSM-Ausprägung handelt es sich vermutlich?

(5) In einer Funkzelle eines nicht näher bezeichneten Mobilfunknetzes, das TDD verwendet, stehen 5 Kanäle mit je 10 Zeitschlitzen zur Verfügung. Wie viele Nutzer können gleichzeitig ein Gespräch führen?

(6) Ein Land, das aus 100 Mio. Quadratkilometer dünn besiedelter Ebene und 10 kleinen Städten besteht, soll ein kostenoptimales Mobilfunknetz erhalten. Welches Verfahren ist besser geeignet, GSM 900 oder GSM 1800? Wie ändert sich Ihre Empfehlung, wenn das Land außerdem über 5 sehr große Städte verfügt, in denen nach Expertenmeinung Engpässe bei der Netzkapazität zu befürchten sind?

(7) Die rechnerische maximale Übertragungsrate für einen Teilnehmer in einem GSM-Netz beträgt ca. 24700 Bit/s. Leiten Sie diesen Wert her.

2.2.4   Netzstruktur und -funktionsweise am Beispiel GSM

Im Folgenden sollen Struktur und Funktionsweise eines Mobilfunknetzes am Beispiel des Mobilfunkstandards GSM dargestellt werden. *GSM (Global System for Mobile Communications)* ist der europäische Mobilfunkstandard der zweiten Generation. Dessen Entwicklung begann 1982 mit der Gründung der *Groupe spéciale mobile* – hierfür stand am Anfang auch die Abkürzung GSM. In Deutschland stehen GSM-Netze seit 1991 für die öffentliche Nutzung zur Verfügung. Die Weiterentwicklung des Standards obliegt dem *ETSI (European Telecommunications Standards Institute)* mit Sitz in Sophia Antipolis/Frankreich, in dem die Groupe spéciale mobile 1989 in Form eines Technical Committee aufging und das mit dem 3GPP auch für den Standard UMTS verantwortlich ist. GSM wird von ca. 780 Mio. Nutzern verwendet, dies entspricht 69% der weltweiten Mobilfunknutzer (Februar 2003). Seine wesentlichen Ausprägungsgrade wurden in Abschnitt 2.2.2 genannt, Details zu Frequenzspektrum und verwendeten Multiplexverfahren in Abschnitt 2.2.3. GSM bildet das Begriffsgerüst und die technische Grundlage für die nachfolgenden Standards GPRS und UMTS. Ein GSM-Netz wird in drei Subsysteme untergliedert:

- Die *Base Station Subsystems (BSS)* ergeben zusammen das Zugangsnetz zur Anbindung der Mobilfunkteilnehmer an das Netz.
- Das *Network and Switching Subsystem (NSS)* umfasst das Mobilvermittlungsnetz zur Vermittlung der Nutzdaten innerhalb des Netzes und zur Bereitstellung der Anbindung an andere Netze.
- Das *Operation and Support Subsystem (OSS)* schließlich umfasst alle weiteren Elemente, die für Betrieb, Administration und Kontrolle des Gesamtnetzes erforderlich sind.

Die vom GSM-Netz bereitgestellten *Benutzerdienste* werden in drei Arten unterschieden: Support-, Tele- und Zusatzdienste.

Mit *Supportdiensten* werden Charakteristika des jeweils eingerichteten Sendekanals festgelegt, z.B. Übertragungsart und -kapazität, Zugangsmodus, Konfiguration. *Teledienste* stellen die Kernfunktionalitäten des Netzes dar, vor allem Sprachverbindung, Notruf, Kurznachricht und Telefax der Gruppe 3. Beispiele für *Zusatzdienste* sind Anruferidentifikation (Calling Line Identification Presentation, CLIP), Rufumleitung (z.B. Call Forwarding Unconditional, CFU, oder Call Forwarding on No Reply, CFNRy) und Dienste bei bestehender Verbindung (z.B. Call Wait, CW, oder Call Hold, HOLD).

Mobile Station (MS)

Ein Benutzer, der am Funkverkehr in einem GSM-Netz teilnehmen will, muss eine *Mobilstation (Mobile Station, MS)* betreiben. Diese besteht aus zwei Bestandteilen (Abb. 2-13).

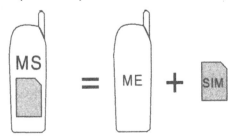

Abb. 2-13: Bestandteile der Mobilstation

Das *mobile Endgerät (Mobile Equipment, ME)*, beispielsweise ein Mobiltelefon, ist die Sende- und Empfangsstation des Teilnehmers. Deren Sendeleistung liegt bei maximal 2 W (GSM 900) bzw. 1 W (GSM 1800). Das ME stellt einerseits die technischen Erfordernisse für das Senden und Empfangen von Mobilfunksignalen bereit, andererseits bildet es die Schnittstelle zum Benutzer. Darüber hinaus ist die Bereitstellung weiterer Funktionen möglich, je nach Gerättyp können dies etwa ein zusätzliches Telefonbuch oder ein Terminplaner sein. Das ME kann durch die Seriennummer des Gerätes, die *IMEI (International Mobile Equipment Identity)*, identifiziert werden. Dies ist etwa im Falle eines Gerätdiebstahls von Bedeutung.[3]

Das *Subscriber Identity Module (SIM)* dient der Authentisierung des Teilnehmers sowie der Speicherung von Teilnehmerinformationen und ist auf einer kleinformatigen Prozessorchipkarte untergebracht (Abb. 2-14). Diese so genannte *SIM-Karte* wird in den Kartenleser des ME eingesetzt und wickelt die eigentliche Kommunikation mit dem Netz ab, auf die später noch eingegangen wird. Gespeichert werden:

- Statische Teilnehmerinformationen, insbesondere die Mobilfunkrufnummer *(Mobile Station ISDN Number, MSISDN)* für Zwecke der externen Identifikation und die *IMSI (International Mobile Subscriber Identity)*, eine netzunabhängige, international eindeutige 15-stellige GSM-Teilnehmernummer für Zwecke der internen Identifikation sowie die *persönliche Identifikationsnummer (PIN)* und weitere Geheimzahlen für den SIM-Zugriff.

- Dynamische Teilnehmerinformationen, insbesondere die *TMSI (Temporary Mobile Subscriber Identity)*, eine temporär vergebene Nummer, die nach dem Einbuchen in ein Netz die IMSI ersetzt um den Teilnehmer zu anonymisieren, sowie persönliche Informationen des Teilnehmers wie etwa ein Rufnummernverzeichnis oder archivierte SMS.

Abb. 2-14: SIM-Karte

Die Speicherkapazität einer SIM-Karte beträgt 8–32 KByte. Inhalt und Aufschlüsselung der IMEI, der IMSI sowie der MSISDN zeigt Abb. 2-15.

---

[3] Hinweis: Die IMEI kann auf jedem GSM-Gerät durch die Eingabe *#06# angezeigt werden.

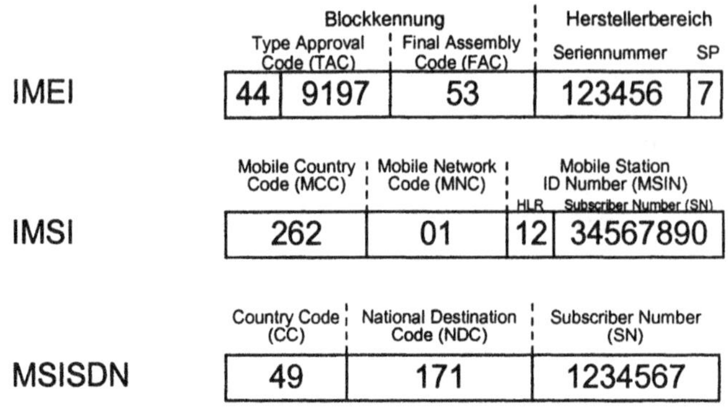

	Blockkennung		Herstellerbereich	
	Type Approval Code (TAC)	Final Assembly Code (FAC)	Seriennummer	SP
IMEI	44	9197	53	123456	7

	Mobile Country Code (MCC)	Mobile Network Code (MNC)	Mobile Station ID Number (MSIN)	
			HLR	Subscriber Number (SN)
IMSI	262	01	12	34567890

	Country Code (CC)	National Destination Code (NDC)	Subscriber Number (SN)
MSISDN	49	171	1234567

Abb. 2-15: Aufschlüsselung der verschiedenen Kennungen

Base Station Subsystem (BSS)

Die Anbindung der MS an das Netz ist die Aufgabe der *Basisstationssysteme (Base Station Subsystems, BSS)*. Ein Basisstationssystem besteht aus einer *Basisstationssteuerung (Base Station Controller, BSC)* und ein oder mehreren *Sende-/Empfangsstationen (Base Transceiver Station, BTS)*.

Ein BTS besteht im Wesentlichen aus Antennenanlage, Signalverarbeitung und Verstärker. Es führt den Funkverkehr von ein bis drei Funkzellen durch. Hierzu gehören:

- Verschlüsselung/Entschlüsselung der Daten (vor/nach der Übertragung über die Luftschnittstelle),
- Modulation/Demodulation und Burstformatierung,
- *Bit-Interleaving* (Datenverschachtelung zur Minimierung der Auswirkung von Übertragungsfehlern),
- Verwaltung der Zeitschlitze.

Typische Sendeleistungen liegen bei 10 bis 40 W (GSM 900).

Ein BSC ist ein Vermittlungsrechner mit Relaisfunktion zwischen MS und den Elementen des Mobilvermittlungsnetzes. Es stellt die funktechnische Versorgung der Funkzellen eines BSS sicher. Hierzu gehören:

- Kontrolle der zugehörigen BTS (meist zwischen 10 und 100), insbesondere Start, Überwachung und Aktivierung der Funkressourcen,
- Zuweisung von *Funkkanälen*,
- Authentifizierung der Teilnehmer,
- Routing zwischen BTS und MSC (siehe Abschnitt „NSS"),
- Kontrolle der Funkressourcen und Aufrechterhalten der Verbindung beim *Handover* (siehe Abschnitt „Handover").

Außerdem obliegt dem BSC die Registrierung und Aktualisierung des Aufenthaltsorts *(Location Update)*.

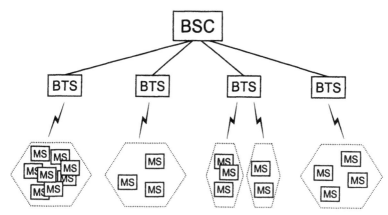

Abb. 2-16: Anbindung der MS durch ein BSS

Eine Prinzipskizze der Elemente im Zugangsnetz zeigt Abb. 2-16. Eine Vorstellung von Struktur und Umfang des Zugangsnetzes soll ein Zahlenbeispiel vermitteln: In einem der großen deutschen Mobilfunknetze bestand das Zugangsnetz Ende 2000 aus etwa 25.000 Funkzellen, zu deren Versorgung etwa 13.000 BTS und 230 BSC vorhanden waren.

Diese Zahlen ermöglichen auch einen Eindruck von den Kosten, die der Betrieb des Zugangsnetzes verursacht, von der Miete für Aufstellorte *(Sites)* bis hin zur Wartung und Durchführung von Änderungen.

Network and Switching Subsystem (NSS)

Das zentrale Element im NSS ist die *Mobilvermittlungsstelle (Mobile Switching Center, MSC)*, ein computergesteuerter ISDN-Vermittlungsknoten. Während BTS und BSC die Übertragung auf der Luftschnittstelle ermöglichen und dabei für die MS eigentlich nur eine erweiterte Relaisfunktion bereitstellen, führt das MSC die logische Kommunikation mit den MS. Ein MSC-Bereich umfasst typischerweise mehrere BSC-Bereiche. Zu den weiteren Aufgaben des MSC gehören:

- Funktion als Schnittstelle zwischen den nachgeordneten BSC und anderen MSC,
- Koordination beim *Handover* (siehe Abschnitt „Handover"), wenn mehrere BSC- oder MSC-Bereiche betroffen sind,
- Kommunikation mit den Nutzer-Datenbanken,
- Erstellung der *Abrechnungsinformation (Call Details Record, CDR)* für Transaktionen sowie Betragsreservierung bei Prepaid-Teilnehmern und Übermittlung an das OMC (siehe Abschnitt „OSS"),
- Unterstützung der *Zusatzdienste.*

Zusätzlich zu diesen Funktionen dienen eine Reihe von MSC als definierte Schnittstelle zu anderen Sprach- oder Datennetzen. Um eine entsprechende Verbindung – etwa zum PSTN, einem fremden Mobilfunknetz oder dem Internet – zu realisieren, müssen *Netzübergangsfunktionen (Interworking Functions, IWF)* bereitgestellt werden. Ein MSC mit dieser Zusatzfunktion wird als *Gateway-MSC (GMSC)* bezeichnet.

Im Zahlenbeispiel aus dem vorigen Abschnitt waren 110 MSC vorhanden; damit führte ein MSC in diesem Netz typischerweise die Kommunikation in mehr als 200 Mobilfunkzellen.

Die Zellen eines MSC-Bereiches sind zu verschiedenen *Location Areas (LA)* zusammengefasst.

Zum NSS gehören außerdem die Nutzer-Datenbanken: Das *Heimatregister (Home Location Register, HLR)* ist logisch einmal im Mobilfunknetz vorhanden. Vor allem aus Performancegründen verfügt jedes Mobilfunknetz physisch über mehrere HLR, jeder Teilnehmer ist allerdings nur genau einem davon zugeordnet. Diese Aufteilung des HLR könnte man mit dem Telefonbuch einer Großstadt vergleichen, das aus mehreren Bänden besteht. Das zuständige HLR ist dabei sowohl aus der MSISDN (erste zwei Stellen der SN), als auch aus der IMSI ableitbar (siehe Abb. 2-15); zudem ist es häufig explizit auf die SIM-Karte aufgedruckt. Im HLR werden alle Stammdaten des Teilnehmers (statische Teilnehmerdaten, z.B. MSISDN, IMSI, gebuchte bzw. erlaubte Benutzerdienste) sowie einige relevante Bewegungsdaten (dynamische Teilnehmerdaten, z.B. LAI, MSRN) gespeichert. Die LAI (Location Area Identity) identifiziert die Location Area, in der sich die MS befindet. Die MSRN (Mobile Station Roaming Number) ist eine vom VLR vergebene Nummer, die vor allem das derzeit besuchte Land und das zuständige MSC enthält. Anhand dieser Nummer kann die MS jederzeit erreicht werden, insbesondere wenn sie in ein fremdes Mobilfunknetz eingebucht ist, z.B. weil sich der Teilnehmer im Ausland aufhält.

Das *Besucherregister (Visitor Location Register, VLR)* ist einmal für jedes MSC vorhanden und bildet eine physische Einheit mit diesem. Es dient der Registrierung aller MS, die im MSC-Bereich eingebucht werden. Für diese werden die verbindungsrelevanten Daten aus dem HLR kopiert. Zusätzlich wird eine TMSI vergeben und an die MS übermittelt sowie eine MSRN vergeben und an das HLR übermittelt. Die Schutzfunktion der TMSI erfordert, dass sie nur über verschlüsselte Kanäle übertragen wird. Ist z.B. zum Auffinden einer MS für den Verbindungsaufbau eine unverschlüsselte Übertragung nötig, soll danach durch das VLR eine neue TMSI vergeben werden (nicht alle Netzbetreiber halten sich an diese Sicherheitsvorschrift).

Operation and Support Subsystem (OSS)

Das OSS unterscheidet sich von BSS und NSS dadurch, dass es nicht unmittelbar der Abwicklung des Mobilfunkverkehrs dient. Es besteht vielmehr aus Systemen für

- Konfiguration und Wartung des Netzes, insbesondere zur Überwachung und Steuerung aller Netzkomponenten, zur Überwachung des Verkehrs und zum Sicherheits- und Störungsmanagement,
- Teilnehmerverwaltung, insbesondere Kunden- und Endgerätedaten (z.B. Beauftragung von Diensten),
- Abrechnungsverwaltung, insbesondere Aggregation der einzelnen Abrechnungsinformationen zum Zweck der Rechnungsstellung, statistischen Erfassung und betriebswirtschaftlichen Auswertung (z.B. Tarifgestaltung unter Anwendung von Optimierungsverfahren).

Für diese Funktionen steht das Operation and Maintenance Center (OMC), mit den Hauptkomponenten Service Control Point, Service Order Gateway und Billing Gateway zur Verfügung.

Zum OSS gehören außerdem zwei Datenbanken: Die *Authentifizierungszentrale (Authentication Center, AUC)* verwaltet für jeden Teilnehmer die Parameter für die Authentifizierung des Teilnehmers anhand der IMSI, die Gültigkeitsprüfung der SIM-Karte und die Verschlüsselung auf der Luftschnittstelle.

Die *Endgeräte-Datenbank (Equipment Identity Register, EIR)* besteht aus drei IMEI-Listen: die *weiße Liste* der im Netz registrierten ME („Kommunikation gestatten"), die *graue Liste* der nicht konformen, aber genehmigten ME („Kommunikation überwachen") und die *schwarze Liste* der nicht genehmigten ME („Kommunikation verweigern"). Insbesondere für das Auffinden gestohlener Mobiltelefone, das Überwachen von Fehlfunktionen und Störungen, aber auch für die Sperrung einzelner ME für das Netz sind diese Listen verwendbar. Die GSM Association betreibt ein netzübergreifendes *Central EIR* in Dublin, an dem sich jedoch nur ein Teil der Netzbetreiber beteiligt. AUC und EIR können einzeln oder als kombiniertes System implementiert werden.

Übertragungsraten

Multipliziert man die Datenkapazität eines Normal Burst (vgl. 2.2.3) mit der Anzahl je Sekunde, so erhält man eine *rechnerische maximale Übertragungsrate* von GSM je Zeitschlitz von knapp 24 700 Bit/s.

Wenn man nun in Betracht zieht, dass außer der reinen Datenübertragung noch weitere Vorgänge erforderlich sind, die auch die Verwendung anderer Burstarten (etwa zur Frequenzabstimmung) erforderlich machen, so reduziert sich dieser Wert auf 22 800 Bit/s, das *physikalische Übertragungslimit* von GSM je Zeitschlitz.

Die für den Ausgleich von Übertragungsfehlern erforderliche *vorwärts gerichtete Fehlerkorrektur (Forward Error Correction, FEC)* benötigt 9 800 Bit/s und reduziert die tatsächlich für Sprachübertragung nutzbare Datenrate auf 13 000 Bit/s. Daher ist es beim Übergang vom NSS in das BSS erforderlich, dass der *Sprachkodierer (Transcoder and Rate Adaptation Unit, TRAU)* die Sprachsignale aus den bei drahtgebundener Übertragung verwendeten 64 000 Bit/s auf 13 000 Bit/s komprimiert. GSM-Netze sind zwar generell auf diesen Wert ausgelegt, der bei der Sprachübertragung als *Full Rate* bezeichnet wird, können aber im Ausnahmefall auch in einem *Half Rate*-Modus mit 5 600 Bit/s betrieben werden. Dies ermöglicht bei stark verminderter Sprachqualität eine Kapazitätserweiterung auf das Doppelte. Der typische Anwendungsfall hierfür ist zeitlich begrenzter Ausgleich von Kapazitätsproblemen durch Störungen im Netz.

Durch die erhöhten Anforderungen an die Fehlerkorrektur beträgt die nutzbare Übertragungsrate für Datenverbindungen statt 13 000 Bit/s nur 9 600 Bit/s (siehe hierzu auch 2.2.5).

Handover, Roaming und Verbindungsaufbau

Zum Abschluss dieses Abschnittes sollen nun noch einige wichtige Prozesse im Mobilfunknetz erläutert werden: die unterbrechungsfreie Gesprächsübergabe (Handover), die Nutzung eines fremden Mobilfunknetzes (Roaming) und das Zusammenwirken der Netzkomponenten beim Verbindungsaufbau.

Voraussetzung für die Nutzung eines zellbasierten Netzes aus der Bewegung heraus ist ein Mechanismus zum Zellwechsel. Wechselt eine MS von einer Funkzelle in eine andere Funkzelle im selben Mobilfunknetz, so erfolgt ein *Handover*, eine unterbrechungsfreie Gesprächsübergabe (Abb. 2-17). Drei Gründe können den Wechsel der Zelle erforderlich machen: das Erreichen der maximal definierten Entfernung, das Absinken der Signalqualität unter den Toleranzwert oder das Steigen der Bitfehlerhäufigkeit über den Toleranzwert. Dies hängt zwar in der Regel mit einer Bewegung des Teilnehmers zusammen, muss es aber nicht zwangsläufig. Ein Handover kann überdies sogar ohne Wechsel der Zelle erforderlich werden.

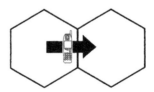

Abb. 2-17: Handover

Arten des Handover sind:

- *Intra-BTS Handover (Intrazellenübergabe):* Wechsel der Frequenz oder des Zeitschlitzes innerhalb der Zelle aus Gründen der Übertragungsqualität,
- *Intra-BSC Handover:* Wechsel der Zelle innerhalb eines BSC-Bereiches,
- *Intra-MSC Handover:* Wechsel der Zelle zwischen verschiedenen BSC-Bereichen, aber innerhalb eines MSC-Bereiches,
- *Inter-MSC Handover:* Wechsel der Zelle zwischen verschiedenen MSC-Bereichen.

Ein Intra-BTS und Intra-BSC Handover wird in Verantwortung des BSC, ein Intra-MSC Handover in Verantwortung des MSC durchgeführt. Im Falle eines Inter-MSC Handover stimmen sich die beteiligten MSC untereinander ab. Dies kann in Ausnahmefällen auch zwischen MSC verschiedener Netze erfolgen, etwa beim *National Roaming* (siehe folgender Abschnitt).

Nutzt eine MS ein fremdes Mobilfunknetz, so handelt es sich um ein *Roaming* (von engl. to roam, wandern); das fremde Netz wird dabei als *VPLMN (Visited Public Land Mobile Network)* bezeichnet. Entsprechend gibt es auf jedem SIM eine Liste gesperrter PLMN. Im Herkunftsland des Teilnehmers sind dies häufig alle Netze bis auf das des eigenen Netzbetreibers; im Ausland können dies etwa Netze sein, mit denen der eigene Netzbetreiber keine vertraglichen Abmachungen hat. Sollte im Herkunftsland des Teilnehmers im Ausnahmefall die Nutzung eines fremden Netzes möglich sein, bezeichnet man dies als *National Roaming.* Dies ist in Deutschland derzeit z.B. beim Netzbetreiber O2 der Fall, der mit dem eigenen Netz nur Gebiete mit ausreichender Kapazitätsauslastung abdeckt und ansonsten das Funknetz des Anbieters T-Mobile nutzt. National Roaming ist oft bereits mit unterbrechungsfreier Gesprächsübergabe möglich.

Abb. 2-18: International Roaming

Der häufigere Fall jedoch ist die Nutzung eines fremden Netzes im Ausland, das *International Roaming* (Abb. 2-18). Hier ist in aller Regel keine Gesprächsübergabe möglich, eine eventuell bestehende Verbindung wird beim Verlassen des Netzes getrennt.

Bei einem Verbindungsaufbau unterscheidet man in einem Mobilfunknetz zwei Prozesse: Einen im eigenen Netz abgehenden Ruf bezeichnet man dabei als Mobile Originated Call (MOC), einen im eigenen Netz ankommenden Ruf als Mobile Terminated Call (MTC).

Ein MOC ist dabei vergleichsweise einfach abzuwickeln: Die anfordernde MS sendet die gewünschte Rufnummer über BTS und BSC an das MSC. Handelt es sich um eine netzfremde Rufnummer, so leitet das MSC den Ruf an das für dieses Zielnetz zuständige GMSC weiter, das den Netzübergang veranlasst und den Ruf übergibt. Handelt es sich um eine MSISDN aus dem eigenen Netz, so wird nun ein MTC eingeleitet.

Bei einem MTC erhält ein MSC eine Anforderung für einen Rufaufbau, mit dem die MSISDN der Ziel-MS übergeben wird. Mit dieser wird zunächst eine Abfrage im VLR vorgenommen, ob die MS im eigenen Bereich eingebucht ist. Ist dies nicht der Fall, wird eine gleiche Abfrage im HLR vorgenommen, das mit der derzeit gespeicherten MSRN antwortet. Mit dieser kann das Ziel-MSC bestimmt werden. Unter der Annahme, dass die Ziel-MS derzeit kein Roaming nutzt, handelt es sich um ein MSC im eigenen Netz, an das der Ruf nun weitergeleitet wird.

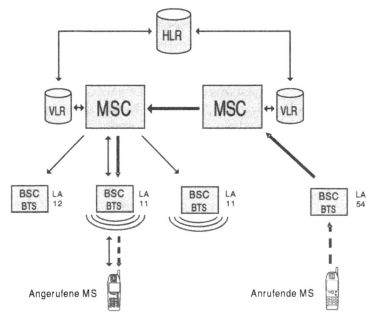

Abb. 2-19: Rufaufbau

Das MSC muss nun die MS in seinem Bereich auffinden. Dazu nimmt es zunächst mit der MSISDN zwei Abfragen im VLR vor, das mit der TMSI und der LAI antwortet. Dann wird über die BSC und BTS der entsprechenden LA ein Rundruf *(Paging Request)* in alle Zellen der LA – also an alle dort befindlichen MS – gesendet, der die gesuchte TMSI enthält. Jede MS vergleicht nun die empfangene TMSI mit der derzeitigen eigenen, im SIM gespeicherten TMSI und sendet bei Übereinstimmung eine Antwort *(Paging Response)*. Nun erfolgt unter Verwendung der IMSI und einer Abfrage im AUC noch einmal eine Authentifizierung der MS sowie die Einrichtung des verschlüsselten Kanals und schließlich die Durchschaltung des Rufes zur MS – die Verbindung ist aufgebaut. Einen vereinfachten Überblick über die beteiligten Elemente gibt Abb. 2-19.

Die Paging Response ist im Übrigen die Ursache dafür, dass kurze Zeit vor dem Eintreffen eines MTC bereits Sendeaktivität an der MS festgestellt werden kann (erkennbar z.B. durch Störung des Radioempfanges), bevor dann der eigentliche Ruf eintrifft und das Gerät klingelt.

Zusammenfassung

Ein GSM-Netz stellt drei Arten von Benutzerdiensten zur Verfügung: *Supportdienste, Teledienste* und *Zusatzdienste*. Das Netz wird in drei Subsysteme untergliedert: BSS, NSS und OSS.

Das *Base Station Subsystem (BSS)* umfasst das Zugangsnetz zur Anbindung der Mobilfunkteilnehmer an das Netzwerk. Ein Benutzer, der am Funkverkehr in einem GSM-Netz teilnehmen will, muss eine *Mobilstation (MS)* betreiben. Diese besteht aus dem *mobilen Endgerät (ME)* sowie dem *Subscriber Identity Module (SIM)*. Das ME stellt die technischen Erfordernisse für das Senden und Empfangen von Mobilfunksignalen bereit und bildet die Schnittstelle zum Benutzer. Es wird durch seine Seriennummer *(IMEI)* identifiziert. Das SIM speichert statische und dynamische Teilnehmerinformationen und wickelt die eigentliche Kommunikation mit dem Netz ab. Es wird durch die *Mobilfunkrufnummer (MSISDN)* für externe und die *GSM-Teilnehmernummer (IMSI)* für interne Zwecke identifiziert. Nach dem Einbuchen ins Netz wird die IMSI für Transaktionen im Zugangsnetz durch die TMSI ersetzt, eine temporär vergebene Nummer mit dem Zweck der Anonymisierung des Teilnehmers. Die Anbindung der MS an das Netz ist die Aufgabe von *Basisstationssystemen*. Ein Basisstationssystem besteht aus einer *Basisstationssteuerung (BSC)* und typischerweise 10-100 *Sende-/Empfangsstationen (BTS)*, die wiederum den Funkverkehr von je 1-3 Zellen durchführen.

Das *Network and Switching Subsystem (NSS)* umfasst das Mobilvermittlungsnetz zur Vermittlung der Nutzdaten innerhalb des Netzes und zur Bereitstellung der Anbindung an andere Netze. Das zentrale Element ist die *Mobilvermittlungsstelle (MSC)*, die die eigentliche Kommunikation mit den MS führt, die Koordination oberhalb der BSS-Ebene übernimmt sowie Gateway-Funktionalitäten bereitstellt. Außerdem gehören zum NSS die Nutzerdatenbanken: Das *Heimatregister (HLR)* speichert die Daten aller Teilnehmer des Netzes, einschließlich der *Location Area Identity (LAI)* der Location Area, in der sich die MS befindet. Zusätzlich verfügt jedes MSC über ein *Besucherregister (VLR)* für die verbindungsrelevanten Daten der aktuell im MSC-Bereich eingebuchten Benutzer.

Das *Operation and Support Subsystem (OSS)* umfasst Systeme für Konfiguration und Wartung des Netzes, Störungs- und Sicherheitsmanagement, Teilnehmerverwaltung und Abrechnungsverwaltung. Für diese Funktionen steht das *Operation and Maintenance Center (OMC)* zur Verfügung. Außerdem gehören zum OSS zwei Datenbanken: die *Authentifizierungszentrale (AUC)* für Verschlüsselungsinformationen und die *Endgeräte-Datenbank (EIR)* zur Verwaltung von ME-Listen.

Das *physikalische Übertragungslimit* von GSM je Zeitschlitz beträgt 22 800 Bit/s, von denen aber vor allem durch die erforderliche Fehlerkorrektur nur 13 000 Bit/s für Sprach- bzw. 9 600 Bit/s für Datenverbindungen nutzbar sind. Wechselt eine MS von einer Funkzelle in eine andere Funkzelle im selben Mobilfunknetz, so erfolgt ein *Handover*, eine unterbrechungsfreie Gesprächsübergabe, die je nach Zellgrenze von einem BSC oder MSC koordiniert wird. Nutzt eine MS ein fremdes Mobilfunknetz, so handelt es sich um ein *Roaming*.

Bei einem Verbindungsaufbau unterscheidet man zwei Prozesse: Während ein im eigenen Netz abgehender Ruf *(MOC)* vergleichsweise einfach abzuwickeln ist, besteht das zentrale Problem bei einem im eigenen Netz ankommenden Ruf *(MTC)* darin, den Teilnehmer aufzufinden, was durch ein *Paging* in allen Zellen der betreffenden Location Area ermöglicht wird.

Kontrollfragen

(8) Grenzen Sie die Bedeutung des BSC und des MSC für die Kommunikation mit der MS gegeneinander ab.

(9) In dem Mobilfunknetz, dessen Elemente auf S. 25 als Zahlenbeispiel genannt wurden, muss in allen BTS ein Hardwaremodul ausgetauscht werden. Die Kosten für das neue Modul betragen zusammen mit Anfahrts- und Arbeitskosten 1 000 EUR je BTS. Berechnen Sie die Gesamtkosten der Änderung für den Netzbetreiber. Welche Kosten ergäben sich statt dessen, wenn die benötigte Funktionalität ins BSC verlagert werden könnte, wobei allerdings hierzu je BSC ein 10 000 EUR teures Modul erforderlich wäre? Was folgern Sie aus dem Ergebnis für das Management eines Mobilfunknetzes?

(10) Erläutern Sie die Begriffe Roaming und Handover im Mobilfunk.

(11) Warum ist es ein Problem, einen GSM-Teilnehmer innerhalb des Netzes aufzufinden?

2.2.5 Datenübertragung

Für die Übertragung von Daten – in drahtgebundenen wie in drahtlosen Netzen – existieren prinzipiell zwei Möglichkeiten:

- die Übertragungsstrecke wird wie für Sprache exklusiv geschaltet *(verbindungsorientierte Datenübertragung)*,
- die Daten werden zur Übertragung in einzelne Pakete zerlegt, diese adressiert und über ein geteiltes Medium versendet *(paketorientierte Datenübertragung)*.

Im ersten Fall muss zunächst ein Verbindungsaufbau erfolgen, was typischerweise zeitintensiv ist (bis zu 40s). Diese Verbindung bleibt bis zu ihrem Abbau exklusiv geschaltet, unabhängig von der Auslastung. Damit wird die Netzkapazität statisch aufgeteilt und es existiert eine maximale Anzahl an Verbindungen. Im Extremfall ist das Netz vollständig ausgelastet, ohne dass auch nur ein Nutzer tatsächlich spricht oder Daten überträgt. Die belegte Ressource ist also Verbindungszeit, danach erfolgt dementsprechend auch die Abrechnung. Das Prinzip der verbindungsorientierten Datenübertragung zeigt Abb. 2-20: Die Verbindung ist geschaltet, bei Bedarf werden Daten versendet. Man bezeichnet dies im Übrigen auch als *Leitungsvermittlung* (im Gegensatz zur *Paketvermittlung*). In der Realität beträgt die Ausnutzung der Gesamt-Netzkapazität in solchen Fällen ca. 30% bei Sprach- und weniger als 10% bei Datenübertragung.

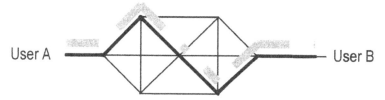

Abb. 2-20: Verbindungsorientierte Datenübertragung

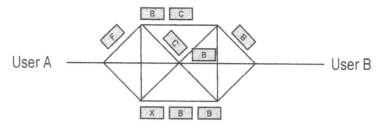

Abb. 2-21: Paketorientierte Datenübertragung

Im zweiten Fall besteht für jeden Teilnehmer stets eine Verbindung. Das Netz wird jedoch nur genutzt, wenn tatsächlich Daten übertragen werden,

indem nämlich Datenpakete versandt werden. Damit wird die Netzkapazität dynamisch aufgeteilt und es existiert eine Volumenobergrenze; die
Netzkapazität wird unter den gegebenen Voraussetzungen optimal ausgenutzt. Die belegte Ressource ist also Übertragungsvolumen. Die Abrechnung erfolgt hier einerseits nach Volumen, andererseits aber unter Umständen auch nach Dienstqualität. So könnte man sich beispielsweise vor-
stellen, dass Datenpakete, die sofort ausgeliefert werden müssen, höher
bepreist werden, als solche, die eine Toleranz einiger Minuten oder Stunden aufweisen (z.B. zum MP3-Download über Nacht). Das Prinzip der paketorientierten Datenübertragung zeigt Abb. 2-21: Im Netz sind eine Reihe
von Datenpaketen unterwegs; die an den Nutzer B adressierten Datenpakete gelangen vom Nutzer A auf beliebigen Wegen dorthin.

Bei den Mobilfunknetzen der ersten und zweiten Generation ist prinzipiell nur eine verbindungsorientierte Datenübertragung möglich. Der
GSM-Datendienst *CSD (Circuit Switched Data)* war ursprünglich nur für
Anwendungen wie Telefax vorgesehen und ermöglicht eine Übertragungsrate von 9,6 kBit/s. Mit dem erweiterten Codierungsverfahren TCH/F14.4
(Traffic Channel Full Rate) können 14,4 kBit/s erzielt werden. Dies erfordert allerdings einerseits eine hohe Verbindungsqualität (da die Fehlerkorrektur verringert wird) und andererseits, dass Netz und Endgerät dies unterstützen – was häufig auch mit HSCSD-Fähigkeit einher geht (siehe un-
ten). CSD-Nutzung ist im Wesentlichen für konstanten Datenverkehr während einer aufgebauten Verbindung sinnvoll, etwa für die Internet-Nutzung
mittels WAP (vgl. Kapitel 5) oder die Synchronisation geringer Datenmengen (z.B. einfache E-Mail).

Eine Softwareerweiterung für GSM ist *HSCSD (High Speed Circuit
Switched Data)*. Hierbei erfolgt eine Steigerung der Übertragungsrate
durch Kanalbündelung. Dies geschieht, indem der MS mehr als ein Zeitschlitz zugewiesen wird. Die Verwendung von HSCSD setzt die entsprechende Fähigkeit von Netz und Endgerät (ggf. durch Software-Update)
voraus. Im theoretischen Maximum können acht Kanäle gebündelt werden,
deutsche Mobilfunkanbieter ermöglichen derzeit die Bündelung von drei
bis vier. Damit können bei vier Kanälen maximal 38,4 kBit/s (mit Stan-
dardkanälen) bzw. 57,6 kBit/s (mit TCH/F 14.4) erzielt werden, asymmetrische Aufteilung in Up- und Downlinkkanäle ist möglich. Trotz höherer
Geschwindigkeit bleibt das Nutzungsszenario jedoch gleich: Konstanter
Datenverkehr während einer aufgebauten Verbindung, was in etwa einem
Festnetz-Internetzugang via Modem entspricht. Hier wird zwar bereits die
Synchronisation größerer Datenmengen sinnvoll, aber generell ist die
Verwendung von HSCSD eher typisch für Laptop-PC, als für mobile End-
geräte. Zwei Nachteile liegen auf der Hand: Einerseits ist bei Bündelung
von n Leitungen in der Regel auch das n-fache Verbindungsentgelt zu ent-

richten. Andererseits können nur dort zusätzliche Zeitschlitze vergeben werden, wo diese auch frei sind und kein Kapazitätsproblem besteht.

Das Problem bei mobilen Datendiensten ist aber erst in zweiter Linie die Bandbreite. Noch problematischer ist die Tatsache, dass viele typische MC-Anwendungen erst mit paketorientierter Datenübertragung sinnvoll werden. Im Wesentlichen geht es hier um den Schritt zum *„Always-On"* *Szenario*: Die Netzverbindung besteht jederzeit, aber nur bei Bedarf werden Ressourcen belegt (und berechnet). Dies ist einer ständigen Festnetz-Internetanbindung via LAN vergleichbar. Sende- und Empfangsvorgänge geschehen dabei verzugslos, etwa Messaging oder Datenbankzugriffe, und der Nutzer kann proaktiv angesprochen werden.

Um diese Anforderung bereits vor Einführung der dritten Mobilfunkgeneration erfüllen zu können, wurden die Standards der 2. Generation (insbesondere GSM) für die Paketvermittlung erweitert. Man spricht dann von einem *2.5G-Netz*. Die beiden wesentlichen 2.5G-Standards sind GPRS und EDGE (siehe 2.2.6).

Zusammenfassung

Der standardmäßige GSM-Datendienst *CSD* ermöglicht eine Übertragungsrate von maximal 14,4 kBit/s. Die GSM-Softwareerweiterung *HSCSD* ermöglicht eine Steigerung der Übertragungsrate durch *Kanalbündelung*.

Die Datenübertragung kann in 2G-Netzen nur *verbindungsorientiert* erfolgen, d.h. die Übertragungsstrecke wird wie für Sprache exklusiv geschaltet. Um die Netzkapazität dynamisch aufteilen zu können, ist statt dessen eine *paketorientierte Datenübertragung* erforderlich. Hierbei werden die Daten zur Übertragung in einzelne Pakete zerlegt, diese adressiert und über ein geteiltes Medium versendet. Dies ermöglicht die so genannte *"Always-On"*-Funktionalität, d. h. es besteht ständig eine Netzverbindung, aber nur bei Bedarf werden Ressourcen belegt (und berechnet). Die Masse der mobilen Dienste wird hierdurch erst ermöglicht oder zumindest wirtschaftlich sinnvoll. Durch Erweiterungen für die Paketvermittlung wird ein 2G-Netz zum 2.5G-Netz.

Kontrollfragen

(12) Erläutern Sie den Unterschied zwischen verbindungs- und paketorientierter Datenübertragung.

(13) Wie viel kBit/s beträgt die Datenübertragungsrate von HSCSD im theoretischen Maximum?

(14) Was ist gemeint, wenn es heißt, die Masse der mobilen Dienste werde durch paketorientierte Datenübertragung erst ermöglicht?

2.2.6 Nachfolgestandards: GPRS, EDGE, UMTS

Die Mobilfunknetze der zweiten Generation sind sprachzentriert. Durch ihre offensichtlichen Schwächen im Bereich der Datenübertragung sind sie für MC-Anwendungen nur bedingt geeignet. Die wichtigsten Defizite sind in erster Linie die fehlende paketorientierte Datenübertragung und in zweiter Linie die zu geringe Bandbreite auf der Luftschnittstelle.

Die Weiterentwicklung der Mobilfunkstandards durch das ETSI trägt diesen Erkenntnissen Rechnung, wobei man von zwei aufeinander aufbauenden Ausbauschritten sprechen kann. *GPRS* stellt die Erweiterung um die Paketvermittlung bereit und bedingt in der Hauptsache Änderungen im Mobilvermittlungsnetz. *UMTS* setzt zunächst weitgehend auf diesem Netz auf und fügt eine sehr hohe Bandbreite auf der Luftschnittstelle hinzu, indem ein vollständig neues Zugangsnetz verwendet wird.

Einen anderen Weg geht *EDGE*, das inzwischen von ETSI und *3G Americas* – einem Konsortium für Nord-, Mittel- und Südamerika – gemeinsam weiterentwickelt wird: Aufbauend auf ein 2G-Netz werden sowohl Paketvermittlung, als auch höhere Bandbreiten mit begrenzten Änderungen am bestehenden Netz realisiert; man könnte hier quasi von einem „2.75G-Netz" sprechen. Die Entwicklung im Überblick zeigt Abb. 2-22.

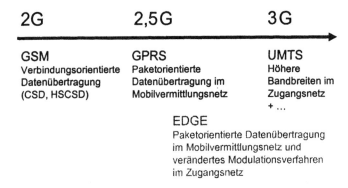

Abb. 2-22: Weiterentwicklung der Mobilfunkstandards

GPRS

Die Aufrüstung eines GSM-Netzes auf den Standard *GPRS (General Packet Radio Service)* betrifft nur einen Teil der Übertragungen: den Datenverkehr. Während der von einer MS kommende Sprachverkehr nach wie vor auf der bestehenden GSM-Infrastruktur über BTS – BSC – MSC abgewickelt wird (siehe 2.2.4), läuft der Datenverkehr nur noch auf der Luftschnittstelle und bis zum BSC identisch. Dort wird er herausgefiltert und über die neu hinzu gefügte GPRS-Infrastruktur geleitet. Damit kommt zum bestehenden GSM-Mobilvermittlungsnetz praktisch ein zweites – ausschließlich für paketorientierten Datenverkehr – hinzu. Den alten Teil, der den Sprachverkehr (und natürlich ggf. den nach wie vor möglichen verbindungsorientierten Datenverkehr mittels CSD oder HSCSD) abwickelt, bezeichnet man dabei als *leitungsvermittelte Domäne (Circuit Switched Domain, CS Domain)*. Der neue Teil wird als *paketvermittelte Domäne (Packet Switched Domain, PS Domain)* bezeichnet. Diese beiden Teile bilden nun zusammen das Mobilvermittlungsnetz. Die paketvermittelte Domäne besteht aus zwei Elementen:

- Der *GPRS-Vermittlungsknoten (Serving GPRS Support Node, SGSN)* führt die Kommunikation mit der MS, er übernimmt die Daten aus dem Zugangsnetz und leitet sie weiter; damit ist seine Funktionalität der eines MSC (einschließlich VLR) im Sprachverkehr vergleichbar. Dies umfasst beispielsweise die Ausgabe einer eigenen *Packet-TMSI (P-TMSI)*, die Verwaltung von *Routing Areas* – analog zu Location Areas in der CS domain – sowie die CDR-Generierung.

- Der *GPRS-Überleitknoten (Gateway GPRS Support Node, GGSN)* stellt die Schnittstelle zu anderen Datennetzen dar, z.B. dem Internet; damit ist seine Funktionalität der eines GMSC im Sprachverkehr vergleichbar. Der GGSN stellt außerdem die DNS- und DHCP-Funktionalität für den mobilen Internetzugang zur Verfügung. Ein GGSN zu einem fremden GPRS-Netz wird als *Border-GGSN* bezeichnet.

Zwischen BSC und SGSN wird außerdem eine *Packet Control Unit (PCU)* eingeführt, die die Datenpakete (analog zur TRAU für die Sprachübertragung) aufbereitet. Eine Übersicht der Hardwareänderungen zeigt Abb. 2-23.

Der Standard GPRS ist ein bewusster Zwischenschritt zu UMTS, das ein vollständig neues Zugangsnetz einführt. Damit ist es nicht sinnvoll, kostenintensive Änderungen im bestehenden Zugangsnetz – etwa eine Hardwareänderung im BTS – vorzunehmen. Aus diesem Grund ist weiterhin die GSM-Luftschnittstelle mit ihrem physikalischen Übertragungslimit von 22,8 kBit/s je Zeitschlitz (siehe 2.2.4) zu verwenden. Will man dennoch die Datenübertragungsrate auf ein für mobile Dienste zumindest ausreichendes Maß erhöhen, gibt es zwei wesentliche Möglichkeiten: Man kann entweder bei gegebener Brutto-Übertragungsrate durch verringerte Fehlerkorrektur die Netto-Übertragungsrate je Zeitschlitz zu erhöhen versuchen oder aber mehrere Zeitschlitze verwenden. Beides ist durch Softwareänderungen erreichbar.

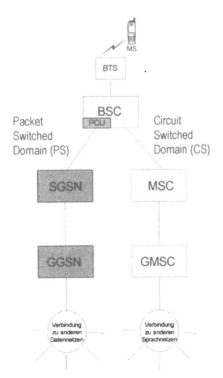

Abb. 2-23: Änderungen der Netzinfrastruktur beim Übergang auf GPRS

Der GPRS-Standard sieht sowohl das eine, als auch das andere vor: Entsprechend der Übertragungsqualität kann eines von vier verschiedenen *GPRS-Codierungsverfahren (Coding Schemes, CS)* verwendet werden, die sich durch die Anzahl der verwendeten Korrekturbits unterscheiden. Statt einer einheitlichen Übertragungsgeschwindigkeit wie bei CSD sind nun vier Stufen möglich: Von 9,05 kBit/s (CS-1) bei extrem schlechter über 13,4 kBit/s (CS-2) und 15,6 kBit/s (CS-3) bis hin zu 21,4 kBit/s (CS-4) je Zeitschlitz bei extrem guter Übertragungsqualität.

An eine MS können dabei im GPRS-Netz prinzipiell bis zu acht Zeitschlitze (also alle Zeitschlitze des Frequenzbandes) vergeben werden. Damit ergibt sich ein theoretisches Maximum von 8 Zeitschlitzen zu je 21,4 kBit/s, also 171,2 kBit/s. Die tatsächlich erreichbare Datenübertragungsrate ist abhängig von drei Einflussgrößen:

- *Netzkapazität:* Wie viele Zeitschlitze sind verfügbar?
- *Multislotklasse:* Wie viele Zeitschlitze kann das Endgerät verwenden?
- *Übertragungsqualität:* Welches Kodierungsschema kann verwendet werden?

Die *Multislotklasse* des jeweiligen Endgerätes bezeichnet dabei die Anzahl der für Up- bzw. Downlink verwendbaren Kanäle. Typisch für derzeitige GPRS-Endgeräte ist die Fähigkeit, 3–4 Zeitschlitze zum Downlink und 1–2 zum Uplink zu verwenden.

Tabelle 2-1 zeigt die erreichbaren Datenübertragungsraten in Abhängigkeit von der Anzahl zugewiesener Zeitschlitze und vom verwendeten Kodierungsschema.

Tabelle 2-1: GPRS-Datenübertragungsraten in kBit/s

Zeitschlitze	CS-1	CS-2	CS-3	CS-4
1	9,1	13,4	15,6	21,4
2	18,1	26,8	31,2	42,8
3	27,2	40,2	46,8	64,2
4	36,2	53,6	62,4	85,6
5	45,3	67,0	78,0	107,0
6	54,3	80,4	93,6	128,4
7	63,4	93,8	109,2	149,8
8	72,4	107,2	124,8	171,2

Da die Übertragungsqualität mit steigender Entfernung abnimmt, führt die adaptive Fehlerkorrektur im GPRS-Netz im übrigen zu dem beachtenswerten Effekt, dass die höchsten Datenübertragungsraten häufig nur in unmittelbarer Nähe der Sendestation erzielt werden. Häufig ist dies jedoch noch nicht einmal ein Problem: Einige Netzbetreiber haben bislang erst CS-1 und CS-2 implementiert.

Darüber hinaus von Bedeutung für die Datenkommunikation ist die Fähigkeit des Endgerätes, Sprach- und Datenverbindung gleichzeitig zu betreiben. Man unterscheidet hier drei Endgeräteklassen:

- Klasse A: Unterstützt gleichzeitige leitungs- und paketorientierte Übertragung von Sprache und Daten (z.B. Telefongespräch und GPRS-Datenübertragung),
- Klasse B: Unterstützt keine gleichzeitige leitungs- und paketorientierte Übertragung (z.B. werden Anrufe während einer GPRS-Datenübertragung angezeigt, können aber nicht angenommen werden ohne die Datenübertragung zu unterbrechen),
- Klasse C: Gerät muss manuell in Sprach- oder Datenmodus geschaltet werden.

Die wesentliche Stärke von GPRS liegt in der erstmaligen Möglichkeit, das „Always-On" Szenario zu realisieren. In Deutschland verfügen aus diesem Grund seit 2002 alle Netzbetreiber über ein GPRS-Netz.

EDGE

Die Grundidee des Standards *EDGE (Enhanced Data Rates for Global Evolution)* ist es, die Leistungsmerkmale eines 3G-Netzes so gut wie möglich zu realisieren, ohne ein neues Netz aufzubauen.

EDGE bietet dabei prinzipiell die bestehenden Datendienste mit höherer Bandbreite an, leitungsvermittelt als *ECSD (Enhanced CSD)* und paketvermittelt als *EGPRS (Enhanced GPRS)*. Sowohl die Paketvermittlung, als auch höhere Bandbreiten werden dabei mit begrenzten Änderungen an einem bestehenden 2G-Netz realisiert – insbesondere auch im selben Frequenzspektrum. Die Paketvermittlung wird durch ein Mobilvermittlungsnetz realisiert, das im Wesentlichen der GPRS-Architektur folgt. Für höhere Bandbreiten im Zugangsnetz verwendet EDGE zunächst anstelle des GSM-Modulationsverfahrens *GMSK (Gaussian Minimum Shift Keying)* das höherwertige Modulationsverfahren *8-PSK (8-Phase Shift Keying)*. Darauf aufbauend kommen die von GPRS her bekannten Verfahren zur Anwendung:

- Für ECSD und EGPRS existiert je ein Satz verschiedener Codierungsverfahren, die abhängig von der Übertragungsqualität gewählt werden. Hierbei sind für ECSD drei und für EGPRS sechs verschiedene Codierungsverfahren verfügbar.
- An eine MS können prinzipiell bis zu acht Zeitschlitze (also alle Zeitschlitze des Frequenzbandes) vergeben werden.

Im Ergebnis werden mit EDGE prinzipiell 8 Zeitschlitze zu je 48 kBit/s möglich, was ein theoretisches Maximum von 384 kBit/s ergibt. Der Vorteil gegenüber GPRS liegt damit in der höheren Datenübertragungsrate. Bei EDGE tritt der bereits für GPRS beschriebene Effekt jedoch noch deutlicher hervor: In vielen Fällen werden hohe Datenübertragungsraten nur in räumlicher Nähe zur Sendestation erreicht. Vielerorts müssen also entweder erheblich mehr Sendestationen aufgestellt werden, oder aber die Datenübertragungsraten werden im schlechtesten Fall (Randbereich der Zelle) auf GSM-Niveau verbleiben.

Eine Betrachtung der erforderlichen Infrastruktur ergibt zudem, dass das veränderte Modulationsverfahren Hardwareänderungen bis auf BTS-Ebene (z.B. Austausch der Carrier-Unit) erfordert. Eine Nutzung von EDGE ist angesichts des damit verbundenen Aufwandes und der bevorstehenden Einführung der 3. Mobilfunkgeneration (3G) in Westeuropa eher unwahrscheinlich, immerhin könnte EDGE prinzipiell eine Ausweichstrategie für Netzbetreiber ohne 3G-Lizenz darstellen. Das erste europäische EDGE-Netz wurde 2003 in Ungarn implementiert.

Für Netzbetreiber in Ländern, in denen in absehbarer Zeit nicht mit der Einführung von 3G-Technologie zu rechnen ist, kann der EDGE-Standard dagegen hoch attraktiv sein. Ein weiterer entscheidender Vorteil ist, dass EDGE nicht nur auf ein GSM/GPRS-Netz, sondern ebenso auf TDMA IS-136 aufgesetzt werden kann. Insbesondere in Nord-, Mittel- und Südamerika besteht sehr hohes Interesse an dieser Technologie.

UMTS

Während *UMTS (Universal Mobile Telecommunications System)* in seiner Einführungsversion das Mobilvermittlungsnetz gegenüber GPRS weitgehend unverändert lässt, stellt es ein vollständig neues Zugangsnetz bereit: das *UTRAN (UMTS Terrestrial Radio Access Network)*.

Das Äquivalent zur GSM-Mobilstation ist in einem UMTS-Netz das *UE (User Equipment)*. Das UE besteht aus dem unverändert bezeichneten *mobilen Endgerät (Mobile Equipment, ME)* sowie dem *USIM (UMTS Subscriber Identity Module)*. Die Sendeleistung eines Endgerätes hängt von der Leistungsklasse ab. Es existieren vier *UMTS-Leistungsklassen*: 1 (bis 2 W), 2 (bis 0,5 W), 3 (bis 0,25 W) und 4 (bis 0,125 W). Die prinzipiellen Bestandteile des UE zeigt Abb. 2-24.

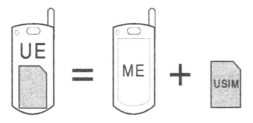

Abb. 2-24: Bestandteile des User Equipment

Die USIM-Karte unterscheidet sich gegenüber der SIM-Karte vor allem durch eine deutlich erhöhte Speicherkapazität (mehrere MByte) und durch eine Präzisierung der Zugriffsbedingungen. Für jede auf der Karte enthaltene Datei gilt dabei für lesenden und schreibenden Zugriff jeweils eine der Zugriffsbedingungen *ALW (Always)*, *PIN (Personal Identification Number)*, *ADM (Administrative)* oder *NEV (Never)*. So kann etwa die IMSI nach Eingabe der PIN gelesen (Bedingung: PIN), aber nur vom Netzbetreiber verändert (Bedingung: ADM) werden.

Das GSM-Zugangsnetz setzt sich aus einer Anzahl von BSS zusammen, die jeweils aus einem BSC und den nachgeordneten BTS bestehen. Dem BSS entspricht im UTRAN das *RNS (Radio Network Subsystem)*.

Ein RNS besteht dabei aus einem *RNC (Radio Network Controller)* und ein oder mehreren Sende-/Empfangsstationen, die als *Node B* bezeichnet werden (Abb. 2-25).

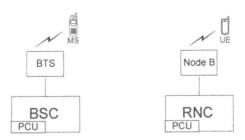

Abb. 2-25: Elemente im GSM/GPRS- (links) und UMTS-Zugangsnetz (rechts)

Wenn auch die Funktionsweise von RNC und Node B teils sehr verschieden von derjenigen der GSM-Vorgänger ist, so bleiben die grundsätzlichen Aufgaben dennoch weitgehend erhalten.

Ein *Node B* führt den Funkverkehr von ein bis drei Funkzellen durch (typischerweise für alle Sektoren eines Antennenstandortes). Da die hohe Übertragungsrate auf der Luftschnittstelle durch den Einsatz von Codemultiplex erzielt wird, kommt zu den vom BTS bekannten Aufgaben vor allem die Kodierung (vor dem Senden) und Dekodierung (nach dem Empfang) mit dem zugewiesenen Spreizcode hinzu, außerdem die Messung der Signalstärke.

Ein *RNC* stellt die funktechnische Versorgung aller Zellen eines RNS sicher. Hierzu gehören neben den vom BSC bekannten Aufgaben insbesondere die Regelung der Sendeleistung (speziell auch derjenigen der Endgeräte) und die Verwaltung und Zuweisung der Spreizcodes. Im Gegensatz zu GSM kann ein RNC nicht nur mit dem jeweils übergeordneten MSC, sondern auch direkt mit einem anderen RNC kommunizieren. Dies hat etwa Auswirkungen auf den Handover-Vorgang, der durch Verwendung von *Makrodiversität* einen schrittweisen Übergang („Softer Handover") zwischen den Zellen ermöglicht. Im Ergebnis werden beim Zellwechsel Qualitätseinbußen dadurch vermieden, dass das UE unter Umständen über mehrere Node B gleichzeitig kommuniziert.

Wie schon bei GSM wird die Position eines Nutzers im HLR nicht durch Angabe der exakten Zelle, sondern nur durch die Location Area Identity (LAI) referenziert. Die Zellen eines MSC sind hierfür in mehrere Location Areas aufgeteilt. Zum Auffinden eines UE wird auch bei UMTS ein Paging in allen Zellen der LA vorgenommen. Die Referenzierung der exakten Zelle wird vor allem deshalb nicht vorgenommen, weil damit jeder einzelne Zellwechsel ein Location Update erfordern würde. Dies hätte erheblichen zusätzlichen Signalisierungsaufwand für die RNC sowie eine Vielzahl zusätzlicher VLR- und HLR-Zugriffe zur Folge. Analog zu den LA für die CS-Domäne existieren Routing Areas (RA) für die PS-Domäne.

UMTS nutzt den Bereich oberhalb von 1900 MHz und damit ein grund-sätzlich anderes Frequenzspektrum als GSM.[4] Dadurch – verbunden mit einer erheblich besseren Ausnutzung des Spektrums – wurde einerseits das bestehende Kapazitätsproblem für die Zukunft entschärft. Andererseits be-trachteten zahlreiche Regierungen dies jedoch als willkommene Einnah-mequelle und versteigerten die Lizenzen für die Nutzung der einzelnen UMTS-Frequenzbänder. Hierdurch und durch den Versuch einiger großer *Netzbetreiber (Mobile Network Operators, MNO)*, durch hohe Gebote Konkurrenten aus dem Markt zu drängen, kam es bei den Versteigerungen in einigen Ländern zu einer wenig sinnvollen Preistreiberei. Deutschland ist mit einem Versteigerungsergebnis von etwa 50 Mrd. Euro ein Muster-beispiel für diesen Vorgang; die Ergebnisse der Versteigerung durch die *Regulierungsbehörde für Post und Telekommunikation (RegTP)* im Jahr 2000 zeigt Tabelle 2-2. Statt zu einem unmittelbaren Wettbewerbsvorteil für einzelne führte dies jedoch vor allem zu einer extrem hohen Kostenbe-lastung für alle MNO und dadurch zu einer Lähmung des Mobilfunkmark-tes, da die ausgegebenen Summen in der Folge für Netzaufbau, Subventio-nierung von Endgeräten und Marketing nicht mehr verfügbar waren sowie die Realisierung hoher Nutzungsentgelte durch die MNO zu einer Exis-tenzfrage für diese wird.

Tabelle 2-2: Versteigerungsergebnis für die UMTS-Lizenzen in Deutschland

MNO	Frequenzpaare bzw. -bänder	Preis (Mrd. DM)
E-Plus	2 FDD, 1 TDD	16,5
Group 3G	2 FDD, 1 TDD	16,6
Vodafone	2 FDD, 1 TDD	16,6
Mobilcom	2 FDD, 1 TDD	16,5
T-Mobil	2 FDD, 1 TDD	16,7
Viag Interkom (jetzt O2)	2 FDD	16,5
Summe		99,4

UMTS nutzt aber nicht nur ein anderes Spektrum, sondern es nutzt das Spektrum auch auf andere Art und Weise als GSM. Hierbei müssen je nach dem verwendeten Duplexverfahren (siehe 2.2.3) zunächst zwei grundsätzliche UMTS-Betriebsarten unterschieden werden: FDD und TDD. Die für UMTS FDD zur Verfügung stehenden Frequenzbänder, die paarweise versteigert wurden, zeigt Abb. 2-26. Ein UMTS-Mobilfunknetz ist zwar in Zellen eingeteilt, die in Pico-, Mikro- und Makrozellen – je-weils mit speziellen Nutzungs- und Leistungscharakteristiken – eingeteilt werden. Die Zellen eines Netzes nutzen jedoch prinzipiell alle dieselben Frequenzbänder.

---

[4] Eine Ausnahme bildet GSM 1900, mit dem es Überschneidungsprobleme gibt.

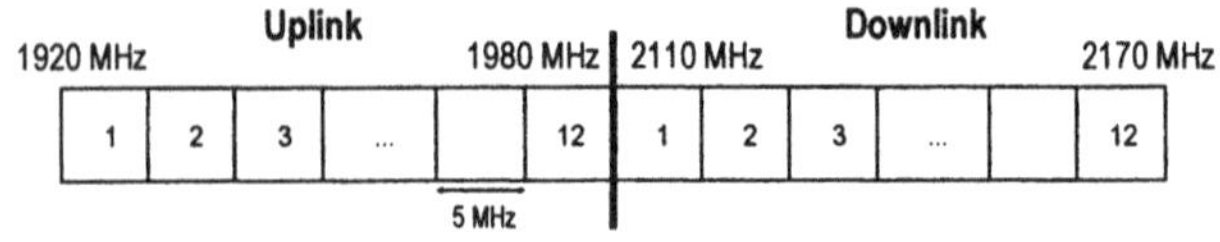

	Uplink						Downlink				
1920 MHz				1980 MHz	2110 MHz					2170 MHz	
1	2	3	...		12	1	2	3	...		12

5 MHz

Abb. 2-26: UMTS FDD-Frequenzbänder

Die Breite dieser Frequenzbänder beträgt jeweils 5 MHz. Dies ist nicht nur verglichen mit dem Wert von 200 kHz bei GSM (Abb. 2-9), sondern auch mit den Werten anderer CDM-basierter Verfahren (z.B. 1,25 MHz bei IS-95) eine sehr hohe Breite, was auch zu der Bezeichnung *W-CDMA (Wideband CDMA)* für UMTS geführt hat.

Durch die Tatsache, dass alle Nutzer eines Netzes gleichzeitig und überlagernd dasselbe Frequenzband benutzen, erhält die Kontrolle der Endgerät-Sendeleistung in einem CDMA-Netz wie UMTS eine erheblich höhere Bedeutung als bei den Vorgängersystemen. Einerseits wären die Nutzer am Rand einer Zelle im Uplink ansonsten benachteiligt gegenüber denjenigen, die sich näher an der Sende-/Empfangsstation aufhalten und deren Signal stärker empfangen wird *(near-far-Effekt)*. Andererseits ist die Störung des eigenen Empfanges (vergleichbar dem „Grundrauschen" im Hintergrund eines Telefongespräches) proportional zur Sendestärke der anderen Sender im Frequenzband; man spricht dabei vom Verhältnis von Nutzsignal zu Störsignal *(Signal to Noise Ratio, SNR)*. Die Netzkapazität hängt also direkt von den verwendeten Sendeleistungen ab – die Verwendung zu hoher Sendeleistungen führt zu einer erheblichen Verringerung der Netzkapazität. Selbst bei optimaler Allokation der Sendeleistungen ist jedoch bei steigender Teilnehmerzahl in der Zelle irgendwann die Grenze der „Verständlichkeit" des Signals erreicht. Dies führt zu einem Effekt, der als *Zellatmung* bezeichnet wird: Die UMTS-Zellgröße ist während des Betriebes variabel – je mehr Teilnehmer in einer Zelle senden, umso geringer wird die räumliche Ausdehnung der Zelle. Abb. 2-27 zeigt ein Beispiel für die Zellgröße in einem Netzabschnitt bei normalem (links) und extrem hohem Verkehrsaufkommen (rechts).

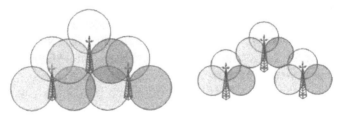

Abb. 2-27: Netzabschnitt bei normalem und extrem hohem Verkehrsaufkommen

Daher sind bei der Planung eines UMTS-Netzes insbesondere Belastungsspitzen zu berücksichtigen, die ansonsten zu geringeren Überlappungen oder sogar unversorgten Gebieten führen. Über die geschilderten Effekte hinaus ist zudem die Kontrolle der Node B-Sendestärke zur Vermeidung von Interferenzen mit Nachbarzellen von Bedeutung.

Während in der Betriebsart FDD für Up- und Downlink je ein Frequenzband verfügbar ist und das Multiplexing darüber hinaus nur auf der Verwendung einer großen Zahl von Spreizcodes – die UTRAN-Spezifikation enthält 512 primäre Scramblingcodes und 64 sekundäre Synchronisationscodes – beruht, steht in der Betriebsart TDD nur ein Frequenzband zur Verfügung. Auf diesem Frequenzband wird das Duplexing daher wieder unter Verwendung von Zeitschlitzen realisiert. Dabei werden einem einzelnen Nutzer alle 15 vorhandenen Zeitschlitze zugeteilt, die dieser beliebig zwischen Up- und Downlink aufteilen kann. Durch diese Möglichkeit der asymmetrischen Vergabe der Zeitschlitze ermöglicht das Verfahren deutlich höhere Übertragungsraten in eine Richtung. Insbesondere der Zellwechsel wird durch die Verwendung von Zeitschlitzen jedoch deutlich erschwert, zudem erreicht das Verfahren sehr hohe Übertragungsraten nur in der Nähe der Basisstation. Die für UMTS TDD zur Verfügung stehenden Frequenzbänder, die einzeln und zu erheblich niedrigeren Preisen versteigert wurden, zeigt Abb. 2-28.

Abb. 2-28: UMTS TDD-Frequenzbänder

Die maximal erreichbaren Übertragungsraten betragen für UMTS FDD symmetrisch 384 kBit/s, für UMTS TDD asymmetrisch 2 MBit/s. Die tatsächliche Übertragungsrate für den einzelnen Nutzer ist jedoch sehr abhängig von der Zahl der Nutzer in dieser Zelle. Oder anders herum: Ein einzelner Nutzer mit hoher Datenübertragungsrate verursacht in einer Zelle möglicherweise bereits ein Kapazitätsproblem. Aus diesem Grund wird ein MNO meist von vornherein einem einzelnen Nutzer nicht die technisch mögliche Übertragungsrate anbieten. Ein typisches Endkunden-Angebot wird statt dessen eher im mittleren Bereich, etwa bis 128 kBit/s, liegen.

Nach wie vor ist bei UMTS generell auch noch eine verbindungsorientierte Datenübertragung mit Übertragungsraten bis 64 kBit/s möglich.

Unter der Voraussetzung, dass der jeweilige Netzbetreiber sowohl über mindestens ein FDD-Frequenzpaar, als auch über ein TDD-Frequenzband verfügt, entstehen durch die Kombination der Betriebsarten im Netz drei UMTS-Zellarten:

- *Picozelle*: In Räumen mit hoher Nutzerdichte, etwa Flughäfen, Messegelände oder Innenstädte *(Indoor/Low Range Outdoor)*, können für Nutzer mit geringer Mobilität (bis 10 km/h) mittels TDD sehr hohe Übertragungsraten (bis 2048 kBit/s asymmetrisch) bereitgestellt werden.
- *Mikrozelle*: Im sonstigen städtischen Bereich *(Suburban Outdoor)* können für Nutzer mit mittlerer Mobilität (bis 120 km/h) mittels TDD oder FDD hohe Übertragungsraten (bis 384 kBit/s) bereitgestellt werden.
- *Makrozelle*: Im außerstädtischen Bereich *(Rural Outdoor)* können für Nutzer mit hoher Mobilität (bis 500 km/h) mittels FDD mittlere Übertragungsraten (bis 144 kBit/s) bereitgestellt werden.

Oberhalb der Makrozellen-Ebene ist künftig noch die *Worldzellen*-Ebene mit einem satellitengestützten Zugangsnetz vorgesehen, wofür im UMTS-Frequenzspektrum die Bänder 1980–2010 kHz (Uplink) und 2170–2200 kHz (Downlink) reserviert sind.

UMTS stellt vier Dienstgütekategorien zur Verfügung, denen jeweils bestimmte Nutzungsszenarien zu Grunde liegen und die durch deren Anforderungen an die Datenintegrität und an die verzugslose Übermittlung definiert werden:

- *Klasse A (Conversational)* ist für bidirektionale Dienste für Anwender vorgesehen, beispielsweise Telefonie, Bildtelefonie, interaktive Spiele. Hier steht vor allem die verzögerungsfreie Übermittlung im Vordergrund.
- *Klasse B (Streaming)* beschränkt sich im Gegensatz dazu auf eine unidirektionale Kommunikation zwischen Anwender und Datenserver, beispielsweise für Video on Demand, Radio, Bildübertragung. Hier ist ein stetiger Ablauf der Anwendung auch mit etwas geringeren Anforderungen an die verzögerungsfreie Übermittlung möglich.
- *Klasse C (Interactive)* ist für eine interaktive Kommunikation zwischen Anwender und Datenserver vorgesehen, beispielsweise für Internetanwendungen oder den Zugriff auf eine firmeninterne Datenbank. Hier ist eine höhere Datenintegrität als etwa bei Sprach- oder Videoübertragung erforderlich, die Verzögerung sollte nicht zu stark sein.
- *Klasse D (Background)* ist für eine unidirektionale oder auch interaktive Kommunikation niedriger Priorität zwischen dem Anwender (oder seinem Endgerät) und Datenserver vorgesehen, beispielsweise Telefaxdienste, Kurznachrichten oder größere, nicht zeitkritische Downloads. Hier muss die Datenintegrität gewährleistet sein, die Verzögerung spielt jedoch eine untergeordnete Rolle.

Über die grundsätzlichen Leistungsmerkmale hinaus sind für UMTS eine höhere Netzkapazität (Faktor 4 bis 5 gegenüber GSM), eine höhere Akkulaufzeit für die Endgeräte durch geringere Sendeleistung, optimierte Abläufe bei Rufaufbau und Handover, größere Störungsunempfindlichkeit gegen Frequenzeinbrüche und eine erheblich bessere Kapazitätsausnutzung zu verzeichnen. Ein Beispiel für letzteres ist, dass bei CDMA bereits dann eine SNR-Verbesserung eintritt, wenn andere Teilnehmer eine Sprachverbindung aufgebaut haben, aber gerade nicht sprechen.

Wie schon bei den Vorgängerstandards unterliegt der UMTS-Standard fortlaufenden Änderungen. Dabei ist insbesondere der Ausbaustand zwischen den MNO nicht einheitlich; zudem sind im Standard viele Details nicht exakt spezifiziert und unterscheiden sich je nach Implementierung durch den Infrastrukturhersteller. Der diesem Abschnitt zugrunde liegende Ausbaustand entspricht einem typischen Stand bei der UMTS-Einführung in Deutschland.

Die Spezifikation wird durch 3GPP in Releases fortgeschrieben. Bei der Einführung entspricht das Netz dabei in weiten Teilen noch dem UMTS Release 99. Das dann folgende Release 2000 wurde zwischenzeitlich in Release 4 umbenannt, bis Mitte 2003 wurden weiterhin die Releases 5 und 6 verabschiedet. Zu den bereits spezifizierten künftigen Ausbaustufen gehören etwa die Einführung von *Media-Gateways (MGW)* und das integrierte, IPv6-basierte Mobilvermittlungsnetz mit der Zusammenfassung der MSC und SGSN zu *UMSC (UMTS MSC)*, die in einem CS- oder PS-Zustand arbeiten können. Einen genauen Überblick über die Release-Unterschiede gibt [5].

Durch die erforderlichen hohen Investitionen für den Netzaufbau einerseits und die gleich bleibend hohe Zahl genutzter GSM/GPRS-Geräte andererseits, wird es in den meisten Ländern noch über viele Jahre einen Parallelbetrieb von 2G- und 3G-Netzen geben. Ein typisches 3G-Migrationskonzept besteht dabei in einem *Multi Access Radio Network*, das eine Kombination aus UMTS in Ballungsräumen, GPRS (oder EDGE) im übrigen Netz und Standard-GSM in Randbereichen vorsieht.

Zusammenfassung

Die Mobilfunknetze der zweiten Generation sind sprachzentriert und vor allem durch die fehlende paketorientierte Datenübertragung und die zu geringe Bandbreite für MC-Anwendungen nur bedingt geeignet.

GPRS stellt die Erweiterung um die Paketvermittlung bereit und bedingt in der Hauptsache Änderungen im NSS. Die bestehenden Elemente des GSM-NSS werden dabei zur *leitungsvermittelten Domäne (CS Domain)*. Parallel dazu wird eine *paketvermittelte Domäne (PS Domain)* aufgebaut, über die ab dem BSC der Datenverkehr geleitet wird. Die paketvermittelte Domäne besteht aus zwei neuen Elementen: dem *GPRS-Vermittlungsknoten (SGSN)* mit MSC-VLR Funktionalität und dem *GPRS-Überleitknoten (GGSN)* als Schnittstelle zu anderen Datennetzen. Zwischen BSC und SGSN ist eine *Packet Control Unit (PCU)* zur Aufbereitung der Datenpakete erforderlich. Zur Erhöhung der Datenübertragungsraten verwendet GPRS je nach Übertragungsqualität verschiedene *Codierungsverfahren (CS)*, wodurch pro Zeitschlitz mehr Nutzdaten übertragen werden können, und vergibt – soweit frei – bis zu 8 Zeitschlitze an eine MS. Die maximale Übertragungsrate beträgt 171,2 kBit/s.

EDGE realisiert sowohl Paketvermittlung, als auch höhere Bandbreiten auf der Luftschnittstelle mit begrenzten Änderungen an einem bestehenden 2G-Netz (GSM/GPRS oder TDMA IS-136). Hierbei werden leitungsvermittelte Dienste *(ECSD)* und paketvermittelte Dienste *(EGPRS) realisiert*, indem ein GPRS-ähnliches Mobilvermittlungsnetz aufgebaut wird. Analog zu GPRS werden verschiedene Codierungsverfahren verwendet und bis zu 8 Zeitschlitze zugewiesen. Zusätzlich wird ein höherwertiges Modulationsverfahren verwendet. Die hierdurch erzielbare maximale Datenrate von 384 kBit/s wird jedoch allenfalls in Nähe der Basisstationen erreicht, zudem erfordert EDGE aufwändige Hardwareänderungen im Netz.

UMTS setzt auf ein GPRS-Netz auf und fügt ein vollständig neues Zugangsnetz *(UTRAN)* hinzu, das in einem neuen Frequenzspektrum und unter Verwendung von CDMA Übertragungsraten von bis zu 384 kBit/s (symmetrisch in der Betriebsart *FDD*) bzw. 2 MBit/s (asymmetrisch in der Betriebsart *TDD*) erzielt. Die Zellen eines Netzes verwenden prinzipiell dasselbe Frequenzband; ihre Größe ist variabel und von der Nutzerzahl abhängig. Die maximale Übertragungsrate hängt von der Art der Zelle, der Mobilität des Nutzers und der Anzahl der Nutzer in dieser Zelle ab. Elemente im UTRAN sind das *UE* des Nutzers mit der *USIM-Karte* sowie die einzelnen Funknetze *(RNS)* mit je einer Steuerungseinheit *(RNC)* und einer Anzahl Sende-/Empfangsstationen *(Node B)*. Ein typisches 3G-Migrationskonzept besteht in einem *Multi Access Radio Network*, das eine Kombination aus UMTS in Ballungsräumen, GPRS (oder EDGE) im übrigen Netz und Standard-GSM in Randbereichen vorsieht.

Kontrollfragen

(15) Ein Wirtschaftsmagazin analysiert den deutschen MNO-Markt. Der Artikel zieht das Fazit, dass es – rein wirtschaftlich betrachtet – aufgrund des hohen Preises der UMTS-Lizenzen besser gewesen wäre, wenn die MNO nicht auch noch viel Geld in den Aufbau von GPRS-Netzen investiert und sich statt dessen auf den UMTS-Aufbau zum frühest möglichen Zeitpunkt konzentriert hätten. Irrt der Journalist?

(16) Ihre Firma ist ein MNO, der in einem europäischen Land ein GSM-Netz betreibt. Der Vorschlag einer Unternehmensberatung lautet, dass sich Ihr Unternehmen durch ein EDGE-Netz bereits jetzt einen Wettbewerbsvorteil verschafft und die Premium-Kunden gewinnt, bevor die Konkurrenten etwa ein Jahr später UMTS einführen können. Mit etwas Verzögerung soll ihre Firma dann ebenfalls UMTS anbieten, da ein späterer Netzaufbau ohnehin günstiger sei. Nehmen Sie Stellung.

2.3 Wireless LAN

Eine mobile elektronische Kommunikationstechnik auf lokaler Ebene ist *Wireless LAN (WLAN)*. Teilweise als Sammelbegriff für jede durch drahtlose Technologie realisierte lokale Vernetzung zu finden, bezeichnet der Begriff WLAN jedoch eigentlich ein drahtloses lokales Netz nach einer der *IEEE 802.11* Spezifikationen. Die Spezifikationen erstrecken sich auf die Ebenen 1 und 2 des ISO/OSI-Referenzmodells und sind damit der Ethernet-Spezifikation *IEEE 802.3* vergleichbar.

Der marktbeherrschende Standard ist *IEEE 802.11b* aus dem Jahr 1999. Die Spezifikation erlaubt eine maximale Datenrate von 11 MBit/s auf dem 2,4 GHz-Band, das weltweit lizenzfrei ist. Mitte 2003 wurde der Standard IEEE 802.11g verabschiedet, der bei Abwärtskompatibilität deutlich höhere Datenraten auf demselben Band ermöglicht. Weitere wichtige Übertragungsstandards zeigt Tabelle 2-3; die Datenrate bezieht sich hierbei stets auf den Access Point, nicht auf den einzelnen Teilnehmer. Zu diesen Standards kommen eine Reihe von Erweiterungen, Anpassungen und Korrekturen (z.B. 802.11d, e, f) sowie Sicherheitsstandards (802.11i, 802.1X).

Tabelle 2-3: Wichtige Übertragungsstandards der IEEE 802.11-Spezifikationen

Standard	Band	Max. Datenrate
802.11	2,4 GHz	2 MBit/s
802.11a	5 GHz	54 MBit/s
802.11b	2,4 GHz	11 MBit/s
802.11g	2,4 GHz	54 MBit/s

Die Sendeleistung im WLAN beträgt 100 mW, die typische Reichweite zwischen 30 innerhalb und 300 Meter außerhalb von Gebäuden – allerdings stark abhängig von den räumlichen Verhältnissen. Mittels gerichteter Antennen können Reichweiten von einigen Kilometern erzielt werden.

Der Zugang erfolgt für mobile Endgeräte typischerweise über eine Erweiterungskarte im PCMCIA- oder CF-Format. Nachdem bei Laptop-Computern inzwischen bereits häufig ein integriertes WLAN-Modul zur

Standardausstattung gehört, ist dies künftig auch in mobilen Endgeräten denkbar. WLAN ermöglicht prinzipiell zwei Modi der Vernetzung (Abb. 2-29):

- *Infrastruktur-Modus*: Sternförmiges LAN um einen Funk-Zugangsknoten (Access-Point); die Zellen mehrerer Knoten können verbunden werden. Einen Zellwechsel bezeichnet man hierbei als Roaming.[5]
- *Ad-hoc Modus*: *Peer-to-Peer Vernetzung* von Endgeräten untereinander.

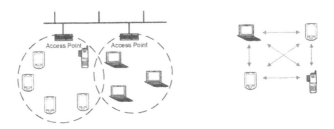

Abb. 2-29: WLAN im Infrastruktur-Modus (links) bzw. Ad-hoc Modus (rechts)

Die Wireless LAN-Technologie ist insbesondere geeignet, um mit einem oder mehreren Zugangsknoten ein Funknetz in einem räumlich eng umgrenzten Bereich aufzuspannen. Typische Anwendungsbeispiele sind etwa der drahtlose Intranet-Zugang auf einem Firmengelände oder der drahtlose Internet-Zugang an so genannten Hot Spots. *Hot Spots* sind Orte, an denen viele Nutzer auf engem Raum zu finden sind, etwa Innenstädte, Flughäfen, Hotels, Messehallen usw., man bezeichnet auch die Zugangsknoten damit.

Schwierigkeiten liegen vor allem in der Sicherheit der Datenübertragung und im B2C-Bereich auch in der Bereitstellung und Abrechnung eines öffentlichen Zuganges. Erste Pilotprojekte in Deutschland, im öffentlichen Raum Internet-Zugang mittels Wireless LAN bereitzustellen und abzurechnen, betrieben 2002 der Mobilfunkanbieter Mobilcom auf der Hannover Messe Industrie und das Projekt E-Garten.net in München. Mitte 2003 gab es bereits eine Reihe von kommerziellen Anbietern in zahlreichen deutschen Städten, die insgesamt etwa 700 einzelne WLAN-Zugangsnetze bereitstellten. Dies geschieht typischerweise entweder kostenlos zur Kundenbindung (z.B. für Premium-Kunden einer Fluglinie), gebündelt mit einer anderen Leistung (z.B. Hotelübernachtung) oder durch Verkauf vorausbezahlter Gutscheine *(Prepaid-Voucher)*. Eine einheitliche nachgela-

---

[5] Der Begriff des Roaming im WLAN ist nicht identisch mit dem des Roaming im Mobilfunk, sondern entspricht dort dem Handover. Der Begriff wird häufig falsch verwendet.

gerte Abrechnung *(Postpaid)* für die Inanspruchnahme verschiedener Zugangsnetze könnte künftig möglicherweise durch Zusammenarbeit der WLAN-Netzbetreiber mit „Großkundenbesitzern", die über eine bestehende Abrechnungsbeziehung zu vielen Kunden verfügen (z.B. Kreditkartenunternehmen oder MNO), realisiert werden. Weltweit sind derzeit etwa 17 000 Zugangsnetze verfügbar, davon etwa die Hälfte in Südkorea.

Prinzipiell ist die Verwendung der WLAN-Technologie nicht auf den LAN-Bereich beschränkt. Es ist durchaus möglich, dass an den Hot Spots künftig eine Konkurrenzsituation zwischen dem UMTS-Zugang des Mobilfunkbetreibers und dem WLAN-Zugang eines anderen Netzanbieters, etwa der Flughafengesellschaft (oder eines spezialisierten WLAN-Anbieters, der mit dieser eine Vertragsbeziehung unterhält), entsteht, oder aber eine künftige WAN-Struktur für die Datenanbindung mobiler Endgeräte sowohl Mobilfunkzellen, als auch WLAN-Zellen enthält. Für die letztere Entwicklung spricht das stark steigende Interesse der Mobilfunkanbieter an dieser Technologie, zumal es bereits erfolgreiche Entwicklungen von Roaming- bzw. Handover-Techniken zwischen Mobilfunk- und WLAN-Netzen gibt.

Auf der Ebene lokaler Vernetzung sind zwei wesentliche konkurrierende Technologien zu nennen: HIPERLAN und HomeRF.

Der Standard *HIPERLAN (High Performance Radio Local Area Network)* ist ein europäisches Äquivalent zu IEEE 802.11, das unter Federführung des ETSI entwickelt wurde. HIPERLAN/1 wurde im Jahr 1996 veröffentlicht und ermöglicht eine Datenrate bis 23,5 MBit/s auf dem 5 GHz-Band (5120–5300 MHz), die typische Reichweite beträgt 50 Meter. Der Nachfolgestandard HIPERLAN/2 aus dem Jahr 2000 ermöglicht eine Datenrate bis 54 MBit/s ebenfalls auf dem 5 GHz-Band (5150–5350 oder 5470–5725 MHz), die typische Reichweite beträgt 30 Meter in Gebäuden, 150 Meter außerhalb. Obschon HIPERLAN verschiedene innovative Ansätze verfolgt und sich insbesondere zum Aufbau komplexer Netze sehr gut eignet, ist die Zukunft dieses Standards durch die international marktbeherrschende Stellung von IEEE 802.11 sehr fraglich.

Der Industriestandard *HomeRF (Home Radio Frequency)* hat die einfache, kostengünstige Vernetzung von Heim- und Haushaltsgeräten zum Ziel. Die zugehörige Spezifikation ist das *Shared Wireless Access Protocol (SWAP)*, das von der HomeRF Working Group erarbeitet wurde. HomeRF ermöglicht eine Datenrate bis 20 MBit/s auf dem 2,4 GHz-Band, die typische Reichweite beträgt 50 Meter. Dabei handelt es sich einerseits um eine vollständige LAN-Technologie zur Rechnervernetzung, andererseits ist ebenso eine vollständige, mehrbenutzerfähige Telefonie- bzw. Sprachübertragungsfunktionalität auf DECT-Basis vorhanden. Die *HomeRF Working Group*, bestehend aus mehr als 100 Firmen aus den verschiedensten Berei-

chen, hatte sich nur die Erarbeitung dieses Standards zum Ziel gesetzt und
löste sich Anfang 2003 wieder auf. Die mögliche Zukunft von HomeRF
liegt vor allem im Bereich der Unterhaltungselektronik.

Zusammenfassung

Als *Wireless LAN (WLAN)* bezeichnet man eine durch drahtlose Technologie realisierte lokale Vernetzung nach den *IEEE 802.11* Spezifikationen.
Hierbei wird typischerweise eine sternförmige Vernetzung um *Zugangsknoten (Access-Point)* realisiert, alternativ ist auch ein Betriebsmodus vorgesehen, bei dem sich Endgeräte direkt miteinander vernetzen *(Peer-to-
Peer Vernetzung)*.

Derzeit ist WLAN im Wesentlichen im LAN-Bereich von Bedeutung,
etwa um einen drahtlosen Intranetzugang auf dem Firmengelände oder einen Internetzugang für Hotelgäste zu ermöglichen. Künftig ist an so genannten *Hot Spots* eine Konkurrenzsituation zur Datenanbindung über Mobilfunk möglich, ebenso ist jedoch auch die Integration von WLAN-Zellen
in Mobilfunknetze denkbar.

Konkurrierende Technologien sind das europäische WLAN-Äquivalent
HIPERLAN, das teilweise durch bessere Lösungen überzeugt, sowie das
kostengünstige *HomeRF* für den Heimbereich. Aufgrund der international
marktbeherrschenden Stellung von IEEE 802.11 ist die Zukunft anderer
Standards im Bereich drahtloser lokaler Netze jedoch fraglich.

Kontrollfragen

(17) Erläutern Sie den Begriff WLAN und die derzeitige Bedeutung dieser
Technologie. Welches Potential besteht für die Zukunft?

2.4 Bluetooth, IrDA

Eine Ebene unterhalb lokaler Vernetzung spricht man vom *Personal Area
Network (PAN)*. Hier geht es im Wesentlichen darum, Endgeräte miteinander oder mit Peripheriegeräten zu vernetzen. Für Technologien auf dieser
Ebene ist typischerweise eine relativ geringe Reichweite ausreichend. Im
Vordergrund stehen dagegen die Akkuproblematik der ME, der Kostenas-
pekt und ein geringer Konfigurationsaufwand. Typische Anwendungsbeispiele sind die Verbindung von einem Handheld-Computer zu einem Mobiltelefon, das diesem als Modem dient, oder zu einem Drucker. Ebenso
typisch wäre eine Verbindung zweier Handheld-Computer miteinander
zum Datenaustausch oder eines Mobiltelefons mit einem Verkaufs- oder
Kassenautomaten zum Zwecke des Bezahlens mit elektronischen Münzen.

Ebenfalls typisch sind drahtlose Headsets für Mobiltelefone, Druckerver-
bindungen für Digitalkameras und die Vernetzung von Geräten im Haus-
halt oder Auto.

Die am meisten verbreiteten Technologien hierfür sind Bluetooth und
IrDA. In beiden Fällen handelt es sich um Standards, die von der Industrie
ins Leben gerufen wurden.

Bluetooth ist eine Funktechnik, die – wie WLAN – zur Übertragung den
2,4 GHz-Bereich (2400–2483,5 MHz) nutzt, die Sendeleistung beträgt 800
mW. Standardmäßig steht eine Reichweite bis zu 10 Metern zur Verfügung, innerhalb derer eine Datenübertragungsrate bis zu 1 MBit/s genutzt
werden kann. Sowohl bei der Reichweite, als auch bei der Datenübertragungsrate existieren allerdings bereits Techniken, die deutlich über diese
Standardwerte hinausgehen. Bluetooth ermöglicht den Aufbau einer *Ad-
hoc Kommunikationsverbindung*. Dabei erklärt sich ein Gerät zum *Master*
und bietet anderen Geräten innerhalb der Funkreichweite eine sternförmige
Vernetzung an. Bis zu 7 Geräte können sich nun zum *Slave* erklären und
an der Vernetzung teilnehmen. Das entstehende Netz wird als *Piconet* bezeichnet. Nehmen Geräte gleichzeitig an mehreren Piconets teil, so wird
das resultierende Gesamtnetz als *Scatternet*, das aus mehreren Piconets besteht, bezeichnet (Abb. 2-30). Ein Gerät kann innerhalb des Scatternet
durchaus in einem Piconet als Slave und in einem anderen als Master agieren, womit eine hierarchische (baumförmige) Vernetzung möglich wird.

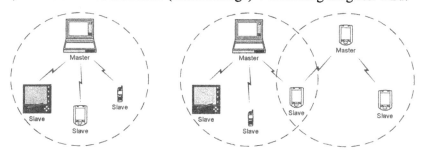

Abb. 2-30: Bluetooth im Piconet (links) bzw. Scatternet (rechts)

Die Technologie ist auch für sehr kleine Endgeräte geeignet: Ein Blue-
tooth-Modul kommt heute bereits mit weniger Fläche als eine 5-Cent-
Münze aus, der Stromverbrauch ist relativ gering. Die Datenübertragung
kann verschlüsselt werden. Die *Bluetooth Special Interest Group (BSIG)*
wurde 1998 von Ericsson, IBM, Intel, Nokia und Toshiba gegründet. Inzwischen besteht die BSIG aus 2500 Mitgliedern, darunter Firmen wie
Microsoft und Motorola. Bluetooth gilt als Schlüsseltechnologie für die
spontane Vernetzung – ein Konzept, das im Zusammenhang mit dem *Ubiquitous Computing* noch näher betrachtet wird.

IrDA DATA, häufig kurz als *IrDA* bezeichnet, ist ein Standard zur Datenübertragung mittels Infrarotlicht. Diese Übertragungsart ist im Gegensatz zu Funktechnologien immun gegen elektromagnetische Einflüsse, kann aber durch andere Lichtquellen, Streuung oder Reflexion gestört werden. Sie bietet eine relativ hohe Abhörsicherheit, da zur Nutzung die Infrarotschnittstellen der Geräte aufeinander ausgerichtet sein müssen und eine Sichtlinie erforderlich ist. Die Reichweite beträgt 1-2 Meter, die Datenübertragungsrate bis zu 115,2 kBit/s *(Serial Infrared, SIR)*. SIR beruht auf dem Standard IrDA 1.0 von 1994, dem 1995 IrDA 1.1 mit bis zu 4 MBit/s *(Fast Infrared, FIR)* und 1999 IrDA 1.2 mit bis zu 16 MBit/s *(Very Fast Infrared, VFIR)* folgten, wobei im Wesentlichen jeweils ein anderes Modulationsverfahren zum Einsatz kam. Eine Verschlüsselung ist nicht vorgesehen. Die Technologie ist sowohl bei Mobiltelefonen, als auch bei Handheld-Computern und vielen anderen Geräten seit einigen Jahren der am weitesten verbreitete Standard, wobei SIR typischerweise ausreichend ist und noch immer dominiert. Obschon eine Vernetzung mehrerer Geräte möglich ist, bleibt das typische Einsatzszenario die 1:1-Verbindung zweier Geräte, wobei zwischen diesen dann mehrere logische Kanäle zur Verfügung stehen. IrDA-Baugruppen sind sehr kostengünstig herstellbar. Die *Infrared Data Association (IrDA)* wurde 1993 gegründet und hat seither verschiedene Standards für die Datenübertragung mittels Infrarot verabschiedet. Die bei der BSIG genannten Firmen (mit Ausnahme von IBM) sind ebenfalls Mitglieder der IrDA, außerdem eine Reihe weiterer Technologiefirmen, darunter die meisten Endgerätehersteller. Führende Rollen spielen interessanterweise aber ebenso Firmen wie z.B. der MNO NTT DoCoMo und die Kreditkartenorganisation VISA International.

Auf der Ebene persönlicher Vernetzung wurde Mitte 2003 schließlich auch von der IEEE ein konkurrierender Standard verabschiedet: *Wireless PAN (WPAN)* nach der Spezifikation *IEEE 802.15.3* ist wie WLAN und Bluetooth eine Funktechnik im 2,4 GHz-Bereich und soll auf kurze Distanzen Datenübertragungsraten bis zu 55 MBit/s und auf weitere Entfernung (bis 100 Meter) bis zu 22 MBit/s ermöglichen. Die Zukunft dieses Standards, der insbesondere auf Multimedia-Anwendungen zielt, bleibt abzuwarten.

Zusammenfassung

Bluetooth und *IrDA DATA* sind Industriestandards zur drahtlosen Datenübertragung auf der PAN-Ebene. Sie dienen der Vernetzung von Endgeräten miteinander oder mit Peripheriegeräten. Während Bluetooth auf Funktechnologie beruht, findet bei IrDA eine Übertragung mittels Infrarotlicht statt. Beide Technologien finden auch in sehr kleinen Endgeräten Platz.

Kontrollfragen

(18) Auf einem mobilen Endgerät sei eine Kino-Eintrittskarte gespeichert. Nennen Sie einen praktischen Unterschied an einer automatischen Zutrittskontrolle, wenn das Endgerät mit dieser über Bluetooth bzw. über IrDA kommuniziert.

Literaturhinweise

[1] *Lehner, F.:* Mobile und drahtlose Informationssysteme. Springer, Heidelberg 2002.

[2] *Lescuyer, P.:* UMTS - Grundlagen, Architektur und Standard. Dpunkt, Heidelberg 2002.

[3] *Roth, J.:* Mobile Computing – Grundlagen, Technik, Konzepte. Dpunkt, Heidelberg 2002.

Internetquellen

[4] Internetangebot des ETSI:
http://www.etsi.org/

[5] Internetangebot des Third Generation Partnership Project (3GPP):
http://www.3gpp.org/

[6] Internetangebot des Institute of Electrical and Electronics Engineers (IEEE):
http://standards.ieee.org/

[7] Internetangebot der Bluetooth Special Interest Group (BSIG):
http://www.bluetooth.org/

[8] Internetangebot der Infrared Data Association (IrDA):
http://www.irda.org/

[9] UMTSlink.at – empfehlenswertes, privat betriebenes Informationsangebot zur Mobilfunktechnik:
http://umtslink.at/

3 Mobile Endgeräte

3.1 Grundlagen und Begriffe

Nach den mobilen elektronischen Kommunikationstechniken stehen nun die *mobilen Endgeräte* im Mittelpunkt der Betrachtung. In Kapitel 1 wurde bereits ausgeführt, dass man unter einem *mobilen Endgerät* all diejenigen Endgeräte versteht, die für den mobilen Einsatz konzipiert sind. Deren Spektrum beginnt bei beliebig kleinen, möglicherweise in Alltagsgeräte eingebetteten Elementen und führt über verschiedenste Arten von Mobiltelefonen bis hin zu Handheld-Geräten und Tablet-PC. Der Laptop-PC ist hierbei ausdrücklich ausgeschlossen. Zwar ist dieses Gerät auf den Einsatz an wechselnden Orten hin optimiert. Auch kann ohne vorhandene feste Infrastruktur gearbeitet werden, d.h. mit eigener Stromversorgung und ggf. auch mobiler Datenanbindung über eine der in Kapitel 2 geschilderten Techniken. Der Einsatz des Gerätes bleibt jedoch dem Charakter nach ein stationärer Einsatz. Es handelt sich hier um einen Arbeitsplatzrechner, der einfach verbracht werden kann, jedoch während dieses Vorganges typischerweise nicht verwendet wird und vor allem wesentliche Eigenschaften mobiler Endgeräte nicht teilt. Beispiele sind die typische *1:1 Gerät-Nutzerzuordnung* und der mobile Mehrwert der *Allgegenwärtigkeit* (siehe Abschnitt 8.2). Ein Nutzer, der an einer Bushaltestelle steht und mit seinem Laptop Internet-Transaktionen ausführt, wird sicherlich die Ausnahme bleiben. Tablet-PC sind ein Grenzfall, da sie sowohl wie ein Arbeitsplatzrechner, als auch in vielen Einsatzszenarien (z.B. Inventur oder Verkaufsunterstützung) wie ein mobiles Endgerät verwendet werden können. Sie werden in diesem Kapitel nicht als eigener Typus mobiler Endgeräte betrachtet, eher als eine Abwandlung kleinerer Handheld-Geräte.

In diesem Kapitel werden zunächst Betrachtungen zum Grundverständnis mobiler Endgeräte angestellt. Hierzu werden in Abschnitt 3.2 die Konzepte des Ubiquitous Computing eingeführt. Schlüsseltechnologien wie immer kleinere, leichtere und leistungsfähigere Prozessoren, Sensoren, Displays und Kommunikationsmodule ermöglichen nicht nur das Entstehen mobiler Endgeräte in der heutigen Form, sondern ermöglichen auch weiterführende Konzepte und öffnen den Blick auf neue Nutzungsarten und -möglichkeiten im Mobile Commerce der Zukunft. Abschnitt 3.3 zeigt die derzeit relevanten Endgerätekategorien auf und differenziert diese nach ihrer Funktionalität und den Möglichkeiten zur Benutzerinteraktion. In der Hauptsache handelt es sich hier um Mobiltelefon, Smartphone und Personal Digital Assistant (PDA).

3.2 Ubiquitous Computing

Der Begriff des *Ubiquitous Computing (UC)* leitet sich aus dem englischen Begriff „ubiquitous" (allgegenwärtig) her. Computer werden dabei zwar allgegenwärtig, treten aber gleichzeitig in den Hintergrund, indem sie mit Alltagsgegenständen verschmelzen und nicht mehr ohne weiteres als Computer erkennbar sind *(Background Assistance)*. Ein Beispiel hierfür könnte ein elektronischer Notizblock sein, der sich dem Benutzer gegenüber wie Papier mit erweiterten Eigenschaften verhält („digitales Papier"). Die dem UC verwandten Schlagworte *Disappearing Computer* und *Computing without Computers* beschreiben ebenfalls die Tendenz zum „verschwindenden Computer", während *Pervasive Computing* auf das Eindringen der Computertechnologie in alle Lebensbereiche zielt.

Diese *Allgegenwärtigkeit*, die in Abschnitt 8.2 auch als charakteristische Eigenschaft mobiler Lösungen festgestellt werden wird, hat dabei zwei Seiten: Auf eine Person bezogen, ist dies die *Ultra-Portabilität*, die Möglichkeit, IT überall hin mitzunehmen. Beispiele hierfür sind der PDA, das Mobiltelefon, Smart Cards oder in Kleidungsstücke integrierte bzw. am Körper tragbare Mikrochips *(Wearable Computing)*. Auf ein Informationssystem bezogen, ist dies die Tatsache, dass IT überall vorhanden ist. Dies gilt vor allem für eingebettete Systeme (Embedded Systems) wie etwa die ABS-Elektronik, die Airbag-Steuerung oder die Steuerungselektronik für ein elektronisches Stabilitätsprogramm (ESP) in Kraftfahrzeugen.

Damit einher gehen zwei Tendenzen in der Nutzung von Computern und in der Bedeutung des Internet: In den ersten Jahrzehnten der Computertechnologie arbeiteten viele Benutzer an einem Großrechner. In den 1980er Jahren verfügte dann jeder Benutzer über seinen eigenen Arbeitsplatzrechner, den Personal Computer. UC führt diese Linie fort – in Zukunft wird jeder Benutzer über viele Computer verfügen. Die Verbreitung des Mobiltelefons etwa weist bereits deutlich in diese Richtung. Heute vernetzt das Internet alle Computer. Wenn Alltagsgegenstände IT-Funktionalität erhalten – wird das Internet morgen alle Gegenstände vernetzen?

Realisiert wird dies vor allem durch drei technologische Entwicklungen, nämlich den immer kleiner, leichter und leistungsfähiger werdenden

- *Prozessoren,*
- *Sensoren* und *Displays,*
- *Modulen zur drahtlosen Kommunikation.*

Gleichzeitig werden die Baugruppen immer kostengünstiger herstellbar. Diese *UC-Technologien* sind *Schlüsseltechnologien* für den Mobile Commerce.

Von einem der Pioniere des Ubiquitous Computing, Marc Weiser, stammt die Überlegung, dass die tiefgreifendsten Auswirkungen durch diejenigen Technologien verursacht werden, die aus unserer Wahrnehmung verschwinden. Diese werden so sehr zum Bestandteil des alltäglichen Lebens, dass sie schließlich nicht mehr von diesem unterscheidbar sind. Denkt man das Konzept der Verschmelzung mit Alltagsgegenständen weiter, könnte schließlich nahezu jedes Objekt einen Computer enthalten, der gewisse Daten ermitteln und verarbeiten kann sowie mit Netzwerkfunktionalität ausgestattet ist. Bekannte Anwendungsbeispiele sind der Kühlschrank, der über das Internet selbst nachbestellt (oder zumindest dem Nutzer Nachbestellungen per E-Mail oder SMS vorschlägt), elektrische Geräte, die ständig ihre Wartungsdaten überprüfen und ggf. proaktiv einen Techniker mit einem Ersatzteil anfordern oder Kinderkleidung, die im Bedarfsfall eine Notfallmeldung mit dem aktuellen Standort übermittelt.

Doch nicht nur die Vernetzung mit dem und über das Internet ist im UC von Bedeutung. Ebenso wichtig ist das Konzept der *spontanen Vernetzung.* Hierbei erkennen Geräte selbständig andere Geräte in ihrer Umgebung, tauschen Daten aus und bilden mit ihnen ein Ad-hoc Netzwerk.

Technisch gesehen funktioniert dies nach dem Client-Server-Prinzip: Auf Basis drahtloser Kommunikation (z.B. Bluetooth) wird zunächst ein *Lookup* durchgeführt um festzustellen, welche Dienste von anderen Geräten in der Umgebung angeboten werden. Die derzeit wichtigsten Realisierungstechniken zur spontanen Vernetzung sind *Jini*, eine Java-basierte Technologie[6] und *UPnP (Universal Plug and Play).*

Ein letztes Konzept, das im Zusammenhang mit dem UC vorgestellt werden soll, ist das der *virtuellen Äquivalente* für reale Dinge. Die Idee ist, dass ein Gegenstand einen „Schatten" hat, der durch eine Webseite realisiert wird. Diese enthält etwa weiterführende Informationen (z.B. über ein Produkt) oder dient als Gedächtnis (z.B. der Reisewege eines Koffers oder der Besitzer-/Ersatzteil-/Wartungshistorie eines Gerätes).

---

[6] Jini wird häufig als „Java Intelligent Networking Infrastructure" referenziert, ist jedoch gemäß Sun Microsystems ein Eigenname und keine Abkürzung.

Ein Anwendungsbeispiel, das in den USA bereits existiert, ist die *Cue-Cat*. Hierbei handelt es sich um einen Handscanner, der mittels eines Barcodes in einer Zeitschriftenanzeige einen automatischen Aufruf der zugehörigen Webseite veranlasst (das Gerät wurde kostenlos an mehrere Millionen Haushalte verteilt und das Verfahren patentiert). Ebenso denkbar wäre es, während des Einkaufs Produktinformationen unter Verwendung eines Barcodelesers im PDA oder Mobiltelefon durch Aufruf einer Webseite bereitzustellen.

Als Ergebnis des UC kann festgehalten werden, dass Alltagsgegenstände um IT-Funktionalitäten erweitert werden und sich in gewissen Grenzen situationsabhängig, *kontextsensitiv*, verhalten können. Man spricht von Gegenständen mit dieser Fähigkeit als *Smart Objects*.

Zusammenfassung

Ubiquitous Computing (UC) bezeichnet den Einzug der Computertechnik in alle Lebensbereiche. Computer werden dabei allgegenwärtig, treten aber gleichzeitig in den Hintergrund, indem sie mit Alltagsgegenständen verschmelzen. Diese Alltagsgegenstände werden damit zu Smart Objects, die sich in gewissen Grenzen kontextsensitiv verhalten können.

Dies wird vor allem möglich durch die fortschreitende Miniaturisierung von Prozessoren, Sensoren/Displays und Modulen zur drahtlosen Kommunikation. Hierbei handelt es sich um Schlüsseltechnologien für den Mobile Commerce.

Zwei wichtige Konzepte des UC sind das Konzept der spontanen Vernetzung, bei dem Geräte selbständig Ad-hoc Netzwerke mit anderen Geräten bilden sowie das Konzept der virtuellen Äquivalente für reale Dinge, bei welchem einem Gegenstand ein Speicherort im Internet zugeordnet wird, der ihn betreffende Informationen enthält.

Kontrollfragen

(19) Nehmen Sie an, eine Büro-Kaffeetasse wäre ein Smart Object. Welche Informationen könnte ein virtuelles Äquivalent enthalten? Wodurch können diese Informationen ermittelt werden und wozu sind sie beispielsweise nutzbar? Welche Anwendungen für spontane Vernetzung wären denkbar?

3.3 Kategorien mobiler Endgeräte

In den folgenden Abschnitten werden die derzeit relevanten Endgerätekategorien aufgezeigt. In der Hauptsache handelt es sich hier um Mobiltelefon, Smartphone und Personal Digital Assistant (PDA). Zusätzlich gibt es weitere mobile Endgeräte, dies können weitere Handheld-Geräte oder etwa der angesprochene Tablet-PC sein, sowie Geräte für bestimmte Einsatzzwecke, die (häufig in Kleinserie) speziell für diesen Einsatzzweck oder auch für den Einsatz in einem bestimmten Unternehmen gefertigt werden.

Die Geräte werden dabei nach ihren MC-relevanten Schnittstellen, mithin ihrer Funktionalität und den Möglichkeiten zur Benutzerinteraktion differenziert. Hierbei wird nach vier Eigenschaften gegliedert, die jeweils typische Realisierungsformen von MC-Anwendungen ermöglichen (für Details der einzelnen Technologien siehe Kapitel 5):

- Sprachfunktion, Nutzung von *IVR (Interactive Voice Response)*,
- Fähigkeit zum Versand und Empfang von Kurznachrichten *(Short Message Service, SMS)*,
- Fähigkeit zum Internetzugang mittels *WAP-Microbrowser (Wireless Application Protocol)*,
- Fähigkeit zur Ausführung von Programmen in höheren Programmiersprachen (insbesondere Java).

Als *Mobiltelefon* bezeichnet man ein mobiles Endgerät, das primär auf die Nutzung der Telefonfunktionalität ausgelegt ist. Mobiltelefone verfügen über eine oder mehrere der oben genannten MC-relevanten Schnittstellen. Im Folgenden werden die vier wesentlichen Kategorien beschrieben.

IVR	X
SMS	
WAP	
Höhere Programmiersprachen	

Abb. 3-1: Mobiltelefon, nur Sprachfunktion (Quelle: Nokia)

Mobiltelefon, nur Sprachfunktion (Abb. 3-1): Hierbei handelt es sich um 1G- oder sehr alte 2G-Geräte, deren MC-relevante Schnittstellen lediglich

Sprach- oder Zahleneingabe sind. Der noch vorhandene Marktanteil in Deutschland ist unbedeutend. Eine MC-Anwendung kann so aussehen, dass der Benutzer anruft oder angerufen wird, um dann mit einem *Voice-Portal* zu interagieren, d.h. er wird durch eine Stimme geführt und gibt Sprachkommandos oder drückt Zifferntasten. Die entsprechende Realisierungstechnik wird als *IVR (Interactive Voice Response)* bezeichnet. Beispiele sind Mailboxen, Telefonbanking-Systeme („Um ihren Kontostand zu erfahren, drücken sie die 1 ..."), automatisierte Sekretariatsfunktionen („Lesen sie mir meine Termine vor!" – „Um 9 Uhr ...", „Verbinden sie mich mit Müller!" – „Einen Moment bitte ...") oder mobile Bezahlverfahren, bei denen Codes angesagt oder eingetippt werden (z.B. Paybox).

IVR	X
SMS	X
WAP	
Höhere Programmiersprachen	

Abb. 3-2: Mobiltelefon, SMS-fähig (Quelle: Siemens)

Mobiltelefon, SMS-fähig (Abb. 3-2): Hierbei handelt es sich um den Großteil der 2G-Geräte. Außer mittels der bereits genannten Schnittstellen kann mit dem Benutzer über Versand oder Empfang von *Kurznachrichten (Short Message Service, SMS)* kommuniziert werden. Bei den meisten Geräten können außerdem nach dem *SIM-AT (SIM Application Toolkit)* Standard z.B. Menüerweiterungen programmiert werden. Es handelt sich hier um das typische voll-subventionierte Mobiltelefon bis etwa Mitte 2001 („0 Mark-Handy"). Beispiele für SMS-Anwendungen im Consumer-Bereich sind Benachrichtigungen über eingegangene Mailbox-Nachrichten, Informationsdienste (Aktienkurse, Verkehrsinfo, News, ...) oder der Versand von Klingeltönen. Kleinere Business-Anwendungen sind einfache standortbezogene Dienste (Beispiel: Die SMS „HOTEL" an eine bestimmte im O2-Netz erzeugt eine Antwort-SMS mit Liste nahe gelegener Hotels, ebenso können Bars, Tankstellen, Geldautomaten usw. gesucht werden), Kundenbindungsprogramme oder Werbung. Erweiterte SMS-Anwendungen versenden etwa GPS-Daten zur Fahrzeuglokalisierung, Nachrichten von und zu Außendienstmitarbeitern („Auftrag 371 erledigt, unterwegs zu 377" oder „erl371 unt377") oder *Premium-SMS* als MC/EC-Bezahlverfahren. Ein weiterer wichtiger Bereich ist die Möglichkeit des Datenaustausches von Anwendungen über selbständig versandte bzw. empfangene SMS, ggf. auch verschlüsselt. Dies kann etwa im Rahmen von Bezahlverfahren oder zur Übermittlung von Wartungsdaten geschehen, ebenso können Aktionen ferngesteuert ausgelöst werden (z.B. Maschine in Standby-Modus schalten, bis Wartungsdienst eintrifft).

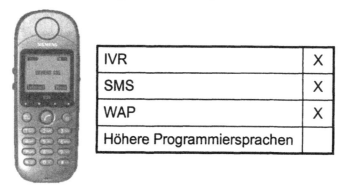

IVR	X
SMS	X
WAP	X
Höhere Programmiersprachen	

Abb. 3-3: Mobiltelefon, WAP-fähig (Quelle: Siemens)

Mobiltelefon, WAP-fähig (Abb. 3-3): Hierbei handelt es sich um neuere 2G-Geräte, die im englischen Sprachraum auch als *Internet Enabled Phone* bezeichnet werden. Zusätzlich zu den bereits genannten Schnittstellen ist nun Internet-basierte einfache Interaktion möglich, vor allem Auswahlmenüs und Texteingaben. Auf Basis von WMLScript können einfache programmierte Anwendungen ablaufen. Der Marktanteil dieser Geräte in Deutschland hat sich zwischen Anfang 2002 und Mitte 2003 geschätzt von einem auf zwei Drittel erhöht; dies liegt großenteils an der Voll-Subventionierung dieser Geräte seit etwa Mitte 2001. Allerdings haben die Mobilfunkanbieter die Subventionierung deutlich reduziert, womit der Generationswechsel verlangsamt wird. Mit WAP wird eine breite Zahl von Angeboten möglich, etwa Fahr-/Flugpläne, Börsenkurse oder einfache MC-Schnittstellen zu EC-Anwendungen (z.B. SAP R/3). Eine typische WAP-Anwendung zeigt Abb. 3-4. Von großer Bedeutung sind auch Portale, die von allen MNO, aber auch vielen anderen angeboten werden.

Abb. 3-4: WAP-Fahrplanauskunft der Deutschen Bahn AG (Quelle: DB)

IVR	X
SMS	X
WAP	X
Höhere Programmiersprachen	X

Abb. 3-5: Mobiltelefon, Java-fähig (Quelle: Nokia)

*Mobiltelefon, Java-*fähig (Abb. 3-5): Die letzte Generation der 2G- sowie die 2.5G-Geräte verfügen zusätzlich zu den bereits genannten Schnittstellen nahezu durchgängig über die *Java 2 Platform Micro Edition (J2ME) Virtual Machine,* eine gerätespezifische Implementierung der Programmiersprache Java. Dies ist in zwei Richtungen ein erheblicher Fortschritt: Betrachtet man einerseits die Funktionalität des Gerätes, so kann man nun komplexe Anwendungen auf das Gerät laden, dort speichern und ausführen. Andererseits ermöglicht das Konzept der Virtual Machine nun eine (weitgehend) geräteunabhängige Anwendungsentwicklung.

Mit dieser Standardisierung auf Basis der führenden Programmiersprache für Web-Anwendungen ist eine Grundvoraussetzung für wirtschaftliche Entwicklung und weite Verbreitung auch von Anwendungen für Mobiltelefone geschaffen. Diese Geräte kommen seit Mitte 2002 in größeren Stückzahlen auf den Markt. Die Fachwelt ist sich einig, dass Java die künftige Schlüsseltechnologie für die Programmierung von Mobiltelefonen ist. Das Standardisierungsforum Paycircle – gegründet 2002 durch Hewlett-Packard, Lucent, Oracle, Siemens und Sun – hat inzwischen eine J2ME-Erweiterung für Standard-Bezahlfunktionalitäten vorgestellt. Auf die Bedeutung für die Marktentwicklung (Möglichkeit der Abrechung direkter Erlöse) wird in Kapitel 9 eingegangen. Die weltweit erste Beispielanwendung mit dem Paycircle-Standard wurde im Frühjahr 2003 an der Universität Augsburg entwickelt.

Die Java-Technologie ermöglicht erstmals auch für komplexe Anwendungen die wirtschaftlich sinnvolle, geräteübergreifende Anwendungsentwicklung mit integrierter Leistungsabrechnung. Ein einfaches Beispiel wäre ein Spiel, das kostenlos aus dem Internet herunter geladen werden kann und für dessen Nutzung dann pro Spiel oder pro Level bezahlt wird (Abb. 3-6), ebenso die Nutzung jeder Art von Web-Services.

Abb. 3-6: Beispiele für Java-Anwendungen mit integrierter Leistungsabrechnung

Eine zahlenmäßig geringe Sonderkategorie bilden die *i-mode-fähigen Mobiltelefone*. I-mode ist ein proprietärer Standard, der von NTT DoCoMo in Japan für die Nutzung spezieller Internet-Seiten und -Dienste auf mobilen Endgeräten entwickelt und dort im Februar 1999 eingeführt wurde. Er basiert auf einem GPRS-Netz und verwendet als Auszeichnungssprache *cHTML* (*Compact HTML*, auch als *iHTML* bezeichnet). Dieser HTML-Dialekt ermöglicht die Darstellung farbiger, grafisch ansprechend dargestellter Inhalte und ist optimiert auf geringe Bandbreitenerfordernis und Displaygröße. Er erfordert einen speziellen Microbrowser, um den ein Endgerät erweitert werden muss, um i-mode-fähig zu sein. Lizenzerwerber für Europa ist der niederländische Mobilfunkanbieter KPN, dessen Tochter E-Plus das Angebot seit März 2002 in Deutschland vermarktet. Es existieren sowohl „offizielle" Seiten (erreichbar über das E-Plus Portal), als auch „inoffizielle" Seiten (erreichbar durch direkte Eingabe einer URL). Zwar ist bei i-mode prinzipiell eine Abrechnung systeminhärent, die deutsche Variante erlaubt jedoch bisher keine Einzelabrechnung von Leistungen, sondern ausschließlich den Verkauf von Monatsabonnements für bestimmte Dienste. Während i-mode in Japan den Mobilfunkmarkt revolutioniert hat und eine monopolähnliche Stellung besitzt, ist der Marktanteil in der restlichen Welt trotz teilweise sehr hohen Marketingaufwandes bisher verschwindend gering.

Modernere Mobiltelefone verfügen typischerweise über eine IrDA DATA-Schnittstelle, hochwertige Geräte oft zusätzlich über Bluetooth.

Ein *Personal Digital Assistant (PDA)* ist ein Handheld-Computer, dessen Kernfunktionalität als *Organizer* bezeichnet wird (Abb. 3-7). Diese Funktionalität entspricht einem Persönlichen Informationsmanager (PIM) in der Bürokommunikations-Standardsoftware (beispielsweise MS Outlook) und umfasst vor allem Terminkalender, Adressbuch und Aufgabenverwaltung. Auf modernen Geräten kommen eine Online- und Offline-Mailfunktionalität sowie je nach verwendetem Betriebssystem eine Vielzahl sonstiger Programme hinzu. Die Standard-Datenanbindung kann mit diesen Geräten auf zwei Arten erfolgen:

- Offline-Synchronisation in Form von Datenabgleich mit einem Personal Computer, entweder über eine fest verbundene *Docking-Station* oder über drahtlose PAN-Technologien (Abschnitt 2.4).

- Direkte Internetverbindung über ein modemfähiges Mobiltelefon, über ein Mobiltelefon in Form einer Steckkarte oder durch integrierte Mobilfunk-Funktionalität.

Ist Mobilfunk integriert bzw. ein modemfähiges Mobiltelefon angeschlossen, sind prinzipiell auch die in der Abbildung in Klammern gesetzten Eigenschaften verfügbar; in jedem Fall ist aber eine Programmierung in höheren Sprachen möglich. Weiterhin ist eine Integration in ein lokales Netzwerk mittels Wireless LAN (Erweiterungskarte) möglich. Durch die vorhandenen PAN-fähigen Schnittstellen kann außerdem eine Vernetzung und somit der direkte Datenaustausch mit anderen mobilen Endgeräten oder mit Peripheriegeräten erfolgen.

IVR	(X)
SMS	(X)
WAP	(X)
Höhere Programmiersprachen	X

Abb. 3-7: PDA mit integrierter Mobilfunk-Funktionalität (Quelle: T-Mobile)

Das Betriebssystem eines PDA ist dem eines Standard PC ähnlich. Die Idee eines handtellergroßen PC, der mit einem Stift anstelle einer Maus bedient wird und seinen Nutzer überall hin begleitet, entstand erstmals 1993 in Form des *Apple Newton*. Der heutige PDA-Markt wird von Geräten mit den Betriebssystemen Palm OS und Windows CE beherrscht; andere Geräte spielen nahezu keine Rolle mehr.

Palm OS ist ein Betriebssystem der Firma Palm Inc., das vorwiegend für deren eigene Organizer bzw. PDA Verwendung findet. Bei Erscheinen des Palm Pilot 1000 im Jahr 1996 gab es am Markt kein vergleichbares Gerät, was über mehrere Jahre zu einer monopolartigen Stellung führte. Die Darstellung erfolgt bei Palm-Geräten typischerweise auf einem quadratischen, 160x160 Pixel großen s/w-, bei neueren Geräten auch auf einem Farbdisplay, bei speziellen Produktreihen auch in höherer Auflösung. Die Bedienung erfolgt durch einen Stift auf dem Display, die Eingabe von Text auf einem speziellen Feld unterhalb des Displays, in das für jeden Buchstaben ein spezielles Kurzschrift-Zeichen geschrieben wird. Palm OS wurde auch durch Drittanbieter lizenziert, die damit eigene PDA oder auch Smartphones ausstatten (z.B. Trium). Die derzeit aktuelle Version ist Palm OS 5.0. Die Stärken der Palm-Geräte im Vergleich zu anderen Systemen liegen vor allem im hohen Verbreitungsgrad (insbesondere in den USA), der Anzahl vorhandener Anwendungen, geringer Größe und Gewicht der Geräte, höherer Akku-Einsatzdauer, einem entsprechend der Ausstattung typischerweise erheblich geringeren Preis und der nicht vorhandenen Beschränkung auf ein bestimmtes Betriebssystem beim zugehörigen Desktop-PC.

Abb. 3-8: Beispiel Palm OS (Quelle: Palm)

Windows CE ist ein Derivat der Microsoft Windows-Betriebssysteme, das für Geräte unterhalb der PC-Ebene entwickelt wurde. Während die ersten Versionen wenig erfolgreich waren, hat sich Windows CE seit Version 3.0 (Anfang 2000) insbesondere im Handheld-Markt etabliert. Es existieren verschiedene Varianten z.B. für Smartcards, für eingebettete Systeme, für Subnotebooks usw. Die Variante für PDA und Smartphones wird als *Pocket PC* bezeichnet bzw. seit einiger Zeit auch als *Windows mobile* vermarktet. Microsoft tritt nicht selbst als Endgerätehersteller auf, sondern lizensiert das Betriebssystem an eine große Zahl Drittanbieter. Diese mussten bisher hinsichtlich der Hardwareanforderungen sehr stringenten, einheitlichen Vorgaben folgen, die jedoch mit der aktuellen Version *Pocket PC 2003* deutlich gelockert wurden. Charakteristisch für Pocket PC-Geräte sind hohe Rechenleistung, Speichergröße (bis 128 MB) und Multimedia-Fähigkeit. Die Darstellung erfolgt typischerweise auf einem 240x320 Pixel großen Farbdisplay. Die Bedienung erfolgt über einen Stift auf dem Display, auch die Texteingabe wird dort mittels einer virtuellen Tastatur oder Handschrift vorgenommen. Zusätzlich zur Pocket PC-Grundvariante existieren spezielle Betriebssystem-Varianten für PDA mit integriertem Mobilfunk *(Pocket PC Phone Edition)* sowie für Smartphones *(Windows-powered Smartphone)*. Die Stärken der Pocket PC-Geräte liegen in starken Marktzuwächsen, hoher Rechenleistung, großem Speicher, guten Eingabemöglichkeiten sowie Größe und Qualität des Displays. Es gibt für diese Geräte eine hohe Zahl von Erweiterungsmöglichkeiten durch Drittanbieter. Eine Einschränkung, je nach Nutzer aber auch ein entscheidender Vorteil liegt in der Integration mit anderen Windows-Betriebssystemen. Dies gilt für die stark angeglichene Arbeitsumgebung des Nutzers und mitgelieferte

Anwendungen (z.B. MS Excel Variante für Pocket PC), aber vor allem auch für Funktionalitäten wie die nahtlose Synchronisation der Organizer-Daten mit MS Outlook oder die Möglichkeit der Fernadministration des PC-Desktop über einen Terminal Services Client auf dem Pocket PC.

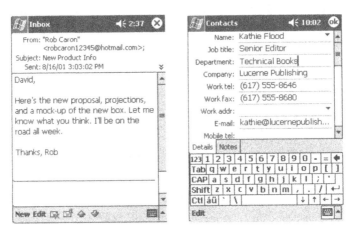

Abb. 3-9: Beispiel Pocket PC (Quelle: Microsoft)

Sowohl für Palm, als auch für Pocket PC ist Software für die Standard-Bürokommunikation mitgeliefert oder erhältlich, insbesondere Web-Browser, Textverarbeitung, Tabellenkalkulation und Präsentationssoftware. Eine Vielzahl weiterer Anwendungen ist erhältlich, da die Programmierung bei beiden Systemen jeweils geräteunabhängig erfolgen kann, z.B. mittels Java oder Visual Basic. Damit sind diese Geräte sehr gut als Plattform für die Implementierung komplexer mobiler Lösungen geeignet. Es existiert für die verschiedenen Geräte eine Reihe von Hardware-Erweiterungen in Form von Steckkarten oder aufsetzbaren Modulen. Es bleibt festzuhalten, dass keines der beiden marktbeherrschenden Systeme absolut überlegen ist, sondern je nach Anwendung eine relative Bewertung der Stärken und Schwächen vorgenommen werden muss, um das optimal zu verwendende System zu ermitteln.

Smartphone (Abb. 3-10): Spricht man von einem Mobiltelefon oder einem PDA, so gibt es konkrete Vorstellungen, wie ein solches Gerät beschaffen ist. Auch ist es problemlos, ein Gerät in die eine oder andere Kategorie einzuordnen. Anders verhält es sich bei dem Begriff *Smartphone*. Dieser Begriff wird häufig als Marketing-Instrument gebraucht und deshalb irreführend für verschiedenste Arten mobiler Endgeräte verwendet, vom simplen 2G-Mobiltelefon mit Farbdisplay bis hin zum PDA mit integrierter Mobilfunkfunktionalität. Da mobile Endgeräte zwischen dem Standard-Mobiltelefon und dem PDA jedoch eine Vielzahl von Ausprägungen annehmen können, ist eine trennscharfe Definition schwierig – das Smartphone befindet sich in etwa in der Mitte. Man spricht typischerweise dann von einem Smartphone wenn ein Gerät

- in erster Linie als Mobiltelefon verwendet wird (und daher meist über eine Telefontastatur bedient wird), aber dennoch
- über ein Betriebssystem verfügt, dass in wesentlichen Teilen dem eines PDA ähnlich ist.

Damit bilden Smartphones eine eigene Gerätekategorie und sind mit Ihren speziellen Eigenschaften als eigenes Zielgerät für MC-Anwendungen zu beachten. Typische Beispiele sind Mobiltelefone, auf denen ein Pocket PC-, Palm- oder Symbian-Betriebssystem läuft.

IVR	X
SMS	X
WAP	X
Höhere Programmiersprachen	X

Abb. 3-10: Smartphone (Quelle: SPV/Orange)

Bei den Anwendungen, die auf Smartphones lauffähig sind, handelt es sich typischerweise um PDA-Anwendungen, die allerdings auf ein kleineres Display und eine eingeschränkte Bedienung ausgelegt sind. Hierbei steht das Management persönlicher Informationen im Vordergrund, Spielenanwendungen und web-basierter Informationszugriff sind ebenfalls von Bedeutung. Einen Eindruck hiervon gibt Abb. 3-11.

Abb. 3-11: Beispiele für Smartphone-Anwendungen (Quelle: Symbian, Microsoft)

Man kann davon ausgehen, dass sich keiner der vorgestellten Gerätetypen vollständig durchsetzen und die anderen Typen verdrängen wird. Stattdessen wird es zwischen dem reinen Mobiltelefon ohne Zusatzfunktionen und dem vollständig ausgestatteten PDA eine Reihe der oben angedeuteten Mischformen und damit eine breite Palette an verschiedensten Geräten geben, aus welcher der Nutzer das jeweils für seine Bedürfnisse und Präferenzen optimale Gerät verwenden wird.

Zusammenfassung

Mobiltelefone lassen sich nach den Möglichkeiten zur Benutzerinteraktion differenzieren. Man kann dabei im Wesentlichen Geräte, die nur IVR-fähig sind, SMS-fähige, WAP-fähige und Java-fähige Mobiltelefone unterscheiden. Bei einer *IVR-Anwendung* ruft der Benutzer an oder wird angerufen, um dann mit einem *Voice-Portal* zu interagieren, d.h. er wird durch eine Stimme geführt und gibt Sprachkommandos oder drückt Zifferntasten. Mit *WAP-fähigen* Geräten lassen sich erstmals (spezielle) Internet-Seiten aufrufen, auf *Java-fähigen* Geräten können erstmals komplexe Anwendungen gespeichert und ausgeführt werden. In Java-Anwendungen kann eine integrierte Bezahlfunktionalität verwendet werden.

I-mode ist ein proprietärer Standard für die Nutzung spezieller Internet-Dienste auf mobilen Endgeräten. In seinem Ursprungsland Japan ist er marktbeherrschend, außerhalb Japans jedoch von geringer Bedeutung.

Ein *Personal Digital Assistant (PDA)* ist ein Handheld-Computer, der über Organizer-Funktionalität sowie typischerweise weitere Bürokommunikationswerkzeuge verfügt. Er ist als Plattform für die Implementierung komplexer mobiler Lösungen geeignet. Die Standard-Datenanbindung erfolgt typischerweise durch Offline-Synchronisation oder Mobilfunk. Außerdem ist eine Vernetzung im LAN- und PAN-Bereich möglich. Die marktbeherrschenden Systeme basieren auf den Betriebssystemen *Palm OS* und *Windows CE*; deren Stärken und Schwächen sind je nach Anwendung gegeneinander abzuwägen.

Zwischen reinem Mobiltelefon und PDA etablieren sich *Smartphones* als weitere Endgerätkategorie. Diese werden in erster Linie als Mobiltelefon verwendet, verfügen aber über ein PDA-ähnliches Betriebssystem.

Kontrollfragen

(20) Ihre Firma (Geschäftsbank) will eine Mobile Banking-Anwendung für PDA implementieren. Die Lösung arbeitet mit einer digitalen Signatur, wobei die Schlüssel auf einer Signatur-Chipkarte abgelegt sind. Die meisten Rechenoperationen selbst laufen jedoch im Gerät ab. Als Einsteigerpaket wollen Sie Software und PDA zusammen anbieten. Worauf müssen Sie bei Ihrer Hardware-Entscheidung achten?

Literaturhinweise

[1]   *Lehner, F.:* Mobile und drahtlose Informationssysteme. Springer, Heidelberg 2002.

[2]   *Mattern, F.:* Ubiquitous Computing: Der Trend zur Informatisierung und Vernetzung aller Dinge. In: *Rossbach, G. (Hrsg.):* Mobile Internet – Deutscher Internet-Kongress Karlsruhe 2001. Dpunkt, Heidelberg 2001, S. 107-119.

[3]   *Wiecker, M.:* Endgeräte für mobile Anwendungen. In: *Gora, W.; Röttiger-Gerigk, S.:* Handbuch Mobile-Commerce. Springer, Heidelberg 2002, S. 405-418.

Internetquellen

[4]   Internetangebot des Betriebssystemanbieters Microsoft:
      http://www.microsoft.com/germany/internetmobile/

[5]   Internetangebot des Geräte- und Betriebssystemanbieters Palm:
      http://www.palm.com/de/

[6]   Internetangebot des Betriebssystemanbieters Symbian:
      http://www.symbian.com/

[7]   Fawis.de – empfehlenswertes deutsches Internetangebot eines Händlers, mit vielen technischen Details und kommentierter Linkliste:
      http://www.fawis.de/

[8]   PDAssi.de – empfehlenswertes deutsches Informationsangebot zu mobilen Endgeräten:
      http://www.pdassi.de/

[9]   Pocket.at – empfehlenswertes österreichisches Informationsangebot zu mobilen Endgeräten:
      http://www.pocket.at/

[10] PocketPC.ch – empfehlenswertes schweizerisches Informationsangebot zu mobilen Endgeräten:
      http://www.pocketpcsite.ch/

4 Location Based Services

4.1 Grundlagen und Begriffe

Ortsbezogene Dienste (Location Based Services, LBS) sind Dienste,

- die über mobile elektronische Kommunikationstechniken (typischerweise Mobilfunk) zur Verfügung gestellt werden,
- für deren Ausführung der aktuelle Standort des dienstaufrufenden Nutzers (und/oder eines anderen Nutzers) bekannt sein muss und
- deren Ausführung abhängig von diesem Standort erfolgt.

Um einen ortsbezogenen Dienst bereitstellen zu können, ist eine *Ortung* erforderlich: die Ermittlung des Standortes eines mobilen Endgerätes.

Ortsbezogene Dienste ermöglichen einerseits völlig neue Angebote und Geschäftsmodelle, ziehen aber andererseits auch staatliches Interesse für die Anwendung in Notfällen und für Strafverfolgungszwecke auf sich. In den USA beispielsweise sind die MNO verpflichtet, bis Ende 2005 knapp zwei Drittel der Nutzer auf 50-100 Meter genau orten zu können („E-911 mandate" der Federal Communications Commission, FCC). Eine Ortung kann mittels unterschiedlicher *Ortungsinstanzen* geschehen: Wird ein Gerät geortet, so bezeichnet man dies als *Tracking*; ortet sich ein Gerät selbst, so bezeichnet man dies als *Positioning*. Aus der Ortungsinstanz folgt, wo die ermittelten Positionsdaten zunächst vorliegen und wie relevant Datenschutzaspekte, insbesondere auch die Möglichkeit der Erstellung von *Bewegungsprofilen*, sind. Zuweilen findet man in diesem Zusammenhang eine Gleichsetzung des englischen Begriffes *Positioning* mit dem deutschen Begriff *Positionierung* vor – letzterer entspricht der Platzierung eines Gegenstandes oder einer Person an einem Standort. Die Durchführung dieses Vorganges mit Hilfe z.B. eines Mobilfunknetzes wird sicherlich auch für die nächsten Jahre noch der Science Fiction-Literatur vorbehalten bleiben.

Der folgende Abschnitt 4.2 geht auf die für den Mobile Commerce relevanten Ortungsverfahren ein. Eine Ortung kann dabei prinzipiell auf drei Arten erfolgen: durch manuelle Ortseingabe, durch ein spezialisiertes Ortungssystem oder innerhalb eines drahtlosen Kommunikationsnetzes. Abschnitt 4.3 schließlich beleuchtet die Anwendungsbereiche ortsbezogener Dienste und kategorisiert diese nach dem Konzept des „Location-L".

4.2 Ortungsverfahren

Die einfachste Ausprägung von Ortungsverfahren ist die *manuelle Orts-eingabe* durch den Nutzer. Diese kann beispielsweise Bestandteil einer SMS zur Dienstanforderung sein oder im WAP-Dialog erfolgen. Der Ort wird dabei typischerweise durch Eintragung von Ortsname, Ortsnetzkennzahl oder Postleitzahl angegeben. Bei diesem Verfahren handelt es sich um eine Einstiegslösung, die für einfache Anwendungen aber gut geeignet ist. So existiert beispielsweise ein Dienst eines freien Anbieters, der auf die SMS „TAXI AUGSBURG" an die Rufnummer 84343 in verschiedenen Mobilfunknetzen hin eine automatische Antwort-SMS mit der Telefonnummer einer Augsburger Taxizentrale erzeugt. Dieser Dienst funktioniert mit den Namen aller größeren Orte in Deutschland; eine Reihe entsprechender Angebote für Restaurants, Tankstellen usw. bildete die erste Generation ortsbasierter Dienste in Deutschland.

Die zweite Ausprägung von Ortungsverfahren verwendet *spezialisierte Ortungssysteme*. Spezialisierte Ortungssysteme werden dadurch charakterisiert, dass eine Infrastruktur aufgebaut wurde, die explizit dem Hauptzweck der Ortung dient. Sie sind einerseits für die Ortung innerhalb von Gebäuden, andererseits für die sehr genaue Ortung außerhalb von Gebäuden bedeutsam.

Die Ortung innerhalb von Gebäuden ist vor allem für Sicherheitszwecke sowie für spezielle Anwendungen, z.B. in Produktionsbetrieben, Kaufhäusern oder Museen, interessant. Hierfür existieren einige sehr verschiedene Verfahren, die zumeist durch *Sender* oder *Sensoren (Infrarot, Funk oder Ultraschall)* und spezielle mobile Einheiten *(Badges)* realisiert werden. Einen detaillierten Überblick über die verschiedenen Verfahren bietet [2].

Ist außerhalb geschlossener Gebäude eine sehr genaue Positionsbestimmung erforderlich, so wird diese in aller Regel durch *Satellitenortung* mit dem *Global Positioning System (GPS)* vorgenommen. GPS hat sich seit einigen Jahren in verschiedenen Bereichen etabliert, etwa als Standard bei Kfz-Navigationssystemen. Es wurde Mitte der 90er Jahre vorrangig für den militärischen Bereich in Betrieb genommen und stellt zwei Signale zur Verfügung: ein verschlüsseltes Signal für die militärische Nutzung und ein unverschlüsseltes, weniger genaues für die zivile Nutzung. Ein GPS-basiertes Gerät ortet sich selbst, indem es eine Messung der Signallaufzeit zu mehreren Navigationssatelliten vornimmt und daraus durch Triangulierung den eigenen Standort ermittelt (Abb. 4-1).

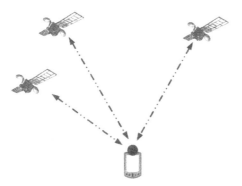

Abb. 4-1: Prinzip der Satellitenortung

Bei Nutzung des zivilen Signals ist die Ortung mit einer Genauigkeit von bis zu 25 Metern ermöglicht. Da dies eine direkte Kommunikation mit den Satelliten beinhaltet, ist jedoch ein eigenes Gerät (oder zumindest Modul) erforderlich. Dieser *GPS-Empfänger* ist heutzutage bereits in der Größe einer Armbanduhr verfügbar. Für PDA sind Aufsteckmodule verfügbar; der Empfänger kann prinzipiell jedoch auch in einen PDA oder ein Mobiltelefon eingebaut werden. In beiden Fällen ist eine problemlose Weiterverarbeitung der Positionsdaten durch das Endgerät oder deren Übermittlung mittels beliebiger drahtloser Netze möglich. Ein Beispiel für ein kombiniertes Gerät ist das Produkt „Herz-Handy", ein Mobiltelefon für Herzkranke, das für die Ortung in Notfällen mit einem GPS-Empfänger ausgestattet ist. Im Vergleich zu Mobilfunk-basierten Lösungen stellt die Hardware für den Nutzer jedoch einen deutlichen Kostenfaktor dar. Als weitere Nachteile der Satellitenortung sind festzuhalten, dass eine quasi-optische Sicht zu mindestens 3 (der 24) Navigationssatelliten erforderlich und die Messdauer mit bis zu 60 Sekunden vergleichsweise hoch ist.

Ist die Genauigkeit des GPS nicht ausreichend, so können Verfahren verwendet werden, die als *Assisted GPS (A-GPS)* bezeichnet werden. Hierbei werden GPS-Fehler unter Verwendung terrestrischer Referenzstationen herausgerechnet.

Bis zum Jahr 2008 soll als GPS-Äquivalent ein europäisches Satellitennavigationssystem unter dem Namen *GALILEO* entstehen, das ein unverschlüsseltes sowie zwei verschlüsselte Signale ausstrahlt. Damit sind je ein weniger genauer (kostenloser) und ein genauerer (kostenpflichtiger) Dienst für Endnutzer sowie ein weiterer Dienst für die staatliche Nutzung geplant. Russland betreibt bereits seit 1996 ein GPS-Äquivalent unter dem Namen *GLONASS*, dessen Funktionsfähigkeit jedoch auf Grund mangelhafter Instandhaltung (fehlender Ersatz ausgefallener Navigationssatelliten) fraglich ist.

Die dritte Ausprägung von Ortungsverfahren schließlich verwendet zur Ortung *bestehende drahtlose Kommunikationsnetze*. Sie umfasst derzeit nahezu ausschließlich die Nutzung des Mobilfunks. Prinzipiell ist jedoch nahezu jedes Netz geeignet, insbesondere wenn es zellular aufgebaut ist. Künftig wird hier vor allem Wireless LAN an Bedeutung gewinnen.

Dabei beschränkt sich die Ortung jedoch bisher im Wesentlichen auf das Ortungsverfahren der *Zellidentifikation (Cell of Origin, COO)*. Hierbei wird in einem zellbasierten Netz ermittelt, in welcher Zelle sich der Nutzer gerade befindet. Im einfachsten Fall gibt es dabei im Netz zentrale oder dezentrale Instanzen, die die *Cell-ID* oder *Cell Global Identity (CGI)* dieser Zelle für jeden Teilnehmer vorhalten, so dass die Information nur ausgelesen werden muss. Im Fall von GSM und UMTS wird bekanntlich nur die LAI gespeichert, so dass die Ermittlung der Mobilfunkzelle analog zu einem Gesprächsaufbau ein *Paging* erfordert (siehe 2.2.4, 2.2.5). Abhängig von der Zellgröße kann die Position mittels Zellidentifikation in Ballungszentren auf wenige hundert Meter, in der Fläche allerdings nur auf mehrere Kilometer genau bestimmt werden. Der Aufwand für dieses Verfahren ist sehr gering, die Genauigkeit für viele Anwendungen aber ausreichend. Beispiele hierfür sind das Fuhrparkmanagement im Fernverkehr oder die Erzeugung einer Liste der nächstgelegenen Apotheken, Hotels, Tankstellen usw. Eine weitere einfache Möglichkeit, unter GSM ortsbasierte Dienste für einzelne Zellen anzubieten, funktioniert im Übrigen ohne explizite Ortung der einzelnen Teilnehmer: Mittels *SMS Cell Broadcast (SMS CB)* kann eine Kurznachricht an alle Teilnehmer in einer Zelle gesendet werden (siehe 5.3).

Für die Ortung eines Mobilfunkteilnehmers innerhalb der Zelle existiert eine Reihe von Verfahren. Die wichtigsten basieren

- auf der Messung der Signallaufzeit zur MS durch mindestens drei synchronisierte BTS *(Time of Arrival, TOA)*,
- auf der Messung der Signallaufzeitdifferenzen zur MS durch drei synchronisierte BTS *(Time Difference of Arrival, TDOA)*,
- auf der Messung der Signallaufzeitdifferenzen zu drei BTS durch die MS *(Enhanced Observed Time Difference, E-OTD)*.

Diese genaueren Verfahren sind deutlich aufwändiger als COO, für das keine Modifikationen im Netz oder am Endgerät erforderlich sind, und liefern zudem ein schlechteres Antwortzeit-Verhalten (etwa 10 Sekunden, im Vergleich zu etwa 3 Sekunden bei COO). Die Tracking-Verfahren TOA und TDOA erfordern dabei erhebliche Modifikationen am Netz und sind zur Laufzeit sehr ressourcenintensiv, können aber beliebige Endgeräte verwenden. Das Positioning-Verfahren E-OTD erfordert vergleichsweise geringe Modifikationen am Netz, ist jedoch stark vom Endgerät abhängig.

Zusammenfassung

Eine *Ortung* kann prinzipiell auf drei Arten erfolgen: durch manuelle Orts-eingabe, durch ein spezialisiertes Ortungssystem oder innerhalb eines drahtlosen Kommunikationsnetzes.

Manuelle Ortseingabe ist eine Einstiegslösung, bei der der Nutzer beim Dienstaufruf Ortsname, Ortsnetzkennzahl oder Postleitzahl mit angibt.

Spezialisierte Ortungssysteme sind vor allem verschiedene Verfahren für die Ortung innerhalb von Gebäuden, sowie die Satellitenortung mit dem *Global Positioning System (GPS)*. GPS ermöglicht sehr genaue Ortung, er-fordert aber spezielle Hardware für die Satellitenkommunikation.

Ortung innerhalb bestehender drahtloser Kommunikationsnetze umfasst vor allem die Nutzung des Mobilfunks. Als Grundlage der aktuellen LBS ist im Wesentlichen die *Zellidentifikation* von Bedeutung. Eine genauere Ortung kann durch verschiedene Verfahren zur Messung von Signallaufzei-ten zwischen MS und mehreren BTS erfolgen. Diese Art der Ortung ist ge-nauer, aber langsamer und erheblich aufwändiger, sowohl bezüglich der Anforderungen bei der Aufrüstung von Netz und/oder Endgeräten, als auch bezüglich des Ressourcenverbrauchs zur Laufzeit.

Kontrollfragen

(21) Geben Sie je für das Notrufmodul eines Pkw-Bordcomputers und für die Positionsbestimmung der 200 Fernverkehrs-Lkw eines großen Umzugsunternehmens, die der Zentrale zur Übersicht dienen soll, ei-ne Empfehlung für das zu verwendende Ortungsverfahren ab.

4.3 Anwendungsbereiche

Vor der Betrachtung einzelner Dienste und Anwendungsbeispiele soll der Blick zunächst auf die zu Grunde liegende Systematik gelenkt werden. Bei der Ausführung ortsbezogener Dienste können zwei grundlegende Ele-mente unterschieden werden: der „Auslöser", der die Ausführung des Dienstes veranlasst – etwa ein den Dienst aufrufender Nutzer oder ein re-gelbasiertes System – und das „Ziel". Die Dienstausführung erfolgt nun entweder abhängig vom Standort des Auslösers oder dem des Ziels oder den zueinander in Beziehung gesetzten Standorten beider.

Damit gilt für jedes dieser beiden Elemente entweder, dass sein Standort für die Dienstausführung relevant ist und ermittelt werden muss, oder dass sein Standort zwar für die Dienstausführung relevant, aber statisch ist und daher nur aus einer Datenbank abgerufen werden muss oder dass sein Standort irrelevant ist, da er die Dienstausführung nicht beeinflusst.

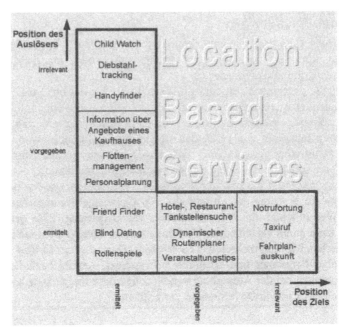

Abb. 4-2: Kategorisierung ortsbezogener Dienste („Location-L")

Im ersten Fall könnte dies etwa ein zu ortender Nutzer sein, im zweiten ein Geldautomat und im dritten irgend eine Ressource, deren Standort keine Rolle spielt. Damit entsteht eine Matrix mit neun Feldern. Zieht man nun noch in Betracht, dass per Definition die Position mindestens eines der beiden Elemente ermittelt werden muss, bleiben fünf gültige Kombinationen, die *Standardtypen ortsbasierter Dienste (LBS-Standardtypen)* darstellen. Zeichnet man nur diese gültigen Felder der Matrix, so ergibt sich das *„Location-L"* für die Kategorisierung ortsbezogener Dienste (Abb. 4-2).

Im Fall des *LBS-Standardtyps „Irrelevant/Ermittelt"* veranlasst ein Nutzer oder System, dessen Standort beliebig und irrelevant ist, die Ortung eines mobilen Endgerätes. Dies könnte etwa das System einer Mietwagenfirma sein, das ein Endgerät in einem nicht rechtzeitig zurückgegebenen Fahrzeug orten lässt oder eine Mutter, die das GSM-Modul in der Kleidung eines vermissten Kindes orten lässt.

Im Fall des *LBS-Standardtyps „Vorgegeben/Ermittelt"* löst ein regelbasiertes System, dem ein vorgegebener Standort oder Bereich zugewiesen ist, einen Dienst aus, sobald ein mobiles Endgerät sich diesem dem Standort nähert bzw. den Bereich betritt. Dies könnte etwa ein Kaufhaussystem sein, das einem vorbei gehenden Nutzer ein Sonderangebot unterbreitet oder ein

System zur Personaleinsatzplanung, das einem Servicetechniker beim Betreten einer Niederlassung den Status „verfügbar für die Serviceaufträge dieser Niederlassung" zuweist. Der räumliche Bereich des Kaufhauses oder der Niederlassung sind dabei statische Daten. Sie müssen also nicht durch Ortung ermittelt werden, sondern können aus einer Datenbank abgerufen werden.

Im Fall des *LBS-Standardtyps „Ermittelt/Ermittelt"* wird der Standort des Auslösers ebenso ermittelt wie der eines oder mehrerer von ihm bestimmter Ziele. Diese werden in Beziehung gesetzt und bei Vorliegen einer definierten Bedingung ein Dienst ausgelöst. Dies könnte etwa ein „Friend Finder" sein, der einem Nutzer anzeigt, sobald sich einer seiner in einer Liste erfassten Freunde in der Nähe befindet oder eine Blind-Dating Anwendung, die räumlich nahe Nutzer mit passender Präferenzstruktur zusammenführt.

Im Fall des derzeit meist verwendeten *LBS-Standardtyps „Ermittelt/Vorgegeben"* ruft ein Nutzer oder System einen Dienst auf, der dessen Endgerät ortet und in Beziehung zu vorliegenden Daten setzt. Diese vorliegenden Daten können etwa eine Liste von Hotels, Restaurants oder Tankstellen sein, ebenso ein Straßennetz mit aktuellen Stauinformationen oder eine Liste von Veranstaltungsorten mit dem Ergebnis, dass der Nutzer die Anzeige der nächst gelegenen Tankstellen, die optimale Route zu einem eingegebenen Ziel oder die Veranstaltungstipps seiner näheren Umgebung auf dem Endgerät angezeigt bekommt. Bei diesen einfachen LBS-Anwendungsbeispielen handelt es sich vor allem um Assistenzsysteme für (Geschäfts-) Reisende.

Im Fall des letzten *LBS-Standardtyps „Ermittelt/Irrelevant"* ruft ein Nutzer oder System einen Dienst auf, für den nur die Position des Auslösers relevant ist. Dies könnte etwa ein Taxiruf sein, bei dem der Ruf zusammen mit dem Standort des Nutzers in einer Taxizentrale eingeht, die eine manuelle Ressourcenallokation vornimmt; ein gleiches Szenario wäre für einen Notruf an Polizei oder Rettungsdienst vorstellbar. Weitere typische Beispiele für diesen Standardtyp sind ortsabhängige Fahrplan- oder Wetterauskunft.

Besondere Bedeutung kommt der Ortung als Bestandteil des mobilen Mehrwertes der *Kontextsensitivität* (siehe Kapitel 8) zu. In vielen der beispielhaft genannten Dienste ist es erst die Verknüpfung von Orts- mit anderen spezifischen Informationen (z.B. Auftragslisten, Präferenzstrukturen usw.), die die Erstellung individualisierter, der momentanen Nutzersituation angepasste Angebote und Leistungen ermöglicht.

Zusammenfassung

Bei der Ausführung ortsbezogener Dienste können der „Auslöser", der die Ausführung des Dienstes veranlasst und das „Ziel" unterschieden werden. Die Dienstausführung erfolgt entweder abhängig vom Standort eines oder den zueinander in Beziehung gesetzten Standorten beider. Damit gilt für jedes dieser beiden Elemente entweder, dass sein Standort ermittelt werden muss, oder dass sein Standort vorgegeben ist oder dass sein Standort die Dienstausführung nicht beeinflusst. Da die Position mindestens eines der beiden Elemente ermittelt werden muss, ergeben sich fünf gültige Kombinationen, die *Standardtypen ortsbasierter Dienste* darstellen und zusammen genommen das *„Location-L"* für die Kategorisierung ortsbezogener Dienste bilden.

Kontrollfragen

(22) Auf einem Messegelände soll allen Besuchern, die in die Halle 5 kommen, ein Jobprofil auf dem Mobiltelefon freigegeben haben, zwischen 25 und 30 Jahren alt sind und über SmoothSoft-Programmiererfahrung verfügen, durch einen ortsbasierten Dienst eine Tasse Kaffee beim Personalverantwortlichen der Firma AtITsBest angeboten werden. Außerdem soll es jedem Besucher mittels einer PDA-Anwendung möglich sein, einen Diskussionspartner für ein bestimmtes Thema vorgeschlagen zu bekommen, wenn beide Nutzer dasselbe Wunschthema angegeben haben und dieselbe Halle betreten. Ordnen Sie beide Dienste in das Location-L ein.

Literaturhinweise

[1]   *Kölmel, B.:* Location Based Services. In: *Pousttchi, K.; Turowski, K. (Hrsg.):* Mobile Commerce - Anwendungen und Perspektiven. Proceedings zum 3. Workshop Mobile Commerce. Köllen, Bonn 2003, S. 88-101.

[2]   *Roth, J.:* Mobile Computing – Grundlagen, Technik, Konzepte. Dpunkt, Heidelberg 2002.

[3]   *Röttiger-Gerigk, S.:* Lokalisierungsmethoden. In: *Gora, W.; Röttiger-Gerigk, S.:* Handbuch Mobile-Commerce. Springer, Heidelberg 2002, S. 419-426.

5 Realisierung von MC-Anwendungen

5.1 Grundlagen und Begriffe

Für den Entwurf einer MC-Anwendung genügt es nicht, ein existierendes Angebot auf einem mobilen Endgerät verfügbar zu machen, etwa eine bestehende Webseite mobil zugänglich. Denn einerseits hat die Verwendung mobiler Kommunikationstechniken und Endgeräte spezifische Vor- und Nachteile, andererseits unterscheiden sich die Nutzerbedürfnisse typischerweise erheblich von denjenigen bei Anwendungen außerhalb des MC. Diese Erkenntnis hat betriebswirtschaftliche Implikationen, die in Kapitel 8 noch näher betrachtet werden. Außerdem aber zieht sie für den Anwendungsentwurf einen wichtigen Grundsatz nach sich: *Design to Mobile*. Damit ist gemeint, dass eine mobile Anwendung speziell auf die Potenziale und Probleme der Mobilität maßgeschneidert sein muss. Hierzu sollte eine Analyse in zwei Schritten durchgeführt werden: Der erste Analyseschritt fokussiert die Potenziale und beantwortet die zentrale Frage: *Welchen entscheidenden Mehrwert hat der Nutzer durch die Mobilität der Anwendung?* Genau dieser Mehrwert muss zielgerichtet realisiert werden, alles andere ist diesem Ziel nachzuordnen. Der zweite Analyseschritt fokussiert die Probleme und beantwortet die zentrale Frage: *Welche der Einschränkungen und Heterogenitäten mobiler Kommunikationstechniken und Endgeräte sind für die zu entwerfende Anwendung von Bedeutung?* Anhand dessen sind die zu verwendenden Umsetzungstechniken so auszuwählen, dass sinnvolle und angemessene Lösungen gefunden werden.

Es ist nicht beabsichtigt, den Leser in diesem Kapitel mit den allgemeinen Grundlagen der (Internet-)Anwendungsentwicklung vertraut zu machen. Statt dessen soll ausschließlich auf die Besonderheiten der Realisierung von Anwendungen *für den Mobile Commerce* eingegangen werden. Der Leser soll die hierfür relevanten Dienste, Standards, Problematiken und Grundsätze kennen lernen. Hierzu werden im Abschnitt 5.2 die genannten Einschränkungen und Heterogenitäten näher untersucht, Abschnitt 5.3 beschäftigt sich mit verschiedenen Umsetzungstechniken für MC-Anwendungen und Abschnitt 5.4 vermittelt schließlich einige Grundregeln für die Gestaltung dieser Anwendungen.

5.2 Einschränkungen und Heterogenitäten

In Abschnitt 5.1 wurden zwei Analyseschritte postuliert, die der eigentlichen Anwendungsentwicklung vorangehen. Voraussetzung für diese Schritte ist eine *Zielgruppenanalyse* auf zwei Ebenen: Für die Identifizierung des entscheidenden Mehrwertes muss eine Vorstellung des Nutzers und des Nutzungskontextes vorhanden sein, die etwa durch die Aufstellung von *Nutzungsszenarien (use cases)* gewonnen werden kann; für die Identifizierung der relevanten Einschränkungen und Heterogenitäten muss eine Vorstellung des *Zielgerätes* vorhanden sein.

Die spezifischen Einschränkungen der Verwendung mobiler Kommunikationstechniken und Endgeräte bestehen vor allem

- in den MC-relevanten Schnittstellen, den Darstellungs- und den Eingabemöglichkeiten der Zielgeräte sowie
- in der Art und Bandbreite der Datenübertragung.

Probleme können dabei nicht nur aus den eingeschränkten Möglichkeiten selbst, sondern auch aus der Heterogenität der Eigenschaften verschiedener Endgeräte entstehen.

Zwar ist es möglich, eine Anwendung von vornherein ausschließlich mit dem Fokus auf ein bestimmtes Endgerät zu entwerfen, etwa eine Spieleanwendung für PDA. In der Regel jedoch sollte der Weg von der Idee eines mobilen Angebotes über die Zielgruppenanalyse zu dem Gerät führen, über das die überwiegende Mehrzahl der Nutzer (im angenommenen Nutzungsszenario) typischerweise verfügt. Dieses wird damit zum *Haupt-Zielgerät* bestimmt, auf das die Anwendung in erster Linie optimiert wird. Daneben kann es *weitere Zielgeräte* geben, für die die Anwendung ebenfalls angemessen verfügbar gemacht werden soll. Ein Zielgerät ist in diesem Zusammenhang entweder eine Endgeräte-Kategorie im Sinne von Abschnitt 3.3, ein Ausprägungsgrad einer solchen Kategorie oder – in Ausnahmefällen – auch ein einzelnes Modell eines Herstellers.

Je nach Kategorie und Ausprägung kann eine Interaktion mit dem Nutzer über verschiedene *MC-relevante Schnittstellen* realisiert werden. In Abschnitt 3.3 wurden IVR, Versand/Empfang von SMS, Internet-basierte einfache Interaktion, einfache Anwendungen und komplexe Anwendungen unterschieden; die jeweiligen Realisierungstechniken sind Gegenstand von Abschnitt 5.3.

Einschränkungen liegen ebenfalls in den *Darstellungsmöglichkeiten des Endgerätes*. Diese reichen von einem PDA-Farbbildschirm mit 240x320 Bildpunkten über das Mobiltelefon-Display mit beispielsweise 5 Zeilen zu je 20 Zeichen bis hin zu älteren Geräten, deren Display durch externe Anwendungen gar nicht genutzt werden kann. Beispiele zeigt Abb. 5-1.

Abb. 5-1: Heterogene Darstellungsmöglichkeiten von Endgeräten am Beispiel

Selbst bei vergleichbaren Endgeräten, z.B. 2G Standard-Mobiltelefonen, wird häufig eine unterschiedliche Realisierung durch den jeweiligen Hersteller zum Problem. Hier sind vor allem heterogene Displaygrößen und heterogene Microbrowser zu nennen.

Weitere Einschränkungen betreffen die *Eingabemöglichkeiten des Endgerätes*. Bei einfachen Mobiltelefonen handelt es sich hier um eine Zahlentastatur mit einigen Auswahltasten, mit denen in der Regel einfache Menüs bedient werden können. Komplexere Geräte, insbesondere PDA, ermöglichen mittels Stifteingabe eine Mausfunktionalität, Zeicheneingabe/Handschrifterkennung oder die Benutzung einer virtuellen Tastatur.

Neben den Einschränkungen des Endgerätes sind diejenigen der Datenübertragung zu berücksichtigen. Hierzu gehört die verfügbare *Bandbreite*. Es ist leicht einsehbar, dass man bei der Konzeption einer Anwendung, die z.B. über eine Datenübertragungsrate von 57,6 kBit/s verfügen kann, typischerweise anders vorgeht, als bei 9,6 kBit/s. Außer der grundsätzlichen Anpassung des zu übertragenden Datenvolumens an die verfügbare Bandbreite kann dies insbesondere auch heißen, die Anwendung auf Reaktionszeit zu optimieren. Damit ist gemeint, längere Übertragungszeiten möglichst nicht zu Wartezeiten werden zu lassen, indem der Nutzer währenddessen bereits mit anderen Ein- oder Ausgaben befasst wird.

Als letzte wichtige Einflussgröße sei die Art der Datenübertragung genannt. Steht verbindungsorientierte Datenübertragung zur Verfügung, so ist es meist ratsam, die Anwendung auf eine möglichst geringe Dauer der Datenübertragung hin zu optimieren, um unnötige Kosten zu vermeiden und den Übertragungskanal während der Verbindungszeit möglichst effizient auszulasten. Im Extremfall bedeutet dies, nach dem *EVA-Prinzip* (Eingabe – Verarbeitung – Ausgabe) vorzugehen und dabei die Ein- und Ausgabe offline vorzunehmen, während nur in der Verarbeitungsphase eine Datenübertragung vorgenommen wird. Bei geringen Datenmengen kann die Verwendung von SMS hier unter Umständen eine effiziente Alternative darstellen. Interaktion müsste in diesen Fällen weitgehend vermieden werden. Kann dagegen auf *paketorientierte Datenübertragung* zurückgegriffen werden, so ist Interaktion Standard. In einigen Bereichen ist die paketorientierte Datenübertragung durch Mobilfunk zudem bereits geeignet, drahtgebundene Verbindungen aus Effizienzgründen abzulösen. Im Jahr 2003 wurden in Deutschland die ersten *POS-Terminals* eingeführt, deren Datenanbindung mittels eines GPRS-Moduls realisiert ist.[7]

Prinzipiell nehmen die Einschränkungen durch Art und Bandbreite der Datenübertragung mit der fortschreitenden Verfügbarkeit von 2.5- und 3G-Netzen immer mehr ab. Es ist jedoch zu beachten, dass allein die Verfügbarkeit dieser Techniken (ebenso wie bei den Endgeräten) nicht ausreicht, um die Relevanz der Problematik zu eliminieren. Je nach Zielgruppe kann die Masse der Nutzer noch auf Jahre hinaus auf ältere Endgeräte angewiesen sein. Dies gilt umso stärker, je mehr mit einer Anwendung der Massenmarkt angepeilt wird.

Zusammenfassung

Die spezifischen *Einschränkungen* der Verwendung mobiler Kommunikationstechniken und Endgeräte bestehen vor allem in den MC-relevanten Schnittstellen, den Darstellungs- und den Eingabemöglichkeiten der *Zielgeräte* sowie in Art und Bandbreite der Datenübertragung. Hierbei ist nicht nur die jeweilige Einschränkung selbst von Bedeutung, sondern auch die diesbezügliche *Heterogenität* der verschiedenen Endgeräte.

Die Verfügbarkeit moderner Netze und Endgeräte allein löst das Problem nicht, entscheidend ist vielmehr deren Verbreitung in der Zielgruppe. Vor dem Entwurf einer Anwendung muss eine *Zielgruppenanalyse* gemacht und ein *Haupt-Zielgerät* bestimmt werden, auf das die Anwendung in erster Linie optimiert wird, daneben kann es *weitere Zielgeräte* geben.

Kontrollfragen

(23) Sie erhalten den Auftrag, zwei MC-Anwendungen zu entwerfen: Eine Anwendung für die Hörer eines Radiosenders (hauptsächlich Schüler und Jugendliche), sowie eine Arbeits- und Materialerfassung für Bauleiter. Stellen Sie erste Überlegungen zu den Zielgeräten an.

---

[7] *POS-Terminals (Point of Sale)* sind Geräte zur Abwicklung von Kartenzahlungen (Kreditkarte, Eurocheque-Karte), die etwa an Ladenkassen – z.B. in Tankstellen oder Kaufhäusern – eingesetzt werden. Die Geräte der neuesten Generation sind über die Grundfunktion hinaus in der Lage, Prepaid-Aufladungen für Mobilfunkkunden mittels *PIN-Printing* (Ausdruck eines Aufladecodes) oder *Top-Up* (Online-Guthabenaufladung) abzuwickeln.

(24) Ein Restaurant wickelt ca. 60 Kreditkartenzahlungen am Tag ab. Für jede Transaktion müssen 500 Byte Daten übertragen werden. Wie hoch schätzen Sie die Kosten, die für die Datenübertragung mit einem GPRS-basierten POS-Terminal entstehen?

5.3 Umsetzungstechniken

Analog zur Anwendungsentwicklung im EC gibt es auch im MC zunächst zwei prinzipielle Möglichkeiten der Realisierung: Die Verwendung *serverseitiger Techniken* und die Verwendung *clientseitiger Techniken*.

Die damit realisierten Dienste lassen sich in zwei Kategorien unterscheiden: Pull- und Push-Dienste. Bei dem vom Internet her bekannten *Pull-Prinzip* geht die Datenübertragung vom Client aus (Abb. 5-2). Dieser sendet eine Anfrage an einen Server *(Request)*, der Server antwortet mit der gewünschten Information *(Response)*.

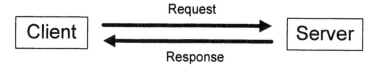

Abb. 5-2: Prinzip eines Pull-Dienstes

Beim *Push-Prinzip* initiiert und konfiguriert der Nutzer einen Dienst; dabei gibt er an, welche Informationen er bei Eintritt welchen Ereignisses erhalten will. Zur Laufzeit des Dienstes geht die Datenübertragung dann vom Server aus; dieser sendet eine Information an den Client (Abb. 5-3).

Man kann sich den Unterschied am Beispiel von Verkehrsinformationen verdeutlichen: Bei einem Pull-Dienst ruft der Nutzer in bestimmten Zeitintervallen die Informationen ab, bei einem Push-Dienst wird ihm beim Bekannt werden einer neuen Stauinformation für seine Route diese Information verzugslos vom Server übermittelt.

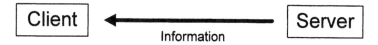

Abb. 5-3: Prinzip eines Push-Dienstes

Im Falle der *serverseitigen Programmierung* liegt die Anwendung vollständig auf dem Informationssystem des Anbieters. Die auf dem Endgerät benötigte Funktionalität beschränkt sich auf die Darstellung der Ausgabe und die Annahme von Eingaben. Hierbei sind als Nutzerschnittstelle vor allem IVR, Kurznachrichten, HTML-Dialekte für mobile Endgeräte sowie HTML selbst von Bedeutung. Ein Teil der Nutzerschnittstellen und Techniken wurde bereits bei der Betrachtung der Endgeräte erläutert (siehe 3.3). An dieser Stelle soll vor allem auf ihre Bedeutung für die Anwendungsentwicklung eingegangen werden. Die auf dem Server verwendeten Techniken selbst sind wenig MC-spezifisch und daher nicht Gegenstand der Darstellung. Im Falle der *clientseitigen Programmierung* liegt die Anwendung grundsätzlich auf dem Endgerät oder wird zur Ausführung auf dieses übertragen. Hierfür können etwa Skriptsprachen oder je nach Endgerät Standard-Programmiersprachen und -werkzeuge wie *Java* oder das *Microsoft .NET Compact Framework* verwendet werden.

IVR

Bei *IVR*-basierten Anwendungen ruft der Nutzer an oder wird angerufen. Die Bedienung erfolgt typischerweise durch wiederholte Menüauswahl innerhalb der Anwendung (siehe 3.3). Diese Realisierungsform ist vollständig unabhängig vom verwendeten Endgerät und ermöglicht eine Bedienung ohne Technikkenntnisse, gleichwohl ist Interaktion möglich. Für diese Vorteile muss jedoch nicht nur ein Medienbruch in Kauf genommen werden, sondern auch eine oft langsame und wenig nutzerfreundliche Bedienung. Zudem verfügen IVR-basierte Push-Dienste noch über geringe Nutzerakzeptanz, so dass sich die Anwendung meist auf Pull-Dienste reduziert. Daher ist diese Realisierungsform bisher vor allem als erster Schritt hin zu mobilen Anwendungen geeignet, insbesondere auch bei einer wenig technikaffinen Zielgruppe. Der Bedarf an innovativen Techniken für sprachgesteuerte Authentifizierung und Bedienung ist jedoch hoch.

SMS

Der *Short Message Service (SMS)*, ist ein GSM-Dienst zum Versenden von Kurznachrichten. Die Nachrichten, die selbst ebenfalls als „SMS" bezeichnet werden, bestehen aus bis zu 140 Byte, was je nach Zweck die Übermittlung verschiedener Zeichenanzahlen ermöglicht (Tabelle 5-1). Neuere Mobiltelefone heben diese Grenzen scheinbar auf, teilen aber in Wirklichkeit eine längere Nachricht in mehrere Einzelnachrichten auf und versenden diese nacheinander.

Tabelle 5-1: Verfügbare Zeichenanzahl für SMS

Zeichenanzahl	Zeichenlänge	Anwendung
160	7 Bit	Text
140	8 Bit	Nutzdaten
70	16 Bit	Unicode-Text, z.B. asiatische Schriftzeichen

SMS ist ein *Store-and-Forward* Dienst: Bei Nichterreichbarkeit des Empfängers wird eine Zwischenspeicherung und spätere Zustellung vorgenommen. Dieser Vorgang findet dann statt, wenn die empfangende MS nicht in ein Netz eingebucht ist. Unabhängig davon kann eine Nachricht verzögert werden, wenn etwa Übermittlungskanäle oder andere Netzelemente ausgelastet sind. SMS können jedoch vom Netzbetreiber priorisiert werden, so dass als zeitkritisch klassifizierte Information verzugslos übermittelt wird. Im erweiterten Codierungsverfahren *UDH (User Data Header)* können spezielle Nutzdaten versendet werden, etwa Betriebssysteminformation. Neben dem bekannten *SMS Point-to-Point*, bei dem eine Nachricht an einen einzelnen Empfänger versendet wird, existiert der *SMS Cell Broadcast (SMS CB)*, bei dem eine Nachricht an alle Empfänger in einer, mehreren oder allen Zellen eines Netzes versendet wird, die diesen Dienst freigeschaltet haben. Zur Nutzung von SMS ist in einem GSM-Netz eine *Kurznachrichtenzentrale (Short Message Service Center, SMSC)* erforderlich. Hierbei handelt es sich um eine Anwendung, meist auf Standard-Serverplattformen (Unix), mit den Aufgaben:

- Annahme und Weiterleitung von Kurzmitteilungen von/an MSC,
- erforderlichenfalls Zwischenspeicherung und spätere Zustellung,
- Versand der von Netzdiensten generierten Nachrichten (Mailbox, Informationsdienste) und CDR-Generierung.

Ein Netzbetreiber verfügt über ein oder mehrere SMSC. Bei sehr hohem SMS-Aufkommen oder zeitkritischen Anwendungen kann es aber durchaus sinnvoll für einen Versender sein, ein eigenes SMSC zu betreiben. Beispiele hierfür sind Automobilhersteller, die Telematikdaten per SMS übermitteln oder zentrale Einrichtungen für Grubenwehren/Feuerwehren, die ihre Alarmierungskette über SMS-Anwendungen realisiert haben.

Bei Verwendung der Nutzerschnittstelle SMS für einen Pull-Dienst sendet der Nutzer manuell eine SMS, um den Dienst anzufordern; die Anwendung antwortet mit einer SMS, die die gewünschte Information enthält (bei einem Push-Dienst erfolgt entsprechend nur der zweite Schritt). Auch diese Realisierungsform ist weitgehend geräteunabhängig. Zudem ermöglicht sie Offline-Bearbeitung (siehe 5.2) sowie eine implizite Abrechnung durch Premium-SMS (siehe 9.2). Allerdings ist auch hier eine umständliche und wenig nutzerfreundliche Eingabe erforderlich, außerdem sind nur stark eingeschränkte Funktionalitäten und keine Interaktion möglich. Diese Realisierungsform verursacht hohe variable Kosten und ist nur für sehr einfache Anwendungen geeignet. Hier kann sie sich jedoch in einigen Bereichen durchaus als gute und sogar kostengünstige Lösung erweisen.

USSD

Unstructured Supplementary Services Data (USSD) ist wie SMS ein GSM-Dienst zum Versand von Kurznachrichten. USSD überträgt bis zu 182 Zeichen (zu je 7 Bit) pro Nachricht. Im Unterschied zu SMS wird jedoch für die Übermittlung eine Verbindung aufgebaut. Die Folge ist, dass unmittelbar und exakt nachvollziehbar wird, ob und wann die Nachricht vollständig übertragen wurde. Hierdurch können etwa vollständige Transaktionen garantiert werden.

Beispiele für die Anwendung von USSD sind netzinterne Transaktionen (etwa im Zusammenhang mit Prepaid-Roaming), aber auch verschiedene MC-Anwendungen wie Wertpapiertransaktionen (Mobile Brokerage).

MMS

Der *Multimedia Messaging Service (MMS)* ist ein Dienst zum Versenden von Nachrichten mit integrierten Bild-, Video- und Audiodaten, der in GPRS- und UMTS-Netzen als Erweiterung und zusätzlich zum SMS bereitgestellt wird. Neben der Übertragung von einem mobilen Endgerät zu einem anderen ist auch ein Versand an beliebige E-Mail Adressen möglich. Die Möglichkeiten zur Konfiguration der MMS-Funktionalität wird dem Nutzer typischerweise über ein Web-Frontend bereit gestellt.

Zur Nutzung von MMS ist in einem Netz zusätzlich zum SMSC ein *Multimedia Message Service Center (MMSC)* erforderlich, das analog zu diesem Annahme und Weiterleitung der MMS, erforderlichenfalls Zwischenspeicherung und spätere Zustellung sowie CDR-Generierung durchführt. Aufgrund der teils unterschiedlichen Implementierung in den Mobilfunknetzen ist ein Versand in fremde Netze noch nicht immer möglich. Viel problematischer ist jedoch, dass der Dienst auch in den Endgeräten teils noch unterschiedlich implementiert ist. Daher besteht eine aufwändige Zusatzaufgabe der MMSC derzeit noch darin, vor der Weiterleitung Kompatibilitätstests mit den Endgeräten durchzuführen. Außerdem stellt es die SMTP-Funktionalität für den Versand ins Internet sowie optional Auslieferungs- und Lesebestätigungen für versendete MMS bereit.

Mit MMS sind prinzipiell die selben MC-Anwendungen möglich, wie mit SMS. Die erweiterten Möglichkeiten des Dienstes ermöglichen jedoch eine völlig andere Qualität von Anwendungen. Einfache Beispiele umfassen etwa Routenplanung mit Kartenausschnitten, Immobilien-Angebote und Skiwetter-Meldungen mit Fotos ebenso wie Sportmeldungen oder Reparaturanforderungen mit kurzen Videoclips. Hier ist ein erhebliches Potenzial zur Realisierung neuer Anwendungen sowohl im B2C-, wie im B2B-Bereich erkennbar.

Point-to-Multipoint Dienste

Die paketorientierte Datenübertragung – beginnend mit GPRS – beinhaltet neben *Point-to-Point (PTP)* auch *Point-to-Multipoint (PTM)* Dienste.

Beim *PTM-Multicast (PTM-M)* werden Daten in alle vom Sender angegebenen Zellen übertragen, und zwar entweder an alle Empfänger in diesen Gebieten oder nur an angegebene Teilnehmergruppen.

Beim *PTM-Group Call (PTM-G)* werden Daten an eine spezielle Teilnehmergruppe übertragen, und zwar entweder unabhängig vom Aufenthaltsort der Teilnehmer oder auf bestimmte Zellen begrenzt.

SIM AT

Das *SIM Application Toolkit* (kurz: *SIM-Toolkit* oder *SIM AT*) ermöglicht die Programmierung und das Ablegen einfacher Anwendungen auf der SIM-Karte. Für diese Anwendungen ist im GSM-Standard 11.14 ein Satz von erweiterten Befehlen und Prozeduren zwischen SIM-Karte und Mobiltelefon definiert. Anwendungen können dabei etwa durch Menübefehle, ankommende SMS oder PAN-Aktivitäten angestoßen werden und ihrerseits insbesondere Sprach- oder Datenverbindungen über verschiedene Kanäle aufbauen, selbständig Daten senden/empfangen, mit dem Nutzer in Dialog treten und SMS versenden. Ein bekanntes Beispiel sind SIM-Toolkit Anwendungen für SMS-Banking. Um SIM-Toolkit nutzen zu können, müssen Mobiltelefon und SIM-Karte diesen Standard unterstützen (was in Deutschland etwa seit 2000 standardmäßig der Fall ist). Die entscheidende Einschränkung liegt jedoch darin, dass Installationen auf der SIM-Karte ausschließlich durch den Mobilfunkanbieter vorgenommen werden können. Aus diesem Grund spielt SIM-Toolkit für Anwendungen von Drittanbietern bisher nahezu keine Rolle, wohl aber beispielsweise für die eigenen Mehrwertdienst-Angebote der Mobilfunkanbieter, die dem Nutzer in Form von Menüerweiterungen zugänglich gemacht werden.

WAP

Das *Wireless Application Protocol (WAP)* ist – entgegen seinem Namen – kein einzelnes Protokoll. Vielmehr handelt es sich um einen Standard für die Übertragung und Darstellung von Daten auf mobilen Endgeräten, speziell Mobiltelefonen. Der wesentliche Zweck besteht dabei in der Bereitstellung einer einheitlichen Kommunikationsumgebung auf unterschiedlichen drahtlosen Technologien, der maximal möglichen Verlagerung von Rechenlast auf den Server und der Optimierung für die eingeschränkten Darstellungs- und Bedienungsmöglichkeiten sowie geringen Datenübertragungsraten, die auf den Endgeräten zur Verfügung stehen.

Über die WAP-Spezifikation und -Anwendungsentwicklung gibt es zahlreiche Publikationen. An dieser Stelle soll nur ein kurzer Überblick gegeben werden, um dem Leser einige Grundlagen zu vermitteln und ihn zu befähigen, die Grenzen und Möglichkeiten dieser Realisierungsform zu beurteilen. Für eine detaillierte Beschreibung sei z.B. auf [2] verwiesen.

Im Zuge des Internet-Wachstums entstand Mitte der neunziger Jahre die Forderung mobilen Zugriffs. Verschiedene Techniken und Auszeichnungssprachen wurden für den Einsatz auf mobilen Endgeräten vorgestellt, etwa Nokias *Smart Messaging* mit der HTML-ähnlichen *Tagged Text Markup Language (TTML)* oder das *Handheld Device Transport Protocol (HDTP)* mit der zugehörigen *Handheld Device Markup Language (HDML)* von Phone.com (ehemals Unwired Planet). Um jedoch das Entstehen einer Vielzahl inkompatibler Entwicklungen zu vermeiden, wurde von den Infrastruktur- und Endgeräteherstellern Ericsson, Motorola, Nokia und dem Softwarehersteller Unwired Planet 1997 das *WAP-Forum* mit dem Ziel der Entwicklung eines einheitlichen, offenen und an den Paradigmen des World Wide Web orientierten Standards gegründet. Die ersten Endgeräte mit implementiertem WAP-Standard waren 1999 auf dem Markt verfügbar. Das WAP-Forum umfasste zwischenzeitlich mehr als 200 Firmen und ging 2003 in der *Open Mobile Alliance (OMA)* auf. Die WAP-Spezifikation besteht aus

- dem *Wireless Application Environment (WAE)* mit je einer Auszeichnungs- und einer Skriptsprache, einem *Microbrowser* als *WML User Agent* zur Interpretation und Darstellung der Inhalte auf dem Endgerät sowie einer Programmierschnittstelle und
- einem optimierten Protokollstapel für die Übertragung auf der Luftschnittstelle.

Der Abruf von WWW-Seiten ist ein klassisches Beispiel für einen Pull-Dienst (Abb. 5-2). Das WAP-Modell funktioniert prinzipiell genauso, allerdings ist ein *WAP-Gateway* mit der Funktionalität eines Proxy-Servers zwischengeschaltet, der die Protokollkonversion und die Umsetzung in binäre Darstellung vornimmt. Die Kommunikation läuft nun in zwei Schritten ab: Zwischen dem HTTP-Server und dem WAP-Gateway wird der Internet-Protokollstapel verwendet, zwischen dem WAP-Gateway und dem WAP User Agent auf dem Endgerät der WAP-Protokollstapel (Abb. 5-4).

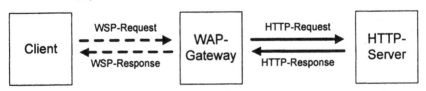

Abb. 5-4: WAP-Modell

WAP-Inhalte werden in der *Wireless Markup Language (WML)* beschrieben, einer XML-basierten Auszeichnungssprache mit wenigen Sprachelementen, die eine Verwendung und Formatierung von Text, Grafiken und Hyperlinks ermöglichen. Im Gegensatz zu HTML verfügt WML allerdings über ein Zustandsmodell, mit dessen Hilfe Variablen zur Verarbeitung einfacher Nutzereingaben direkt im Endgerät verwendet sowie Zeitmarken gesetzt werden können. Die Inhalte werden in kleine Ausführungseinheiten zerlegt: Der Inhalt eines Bildschirms wird als *Karte (Card)* bezeichnet, mehrere zusammengehörige Karten werden zu einem *Kartenstapel (Deck)* zusammengefasst. Ein Kartenstapel entspricht einer WML-Datei auf dem Server. Abb. 5-5 zeigt einen einfachen Stapel mit zwei Karten.

```
<wml>
    <card id="Test" title="Demo">
        <do type="accept">
            <go href="#CardOut"/>
        </do>
        <p align="center">
            Wie heisst Du? <br/>
            <input name="variable1"/>
            <br/>
        </p>
    </card>
    <card id="CardOut" title="Ausgabe">
        <p align="center">
            Hallo <br/>
            $(variable1)
        </p>
    </card>
</wml>
```

Abb. 5-5: Beispiel für einfachen WML-Quellcode

Die Skriptsprache *WMLScript* basiert auf JavaScript und erlaubt die Einbettung ausführbarer Inhalte in eine WML-Seite. Die in Abschnitt 5.2 aufgezeigten Heterogenitäten machen sich bei WAP besonders nachteilig bemerkbar: Eine WML-Seite wird je nach Displaygröße und (herstellerabhängiger) Implementierung des Microbrowsers auf dem Client möglicherweise unterschiedlich dargestellt, was unter Umständen mehrere Varianten eines WAP-Angebotes für verschiedene Endgeräte erfordert.

Schließlich gehört zum WAE noch die Programmierschnittstelle *Wireless Telephony Applications (WTA) Framework*, die den Zugriff auf Telefonie-Funktionalitäten mittels WMLScript ermöglicht, insbesondere ein entsprechendes Event-Handling. Ein Beispiel für die Nutzung des WTA-Framework wäre die Programmierung einer Anwendung, die bei einem

MTC ein Menü mit speziellen firmeninternen Weiterleitungs- oder Be-
nachrichtigungsoptionen aufruft.

Die in WAP definierten Protokolle orientieren sich weitgehend an den
eingeführten Internet-Protokollen, sind dabei jedoch insbesondere auf Minimierung der erforderlichen Bandbreite sowie Robustheit gegen Verzögerung und Übertragungsprobleme ausgelegt. Sie bilden einen Protokollstapel *(WAP-Stack)* mit fünf Schichten. Der zuvor beschriebene WAE bildet
die *Anwendungsschicht (Application Layer)* und stellt eine Umgebung bereit, auf der Anwendungsentwickler und Dienstanbieter aufsetzen und –
prinzipiell – transparent gegenüber dem Träger und der verwendeten
Hardware Anwendungen und Dienste entwickeln können. Das Adressmo-
dell ist im Wesentlichen identisch mit dem Internet-Adressmodell und
verwendet *Uniform Resource Locator (URL)* und *Uniform Resource Identifier (URI)*. Unterhalb dieser Ebene wird

- auf der *Kommunikationssteuerungsschicht (Session Layer)* das
  Wireless Session Protocol (WSP), ein binäres HTTP-Äquivalent mit
  je einem verbindungsorientierten und verbindungslosen Dienst,
- auf der *Transaktionsschicht (Transaction Layer)* das *Wireless
  Transaction Protocol (WTP)* zur Sicherstellung zuverlässiger Transaktionen,
- auf der *Sicherheitsschicht (Security Layer)* das Protokoll *Wireless
  Transport Layer Security (WTLS)* zur Realisierung von Integrität,
  Vertraulichkeit und Authentisierung (siehe 6.2) und
- auf der *Transportschicht (Transport Layer)* das *Wireless Datagram
  Protocol (WDP)*, das jeweils entsprechend dem verwendeten Träger
  implementiert ist, verwendet.

Abb. 5-6 stellt die WAP-Protokolle auf den verschiedenen Schichten und
die vergleichbaren Protokolle beim Abruf von WWW-Inhalten gegenüber.

Internet-Protokolle	WAP-Protokolle/-Schichten	
HTML, JavaScript	WAE	Application Layer
HTTP	WSP	Session Layer
	WTP	Transaction Layer
TLS (SSL)	WTLS	Security Layer
TCP/IP	WDP	Transport Layer
	(Träger)	

Abb. 5-6: Vergleich von Internet- und WAP-Protokollen

Der WAP-Protokollstapel als Ganzes ist wiederum geeignet, auf unter-
schiedlichste Träger aufzusetzen, die sowohl verbindungs- als auch paket-
orientiert sein können. Hierzu gehören insbesondere unterschiedliche

Dienste der Mobilfunkstandards GSM, GPRS, IS-136, IS-95, PDC sowie der IMT-2000-basierten 3G-Standards. Bei der Masse der derzeit verfügbaren WAP-fähigen Endgeräte ist die WAP-Version 1.1 implementiert. Geräte mit einem Markteintritt ab 2002 verfügen typischerweise über WAP 1.2, das sich neben anderen Merkmalen durch ein WSP mit der Möglichkeit zu Push-Diensten auszeichnet. WAP 2.0 ist bereits spezifiziert, findet aber bisher keine wirklich Beachtung.

Das größte Manko für WAP liegt nicht in technischen Restriktionen: Durch die überzogenen Erwartungen der Jahre 1999/2000 (siehe Abschnitt 1.2) und durch schlechte Erfahrungen und Nutzungszahlen bei den bisherigen CSD-basierten, oft nicht dem *Design-to-Mobile* Paradigma genügenden Angeboten ist WAP bei Anbietern und Nutzern mit einem erheblichen Imageproblem belastet.

HTML und HTML-Dialekte

Als HTML-Dialekte für mobile Endgeräte sind vor allem die zuvor beschriebene *Wireless Markup Language (WML)* und *Compact HTML (cHTML)* relevant.

WML ermöglicht die Bereitstellung einfacher Webseiten nach dem WAP-Standard und zielt auf Mobiltelefone und Low-End PDA mit WAP-Browser. Grafiken im WBMP-Format (1-bit) werden ermöglicht, aufgrund unterschiedlicher Umsetzung der Standards sind Interpretation und Darstellung jedoch stark geräteabhängig. Compact HTML wurde durch NTT DoCoMo entwickelt und ermöglicht die Bereitstellung von Webseiten nach dem proprietären i-mode Standard (siehe 3.3) , wobei die Darstellung nur auf speziellen Mobiltelefonen mit i-mode Microbrowser möglich ist. Die Verwendung von Farbgrafiken im GIF-Format wird ermöglicht, außerdem die Integration gewisser Telefonfunktionen (z.B. Link auf eine Rufnummer).

Eine weitere Realisierungsmöglichkeit besteht darin, Standard-HTML zu verwenden. Dies ist allerdings auf PDA oder Smartphones mit einem Web-Browser (z.B. Pocket Internet Explorer) beschränkt. Prinzipiell ist damit die Darstellung jeder beliebigen HTML-Seite möglich. Bei der Bereitstellung sollten jedoch die Einschränkungen in Darstellung und Bandbreite berücksichtigt werden. Ein Beispiel für ersteres wäre eine PDA-optimierte Seitengröße, für zweiteres eine Beschränkung auf Textdarstellung („Lynx"). Die automatische Generierung PDA-optimierter Seiten ist aus einem professionellen Webangebot heraus problemlos möglich.

Programmierung

Die Skriptsprache *WMLScript* ist Bestandteil des WAP-Standards. Sie dient der Programmierung einfacher Anwendungen. Typisches Beispiel für die Anwendung von WMLScript wäre beispielsweise die Durchführung von Berechungen auf der Basis servergespeicherter Firmendaten. WMLScript ist insbesondere von Relevanz, wenn das Zielgerät (nur) ein WAP-fähiges Mobiltelefon ist und die Darstellung von WML-Seiten nicht ausreicht.

Eine weitere Möglichkeit liegt in der serverseitigen Programmierung. Hier kommen im Wesentlichen Web-Engineering Techniken zur Anwendung, die wenig MC-spezifisch sind, beispielsweise unter Verwendung der Skriptsprache PHP, und Ausgaben in beliebigen Auszeichnungssprachen (z.B. HTML, WML) erzeugen.

Für die Programmierung komplexer Anwendungen werden auch auf mobilen Endgeräten typischerweise Standard-Programmiersprachen verwendet. Die höchste Relevanz hat hier *Java*, das als künftiger Standard für die Programmierung mobiler Endgeräte betrachtet wird (siehe 3.3). Weiterhin ist, insbesondere für PDA und Smartphones mit Microsoft-Betriebssystem, das *.NET Compact Framework* von Bedeutung; darüber hinaus existieren eine Reihe weiterer Programmiersprachen und -werkzeuge. Beispiele für komplexe Anwendungen finden sich etwa im Bereich des mobilen Zugriffs auf Unternehmensdaten aus einem ERP-System heraus oder bei anspruchsvollen Spielen einschließlich Abrechnungsfunktionalität.

Zusammenfassung

Bei der Anwendungsentwicklung im MC können sowohl *serverseitige Techniken*, als auch *clientseitige Techniken* eingesetzt werden. Realisierte Dienste werden unterschieden in *Pull-Dienste*, bei denen der Nutzer oder sein Endgerät die Datenübertragung anstoßen, und *Push-Dienste*, bei denen der Server die Datenübertragung anstößt.

Bei *serverseitiger Programmierung* sind als Nutzerschnittstelle vor allem *IVR*, *Kurznachrichten* sowie *HTML* und dessen Dialekte für mobile Endgeräte von Bedeutung. Bei clientseitiger Programmierung können je nach Endgerät etwa *WMLScript* oder Standard-Programmiersprachen und -werkzeuge eingesetzt werden, insbesondere ist *Java* von Bedeutung.

Der *Short Message Service (SMS)*, ist ein GSM-Dienst zum Versenden von Kurznachrichten bis 140 Byte Länge, die Text oder Nutzdaten enthalten können. Im Gegensatz zu *SMS Point-to-Point* mit je einem Sende/Empfänger ermöglicht *SMS Cell Broadcast (SMS-CB)* den Versand an mehrere Empfänger in einer, mehreren oder allen Zellen eines Netzes. *Unstructured Supplementary Services Data (USSD)* ist ein vergleichbarer, aber verbindungsorientierter Dienst. Der *Multimedia Messaging Service*

(MMS) ist eine Erweiterung des SMS zum Versenden von Nachrichten mit integrierten Bild-, Video- und Audiodaten, der in GPRS- und UMTS-Netzen bereitgestellt wird.

SIM-Toolkit ermöglicht Anwendungen den Zugriff auf Funktionen der SIM-Karte.

Das *Wireless Application Protocol (WAP)* ist ein Standard für die Übertragung und Darstellung von Daten auf mobilen Endgeräten. Er besteht aus dem *Wireless Application Environment (WAE)* mit der Auszeichnungssprache *WML*, der Skriptsprache *WMLScript*, einem *Microbrowser* und der Programmierschnittstelle *Wireless Telephony Applications (WTA) Framework* sowie einem optimierten Protokollstapel für die Übertragung auf der Luftschnittstelle. Mittels WML werden Webseiten speziell für die Darstellung auf Mobiltelefonen erzeugt und mittels WMLScript einfache Vorgänge (z.B. Berechnungen) automatisiert durchgeführt. Diese Seiten werden dann auf einem Standard-Webserver abgelegt und beim Aufruf zunächst mittels HTTP zu einem *WAP-Gateway* übertragen. Dort erfolgt eine Protokollkonversion und die Übertragung mittels *WSP (Wireless Session Protocol)* zum Endgerät. WAP ermöglicht Pull-Dienste, die dem Abruf von WWW-Seiten ähnlich sind, sowie ab der Version 1.2 auch Push-Dienste, ist jedoch mit einem Imageproblem belastet.

Kontrollfragen

(25) Eine Bank bietet Kunden an, diese beim Überschreiten eines festgelegten Kurses durch eine Aktie per SMS zu informieren. Welche Art der Programmierung wird hier vorliegen? Handelt es sich um einen Push- oder Pull-Dienst? Machen Sie Aussagen zum Zielgerät. Nennen Sie einen Nachteil gegenüber einer WAP-Anwendung.

5.4 Gestaltung von MC-Anwendungen

In Abschnitt 5.1 wurde ein wichtiger Grundsatz eingeführt: *Design to Mobile*. Wie aber macht man das?

Hierzu muss zunächst klar sein, welches der entscheidende Mehrwert des Nutzers durch die Mobilität der Anwendung ist. Dies und weitere Präferenzen des Nutzers lassen sich durch Analyse der typischen *Nutzungsszenarien (Use Cases)* und der typischen *Nutzungshäufigkeit* ableiten. Hierfür und auch mit Blick auf die spezifischen Einschränkungen und Heterogenitäten mobiler Endgeräte ist es von besonderer Bedeutung, die *Zielgruppe* zu identifizieren und aus deren typischer Ausstattung das *Haupt-Zielgerät* sowie *weitere Zielgeräte* abzuleiten. Gerade, wenn der Fokus auf dem Massenmarkt liegt oder eine sehr heterogene Klientel abgedeckt werden muss (wie etwa im Mobile Banking) kann dies schwierig oder unmöglich sein. Die Lösung kann dann in der *Skalierbarkeit* der Anwendung liegen. Damit ist gemeint, dass dieselbe Anwendung für verschiedene Endgerätekategorien verschiedene Funktionsumfänge und Darstellungsarten bereitstellt. So wäre etwa die Kombination je einer Voice-, WAP- und Java-basierten Version der Anwendung denkbar. Hierfür kann sehr hoher Aufwand erforderlich sein, der im Einzelfall gegen den Nutzen abzuwägen ist. Ein wichtiges Mittel zur Aufwandsbegrenzung besteht hier in der Nutzung moderner *Web-Engineering Techniken*, die Darstellung und Inhalt mittels *Auszeichnungssprachen* trennen.

Um schließlich den generellen Nutzerpräferenzen entgegen zu kommen muss eine erfolgreiche mobile Anwendung in erster Linie

- schnell,
- schlank sowie
- intuitiv und mit wenigen Klicks bedienbar sein.[8]

Mit „schnell und schlank" werden hierbei wenig Online-Zeit, ein gutes (subjektiv empfundenes) Antwortzeit-Verhalten und ein niedriges Datenvolumen bezeichnet. Der letzte Punkt lässt sich mit dem Schlagwort „*Drei Klicks zum Ziel*" beschreiben. Diese Regeln gelten umso mehr, je kleiner das Endgerät und umso größer dadurch seine Einschränkungen sind.

Abb. 5-7: Anwendungsbeispiel WI2-MRQ

Ein Beispiel für eine erfolgreiche WAP-Anwendung nach diesen Grundsätzen zeigt das Beispiel *WI2-Mobile Result Query (WI2-MRQ)*, mit dem Wirtschaftsinformatik-Studenten an der Universität Augsburg ihre Klausurergebnisse abrufen können (Abb. 5-7). Sie beruht auf dem Aufruf dynamisch generierter WML-Seiten; mit Hilfe der Skriptsprache PHP wird serverseitig auf eine Datenbank zugegriffen.

Zusammenfassung

Entwurf und Gestaltung einer mobilen Anwendung erfordern insbesondere eine Analyse des Mehrwertes sowie der *Zielgruppe*, verbunden mit der Festlegung eines *Haupt-* sowie *weiterer Zielgeräte*. Eine erfolgreiche mo-

---

[8] Unter einem „Klick" versteht man im Web Engineering einen Tastendruck bzw. eine Bestätigung, die der Nutzer ausführen muss.

bile Anwendung muss in erster Linie schnell, schlank sowie intuitiv und mit wenigen Klicks bedienbar sein.

Kontrollfragen

(26) Überlegen Sie sich drei mögliche Nutzungsszenarien für heutige Mobile-Banking Anwendungen. Beschreiben Sie eine wünschenswerte zukünftige Anwendung, die den vorgestellten Grundsätzen für die Gestaltung mobiler Anwendungen folgt.

(27) Eine mobile CRM-Lösung erlaubt den 100 Außendienstmitarbeitern einer Vertriebsabteilung, umfangreiche Recherchen in der Kundendatenbank. 10 Key Account Manager betreuen die wichtigen Kunden und sollen je mit einem GPRS-fähigen PDA ausgestattet werden, die restlichen 90 Mitarbeiter betreuen weniger wichtige Kunden und sollen einen Zugang über ihr Java-fähiges GPRS-Mobiltelefon erhalten, soweit sie über ein solches verfügen. Machen Sie einen Vorschlag für die Skalierung der Anwendung.

(28) Schlagen Sie eine einfache Alternative zur Realisierung von WI2-MRQ vor, die sowohl eine höhere Qualität der Leistung verfügbar macht, als auch einem größeren Teil der Zielgruppe die Nutzung erlaubt. Nennen Sie Vor- und Nachteile. Welcher Vorteil der derzeitigen Lösung wird für die Universität vermutlich entscheidend sein?

(29) Ihre Firma hat einen hervorragenden MC-Informationsdienst für Studenten entwickelt, der über das Mobiltelefon gut zu bedienen ist. Allerdings ist die Konfiguration, die an jedem Semesteranfang erforderlich ist, sehr komplex und erfordert zahlreiche Auswahlmenüs und verschiedene Texteingaben. Sowohl mit der IVR-, als auch mit der WAP-basierten Nutzerschnittstelle gab die Masse der Testnutzer die Konfiguration entnervt auf. Das Entwicklerteam schlägt daher vor, den Dienst nur für PDA anzubieten. Nehmen Sie Stellung.

Literaturhinweise

[1]   *Baumgarten, U.:* Technische Infrastruktur für das Mobile Business. In: *Reichwald, R. (Hrsg.):* Mobile Kommunikation – Wertschöpfung, Technologien, neue Dienste. Gabler, Wiesbaden 2002.

[2]   *Eren, E.; Detken, K.-O.:* Mobiles Internet - Planung, Konzeption und Umsetzung mit WAP. Addison-Wesley, München 2001.

[3]   *Lausch, V.:* Das Design hochverfügbarer M-Commerce-Lösungen. In: *Gora, W.; Röttiger-Gerigk, S.:* Handbuch Mobile-Commerce. Springer, Heidelberg 2002, S. 441-456.

6 Sicherheitsaspekte

6.1 Grundlagen und Begriffe

Mit der Bereitstellung oder der Nutzung von MC-Angeboten werden bestimmte Ziele verfolgt. Typischerweise sollen *Informationelle Mehrwerte* gegenüber der Nutzung anderer Angebote erzielt werden. Derartige Mehrwerte können etwa durch Effizienz- oder Effektivitätswirkung entstehen (eine genaue Darstellung hierzu findet sich in Abschnitt 8.2).

Aus der Sicht des Anbieters liegt eine Schwierigkeit der Sicherheitsproblematik dementsprechend darin, dass Sicherheit zwar Kosten verursacht, aber keinen solchen Mehrwert realisiert, ihm mithin keinen unmittelbaren Beitrag zur Aufgabenerfüllung liefert. Bei allen Überlegungen muss also stets das primäre Ziel des MC-Anbieters im Blick behalten werden: Seine Geschäftstätigkeit ist auf die Erzielung von Gewinn gerichtet. Das Sicherheitsniveau der von ihm verwendeten Anwendungen kann dieses Ziel vor allem auf zwei Arten beeinflussen:

- Es entsteht ein Schaden durch Angriffe Dritter (oder auch durch Betrug des Kunden),
- Kunden nehmen auf Grund von Sicherheitsbedenken das Angebot nicht wahr.

Den entstehenden Schaden durch einen Angriff Dritter kann man sich am Beispiel einer Bank verdeutlichen, deren Kundendaten ausgespäht und zu unberechtigten Abbuchungen genutzt werden. Häufig wird es der Bank dabei nicht gelingen, den Vorfall geheim zu halten – die Presse wird ausführlich darüber berichten (je größer die Bank, desto lieber). Neben die *unmittelbaren* materiellen Schäden, also beispielsweise Schadenersatzforderungen der Nutzer, treten durch die Öffentlichkeitswirkung dann eine ganze Reihe von *mittelbaren* Schäden. Beispielhaft seien etwa der Imageverlust der eigenen Marke, also der Vertrauensverlust bei Kunden und potenziellen Kunden und der damit verbundene Umsatzausfall, die daraus folgende Erfordernis höherer Marketing-Ausgaben und nicht zuletzt die durch konkretes Informationsbedürfnis und allgemeine Unsicherheit entstehende Erfordernis erhöhter Kundenservice-Ausgaben genannt. Diese unvollständige Auflistung zeigt bereits, dass man es hier typischerweise mit einer sehr ernsten Krise zu tun hat, die ein kleineres Unternehmen die Existenz kosten und auch einem großen Unternehmen merklichen Schaden zufügen kann. Abseits der eigentlichen Betrachtungen führt dies im Übrigen zu der Erkenntnis, dass insbesondere im MC ein angemessenes Risikomanagement integraler Bestandteil der Geschäftstätigkeit sein muss.

Aus der Sicht des Kunden ist die Sorge vor Angriffen Dritter ebenfalls von Bedeutung. Materielle Schäden werden hier jedoch eher die Ausnahme sein, da das Risiko häufig vom Anbieter oder von dritter Seite (z.B. Kreditkartenunternehmen) getragen wird. Hoch relevant für ihn ist dagegen, ob er von Seiten des Anbieters sowie gegebenenfalls beteiligter Intermediäre Betrug oder Missbrauch seiner Daten befürchten muss.

Obschon die in der Öffentlichkeit diskutierten Sicherheitsvorfälle sich nahezu ausschließlich im Bereich des B2C bewegen, ist Sicherheit im B2B-Bereich von mindestens ebenso großer Bedeutung, etwa wenn es darum geht, sensible Firmendaten vor unbefugtem Zugriff zu schützen.

Mit den oben angestellten Überlegungen lassen sich die MC-Sicherheitsaspekte in drei interdependente Bereiche einteilen: *Sicherheit*, *Vertrauen* und *Privatsphäre*.

Sicherheit umfasst dabei zunächst die Erreichung der *Sicherheitsziele* Autorisierung, Vertraulichkeit, Integrität, Authentisierung und Nichtabstreitbarkeit, die durch technische Schutzmaßnahmen, insbesondere den Einsatz von Kryptografie, ermöglicht wird. Diese Maßnahmen, mit denen sich der folgende Abschnitt 6.2 befasst, adressieren jedoch nur einen Teil des eingangs geschilderten Problems.

Ebenso wie im Wetterbericht neben der tatsächlichen Lufttemperatur oft auch die so genannte „gefühlte Temperatur" angegeben wird, existiert auch im MC typischerweise eine Differenz zwischen der tatsächlichen, der *objektiven Sicherheit* und jener, die der Nutzer wahrnimmt, der *subjektiven Sicherheit*. Hier liegt häufig die Ursache, wenn auf Grund von Sicherheitsbedenken Endkunden ein Angebot nicht nutzen oder das Management eines Unternehmens sich gegen den Einsatz mobiler Technologien entscheidet. Ein Beispiel für eine solche Wahrnehmungsdifferenz stellt die Verwendung des Magnetstreifens auf Eurocheque- und Kreditkarten dar. Obschon zahlreiche Risiken existieren – die objektive Sicherheit des Verfahrens also durchaus fraglich ist – fühlt der typische Nutzer sich sicher dabei. Anders gesagt: Die subjektive Sicherheit ist für ihn hoch, deshalb werden die Verfahren genutzt. Umgekehrt gibt es etwa verschiedene innovative Internet-Bezahlverfahren, die ein hohes objektives Sicherheitsniveau aufweisen. Der Nutzer jedoch ist von der Sicherheit nicht überzeugt und nutzt die Verfahren nicht. Subjektive Sicherheit ist eng verwoben mit dem *Vertrauen*, das der Kunde dem Anbieter und dessen vertragsgemäßer Leistungserbringung entgegen bringt. Maßnahmen des Marketing, etwa zu Aufbau und Nutzung von Marken, tragen sehr stark zum Aufbau von Vertrauen und zu einem hohen subjektiven Sicherheitsniveau bei. Insbesondere die Nutzung einer außerhalb des MC bestehenden Kundenbeziehung ist hier sehr wirkungsvoll. Eine andere Möglichkeit wäre etwa die Bescheinigung bestimmter Eigenschaften (*Attribute*, z.B. Produktqualität, Seriösität) durch einen unabhängigen, vertrauenswürdigen Dritten. Im realen Leben könnten dies etwa der TÜV oder die Stiftung Warentest sein, deren Qualitätssiegel auf das Produkt aufgebracht werden. Ein solches Qualitätssiegel wird im MC technisch durch ein *Zertifikat* nachgebildet (siehe 6.2). Häufig geschieht dies jedoch eher implizit, z.B. durch Aufnahme eines Dienstes in das Portalangebot eines MNO oder eines namhaften Portalanbieters.

In Kapitel 5 wurde festgestellt, dass sich Nutzerbedürfnisse und Nutzerverhalten im MC erheblich von denjenigen außerhalb des MC unterscheiden. Hierzu gehört insbesondere, dass der Nutzer sich in einer mobilen Situation befindet und zudem über ein Endgerät mit sehr eingeschränkten Darstellungs- und Bedienungsmöglichkeiten verfügt. Während sich also etwa EC-Kunden nicht selten dadurch auszeichnen, dass sie vor dem Ausführen einer Transaktion einen intensiven Preis- und Leistungsvergleich verschiedener Anbieter vornehmen, hat der MC-Kunde hierzu typischerweise weder die Zeit, noch die Geduld. Selbst wenn, er hätte keine (sinnvolle) Möglichkeit dazu: Sein Endgerät ist dafür wenig geeignet und die Datenanbindung langsam und kostenintensiv. Ein MC-Kunde, der Vertrauen zu einem Anbieter aufgebaut hat, die Bedienung des Angebotes erlernt hat und auch nur einigermaßen zufrieden mit der Leistung ist, wird daher im Durchschnitt eine erheblich höhere Loyalität zeigen, als ein Kunde im EC oder im stationären Handel.

Der Bereich *Privatsphäre* ist schon im EC ein vieldiskutierter Aspekt. Übliche Profilierungstechniken lassen den Besuch eines Online-Shops im Internet wie einen Supermarkt-Einkauf erscheinen, bei dem der Kunde ab dem Betreten des Marktes identifiziert und von einer Videokamera verfolgt wird. Kein Glas Kirschen, das er angefasst und wieder ins Regal zurückgestellt hat, um doch die Heidelbeeren aus dem Sonderangebot im Nachbarregal zu kaufen, entgeht den Augen des Supermarkt-Betreibers. Dieser hat bald gelernt, für welche Werbung dieser „gläserne" Kunde wann empfänglich ist und auf welche Weise der Gewinn durch ihn maximiert werden kann. So unangenehm bereits diese Vorstellung dem Leser sein mag – die bei einem MNO auflaufenden Daten kommen den Orwell'schen Visionen von totaler Überwachung noch erheblich näher: Einkäufe, Dienste, Präferenzen und vor allem fortlaufende Positionsdaten können personengebunden gespeichert, ausgewertet und auch mit den Daten anderer Nutzer abgeglichen werden. Die Mobiltelefone von Herrn X und Frau Y zeigen von 19.00 Uhr bis 02.00 Uhr morgens etwa das gleiche Bewegungsprofil – welchen Betrag wäre Herr Y bereit, für diese Information zu bezahlen? Wäre nicht auch der Vorgesetzte von Herrn X bereit, für diese Informationen zu bezahlen, wenn beispielsweise Frau Y in der Entwicklungsabteilung des Konkurrenzunternehmens arbeitet?

Ein solches Szenario scheint derzeit wenig realistisch. Der Kunde kann wohl zu Recht darauf vertrauen, dass die MNO als renommierte Großunternehmen ihre Verpflichtungen zum Datenschutz einhalten – schon um rechtlich und wirtschaftlich nicht ihre Existenz aufs Spiel zu setzen. Zudem ist es auch schlicht so, dass die flächendeckende, detaillierte Speicherung, Zuordnung und Auswertung der Daten einen derart immensen Aufwand bedeuten würde, dass er (zumindest derzeit) nicht realisierbar ist. Dies gilt insbesondere, da die IT-Systeme mancher MNO bereits mit einfacheren Aufgaben überfordert sind. Aber einerseits ist die Möglichkeit prinzipiell gegeben und sollte daher bei Überlegungen zu Privatsphäre und Datenschutz auch betrachtet werden. Andererseits ist es fraglich, ob das in die MNO gesetzte Vertrauen auch für jeden beliebigen MC-Anbieter gilt, der in kleinerem Umfang die Daten seiner Kunden sammelt. Hier kommen wieder die Überlegungen zur Vertrauenswürdigkeit der Anbieter ins Spiel.

Überlegungen zur Vereinbarkeit von Marketinginteressen und Datenschutz gehen in Richtung eines kostenpflichtigen Nutzungsrechtes (Paid-Permission Modell), bei dem der Kunde das Recht zur Nutzung seiner Daten verkauft – ähnlich wie etwa bei den Kundenkarten im stationären Handel. Eine solche Beziehung zwischen Kunde und Händler wäre wiederum eine gute Grundlage für den Aufbau von Vertrauen und würde zudem die Streuverluste bei Werbung erheblich reduzieren.

Im folgenden Abschnitt 6.2 werden zunächst generelle Sicherheitsziele und -techniken sowie Angriffstechniken eingeführt, in Abschnitt 6.3 dann deren Relevanz und Umsetzung im MC betrachtet. Abschnitt 6.4 zeigt schließlich Ansatzpunkte für Sicherheitskonzepte auf.

Zusammenfassung

Die MC-Sicherheitsaspekte umfassen *Sicherheit*, *Vertrauen* und *Privatsphäre*. Während mangelnde *objektive Sicherheit* unmittelbare und mittelbare Schäden durch Angriffe Dritter oder Betrug nach sich zieht, führt mangelnde *subjektive Sicherheit* dazu, dass Kunden auf Grund von Sicherheitsbedenken das Angebot nicht wahrnehmen. Vertrauen kann etwa durch Marketing-Maßnahmen oder Zertifizierung geschaffen werden. Die Wechselbereitschaft eines festen Kunden ist im MC typischerweise deutlich geringer als im EC oder stationären Handel. Die Privatsphäre ist durch die Vielzahl der im MC erhobenen bzw. erhebbaren Daten gefährdet.

Kontrollfragen

(30) Welche Bedeutung hat die Sicherheitsproblematik auf die Entscheidung von Kunden, ein bestimmtes MC-Angebot zu nutzen?

(31) Welche Konsequenzen kann ein Sicherheitsvorfall für ein Unternehmen haben? Nennen Sie einige Ursachen, die dazu führen können.

(32) Erläutern Sie den Begriff „Bewegungsprofil".

6.2 Generelle Sicherheitsziele und Techniken

Objektive Sicherheit – im EC wie im MC – lässt sich in fünf Sicherheitsziele fassen: Autorisierung, Vertraulichkeit, Integrität, Authentisierung und Nichtabstreitbarkeit (Abb. 6-1).

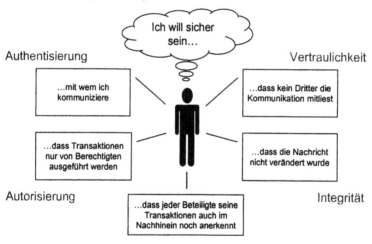

Abb. 6-1: Sicherheitsziele im EC und MC

In den letzten Jahren wird hier zunehmend häufig auch die *Verfügbarkeit* von Systemen genannt. Der Grund liegt in den vermehrten Versuchen, Systeme durch gezielte Überlastung lahm zu legen *(Denial-of-Service Attack, DoS)*, etwa durch massenhaft versandte E-Mails.

Autorisierung

Im realen Leben wie im MC ist es wichtig, dass der Zugriff auf Ressourcen aller Art nur denjenigen möglich ist, die dazu berechtigt sind. Dies gilt für den Zutritt zu einem Kino ebenso, wie beim Betreten des Tresorraumes einer Bank oder beim Zugriff auf sensible Firmendaten.

Um einen unberechtigten, einen *nicht-autorisierten* Zugriff auf diese Ressourcen zu verhindern, wird zunächst einmal eine *Barriere* errichtet, im Kinobeispiel wäre dies etwa die Eingangskontrolle. Um die Barriere passieren zu dürfen, muss man entweder eine Eintrittskarte vorweisen können, oder aber zum Kinopersonal gehören. Allgemeiner gesprochen, kann die Autorisierung durch Vorlegen eines Berechtigungsnachweises oder – implizit – durch Zugehörigkeit zu einer Gruppe erfolgen.

In den MC-Kontext übertragen, kann eine solche schützenswerte Ressource beispielsweise der Zugriff auf ein mobiles Endgerät, ein Netzwerk, ein Verzeichnis oder einen Dienst sein. Innerhalb einer Organisation wird dieses Problem typischerweise auf Betriebssystemebene gelöst, indem bestimmte *Rechte* vergeben werden. Handelt es sich beispielsweise um ein Verzeichnis mit bestimmten sensiblen Kundendaten, so könnte man etwa für die Gruppe der Administratoren das Recht zum Lesen, Schreiben und Ändern aller Daten in diesem Verzeichnis vorsehen und außerdem für die Gruppe der Kundenbetreuer das Recht zum Lesen aller Daten und zum Ausführen von Programmen. Eine wichtige Nebenbedingung in diesem Autorisierungskonzept ist, dass dieselbe Stelle sowohl für die Vergabe der Zugriffsrechte, als auch die Verwaltung der zu schützenden Ressource verantwortlich ist. Gerade im MC existiert jedoch häufig der Fall, dass Rechte vergebende und Ressourcen verwaltende Stelle voneinander getrennt sind. Dies sei zunächst wieder an einem Realwelt-Beispiel verdeutlicht: Wenn jemand im Auftrag einer anderen Person ein Geschäft tätigen will, so muss er dem Geschäftspartner eine Vollmacht vorlegen, die ihm dieses Recht bescheinigt. Diese Vollmacht hat der Auftraggeber ausgestellt, die Ressource unterliegt jedoch dem Zugriff des Geschäftspartners. Weitere Beispiele für eine Autorisierung wäre der Besitz eines *Tokens*[9] in Form einer Kredit- oder Scheckkarte. Ebenso verhält es sich nun, wenn etwa im B2B MC ein Softwareagent Transaktionen im Auftrag eines Einkäufers vornehmen soll. Dieser Agent soll über das Internet nacheinander verschiedene Angebote prüfen, um beispielsweise einen Posten genormter Getriebeteile für den Kunden zu erwerben. Gegenüber einem Händler, mit dem er einen solchen Kontrakt eingehen will, muss er nun ebenfalls eine Vollmacht vorlegen, dass er für den Kunden den Erwerb der Teile durchführen darf: Er muss sich *autorisieren*. Die Rechte dazu hat der Kunde zuvor auf den Agenten übertragen. Eine Möglichkeit der technischen Realisierung einer solchen Vollmacht besteht in der Verwendung eines Zertifikates. Der Handlungsträger weist dabei seine Autorisierung durch Vorle-

---

[9] Token, engl. für Zeichen, Gutschein, Spielmarke.

gen des Zertifikats nach. Das Zertifikat wird dann auf Echtheit und Gültigkeit geprüft, danach kann die Transaktion abgewickelt werden.

Vertraulichkeit

Wenn zwei Parteien miteinander kommunizieren, so sind sie daran interessiert, dass nur sie beide die in den ausgetauschten Daten enthaltene Information kennen. Der erste Gedanke wäre, die Daten physisch vor dem Zugriff Dritter zu schützen. Ist dies aber nicht möglich, weil etwa ein drahtloses Netzwerk zur Datenübertragung verwendet wird, dessen Signale auch von anderen Personen empfangen werden, so soll ein Dritter zumindest nichts mit den Daten – z.B. einer IMSI oder Transaktionsdaten – anfangen können. Dies realisiert man typischerweise durch die Verwendung *kryptografischer Verfahren*, insbesondere der *Verschlüsselung*. Der Sender *verschlüsselt* dabei die Daten so, dass nur der Empfänger sie wieder *entschlüsseln* kann. Typische Anwendungen der Verschlüsselung liegen etwa im Schutz des Datenverkehrs auf der Luftschnittstelle (WLAN, Mobilfunk). Man unterscheidet zwei Arten der Verschlüsselung: symmetrische und asymmetrische Verfahren. Ihre generelle Funktionsweise wird im Anschluss an die Sicherheitsziele erläutert.

Integrität

Eine weitere Gefahr für eine Nachricht besteht in der unbefugten Veränderung ihres Inhalts auf dem Weg vom Sender zum Empfänger. Wenn ein Bauleiter über seinen PDA beispielsweise eine Bestellung über 1000 eigens gefertigte Bauelemente elektronisch abwickelt und jemand auf dem Weg der Nachricht spaßeshalber an diese Zahl noch drei Nullen anhängt, kann das einen erheblichen finanziellen Schaden nach sich ziehen. Um dies zu vermeiden, wird das Sicherheitsziel der Integrität einer Nachricht verfolgt. Das Vorgehen hierzu wird im Abschnitt „Grundlegende Sicherheitstechniken" näher erläutert.

Authentisierung

Ein weiteres Sicherheitsziel ist die Authentisierung eines Transaktionspartners. Hierbei geht es um den Nachweis der Identität einer Person oder Instanz, beispielsweise des Senders einer Nachricht oder eines Mobile-Banking Servers, dem der Kunde seine Daten anvertrauen soll. Man spricht von *Authentisierung*, wenn jemand seine eigene Identität nachweist und von *Authentifizierung*, wenn jemand die Identität eines anderen prüft. In der Regel findet das erstere Anwendung. Der Nachweis der Identität kann auf verschiedene Art und Weise erbracht werden. Im Wesentlichen kommen hier drei Kriterien in Betracht: Besitz, Wissen oder Eigenschaft.

Für viele Anwendungen ist bereits der *Besitz* eines bestimmten Gegenstandes, eines *Tokens*, ausreichend. Dies könnte etwa eine Magnetkarte, ein Schlüssel oder ein mobiles Endgerät sein. Ein Token kann hierbei auch in einer eindeutigen Bitfolge bestehen, wie sie bei Bezahlverfahren angewendet wird. Ebenfalls unter das Kriterium Besitz fällt die Verfügung über einen *geheimen Schlüssel*, mit dem eine *digitale Signatur* möglich wird (siehe Abschnitt „Grundlegende Sicherheitstechniken").

Ein weiteres Kriterium ist *Wissen* über einen bestimmten Sachverhalt. Hier kommen vor allem *persönliche Identifikationsnummern (PIN)* oder Passwörter in Betracht, ebenso die so genannten Geheimfragen zu persönlichen Sachverhalten („Wie hieß Ihre erste Katze?").

Die hohe Anzahl geforderter Autorisierungen und Authentisierungen führt heute zu einer Inflation der Zahl erforderlicher Plastikkarten, PIN usw. für eine Person, zumal diese häufig Möglichkeiten zu Fälschung oder Missbrauch bieten. Aus diesem Grund wird man künftig zu Authentifizierungszwecken vermehrt auch auf die Prüfung von *Eigenschaften* der Person zurückgreifen. Dies können vor allem *biometrische Merkmale* sein, wie etwa Fingerabdruck, Stimme, Gesichtszüge oder Rhythmus der Tastaturanschläge; bei Verwendung mobiler Endgeräte werden insbesondere die ersten beiden von Bedeutung sein. Hiervon verspricht man sich einfachere und schnellere Transaktionen. Neben der Tatsache, dass viele der Verfahren heute oft noch sehr kostenintensiv und wenig ausgereift sind, sind bei dieser Art der Authentifizierung vor allem auch die Benutzerakzeptanz, Datenschutz und -sicherheit sowie sozialverträgliche und diskriminierungsfreie Nutzung der Methoden besonders zu berücksichtigen.

Abb. 6-2: Smart Card mit Fingerabdruck-Sensor (Quelle: Siemens)

Die Art der geforderten Authentisierung wird stark vom erforderlichen Sicherheitsniveau beeinflusst. Insbesondere kommen hier auch Kombinationen der genannten Kriterien in Frage. Beispiele für Kombinationen sind etwa Abhebungen mit Eurocheque-Karte und PIN (Besitz und Wissen), Zugangskontrolle mit Fingerabdruck und PIN (Eigenschaft und Wissen) oder Zugangskontrollen mittels Smart Card mit Fingerabdruck-Sensor (Besitz und Eigenschaft, Abb. 6-2). Das Log-In für besonders sicherheitsrelevante betriebliche Anwendungssysteme mittels Smart Card, Fingerabdruck und Eingabe einer PIN ist ein Beispiel für Kombination aller drei Kriterien. Häufig kommen auch abgestufte Authentisierungserfordernisse zum Einsatz, so könnte etwa beim mobilen Bezahlen für eine Transaktion bis zu 5 EUR der Besitz des Mobiltelefons ausreichen, während bei Beträgen darüber zusätzlich die Eingabe einer PIN verlangt wird.

Nichtabstreitbarkeit

Im Rahmen der ersten vier Sicherheitsziele wurde sehr ausführlich auf die Abwehr der Angriffe Dritter eingegangen. Bei der Autorisierung kam zusätzlich die Frage auf, ob der Transaktionspartner überhaupt berechtigt ist, die beabsichtigte Transaktion auszuführen. Wenn jedoch rechtlich bindende Transaktionen, etwa Käufe, durchgeführt werden, gibt es noch eine weitere erhebliche Gefahr. Es ist nämlich durchaus nicht auszuschließen, dass die Transaktion nach Abschluss vom Transaktionspartner bestritten wird. In erster Linie zu nennen sind hier das nachträgliche Bestreiten des Sendens oder Empfangens von Nachrichten, bei digitalen Gütern außerdem das Bestreiten, die Lieferung erhalten zu haben. Dieses Problem ist natürlich dort besonders virulent, wo keine langfristige Geschäftsbeziehung besteht oder angestrebt wird, also typischerweise eher im B2C-Bereich. Nichtsdestotrotz macht es auch im B2B MC Sinn, Transaktionen nachträglich beweisbar zu machen, zumal nicht nur unseriöse Geschäftspartner, sondern auch Fehlfunktionen oder Systemausfälle Ursachen für entsprechende Probleme darstellen können.

Das Sicherheitsziel der Nichtabstreitbarkeit wird typischerweise durch Verwendung von Signaturen realisiert. Die Funktionsweise der digitalen Signatur, die auf Hash-Codierung und anschließender Anwendung asymmetrischer Verschlüsselung beruht, wird im Anschluss an die Sicherheitsziele näher erläutert.

Verfügbarkeit

In Zusammenhang mit den Sicherheitszielen wird heutzutage auch immer häufiger die Verfügbarkeit von Systemen und Ressourcen genannt. Der Grund liegt darin, dass durch einen Sicherheitsvorfall nicht nur unmittelbarer Schaden, z.B. das Auslösen falscher Zahlungen oder der Diebstahl wertvoller Daten, oder mittelbarer Schaden wie der in Abschnitt 6.1 geschilderte entstehen kann. Bereits die Tatsache, dass die entsprechenden Systeme und Ressourcen nicht verfügbar sind, verursacht einen mittelbaren Schaden. Einen kurzen Hinweis zur Wichtigkeit des Themas gibt die

Überlegung, welche wirtschaftlichen Auswirkungen für einen MNO der mehrstündige Ausfall eines MSC in einem Ballungsraum nach sich zieht.

Direkte Angriffe auf die Verfügbarkeit von Systemen stellen die so genannten *Denial-of-Service Angriffe* dar, die in den letzten Jahren stark zugenommen haben. Sie werden im Abschnitt „Grundlegende Angriffstechniken" näher erläutert.

Grundlegende Sicherheitstechniken

Im Folgenden sollen die wichtigsten Techniken eingeführt werden, die die Erreichung von Sicherheitszielen durch Methoden der Kryptografie ermöglichen. Eine ausführliche Darstellung würde naturgemäß den Rahmen dieses Buches sprengen. Der Leser soll jedoch zumindest ein grundlegendes Verständnis erhalten, um darauf aufbauend Sicherheitsmaßnahmen und -probleme im MC verstehen und einschätzen zu können.

Verschlüsselungsverfahren dienen zunächst dem Sicherheitsziel der Vertraulichkeit. Daneben bilden sie die Grundlage für weitere Techniken wie *Zertifikate* oder die *digitale Signatur* elektronischer Dokumente. Grundsätzlich unterscheidet man symmetrische und asymmetrische Verschlüsselungsverfahren.

Bei einem *symmetrischen Verfahren* gibt es genau einen *Schlüssel (Key)*. Dieser Schlüssel ist sowohl dem Sender, als auch dem Empfänger bekannt und dient sowohl dem Verschlüsseln, als auch dem Entschlüsseln einer Nachricht. Die prinzipielle Vorgehensweise ist einfach: Der Sender verschlüsselt seine Nachricht mit dem ihm bekannten geheimen Schlüssel, versendet die Nachricht und der Empfänger empfängt die verschlüsselte Nachricht und entschlüsselt die Nachricht wiederum mit demselben geheimen Schlüssel (Abb. 6-3 links).

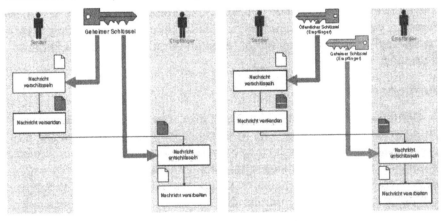

Abb. 6-3: Prinzip symmetrischer (links) und asymmetrischer Verschlüsselung

Diese genannten Eigenschaften offenbaren auch die entscheidende Schwachstelle dieser Verfahren: Einerseits muss der Schlüssel unter allen Umständen geheim gehalten werden, andererseits müssen Sender und Empfänger darüber verfügen. Dies erfordert also einen Transport des Schlüssels. Vorteile ergeben sich bei symmetrischen Verfahren durch den wesentlich geringeren Rechenaufwand im Vergleich zu asymmetrischen Verfahren, neben den bereits angesprochenen Nachteilen wird dies jedoch auch mit geringerer Sicherheit erkauft: Die Schlüssel sind im Vergleich zu asymmetrischen Verfahren durch Kryptoanalyse leichter zu brechen.

Bei einem *asymmetrischen Verfahren* wird zwischen Ver- und Entschlüsselung unterschieden, es gibt je Kommunikationspartner zwei verschiedene Schlüssel:

- einen *öffentlichen Schlüssel (Public Key)*, der es jedermann ermöglicht, beliebige Nachrichten an die Person zu verschlüsseln und
- einen *geheimen Schlüssel (Private Key)*, der es der Person selbst ermöglicht, die an sie gerichteten Nachrichten zu entschlüsseln.

Die prinzipielle Vorgehensweise ist auch hier einfach: Der Sender sucht nach dem öffentlichen Schlüssel des Empfängers (den dieser etwa in seiner Mailsignatur, auf seiner Webseite oder in einem Verzeichnis bereitgestellt hat), verschlüsselt damit seine Nachricht und versendet sie. Der Empfänger empfängt und entschlüsselt dann die Nachricht mit seinem geheimen Schlüssel (Abb. 6-3 rechts). Eine wichtige Eigenschaft des Schlüsselpaares ist, dass keine Rückschlüsse vom öffentlichen auf den geheimen Schlüssel möglich sind. Dadurch ist der Schlüssel, der nur dem *Ver*schlüsseln dient, nicht mehr schützenswert. Seine Veröffentlichung eliminiert das Transportproblem. Ein weiterer Vorteil ist ein erheblich höheres Sicherheitsniveau gegenüber Angriffen mittels Kryptoanalyse. Der entscheidende Nachteil jedoch liegt im erforderlichen Rechenaufwand. Dies macht sich gerade bei mobilen Endgeräten sehr stark bemerkbar. Ein möglicher Kompromiss liegt darin, in einer Art Hybridlösung symmetrische und asymmetrische Verfahren zu kombinieren. Hierbei wird ein asymmetrisches Verfahren verwendet, um den Schlüssel für ein symmetrisches Verfahren zu transportieren. Die Kommunikation selbst wird dann mit dem symmetrischen Verfahren abgewickelt, wobei der Schlüssel häufig gewechselt wird. Hierdurch wird es möglich, die Vorteile zu kombinieren und eine schnelle Verschlüsselung mit brauchbarem Sicherheitsniveau zu realisieren. Das bekannteste Anwendungsbeispiel für die Kombination ist *SSL (Secure Socket Layer)*, ein Internet-Protokoll, das auf TCP/IP aufsetzt und höheren Protokollen einen sicheren Ende-zu-Ende Kanal für die Datenübertragung zur Verfügung stellt. Auch der SSL-Nachfolger *TLS (Transport Layer Security)* sowie *WTLS (Wireless Transport Layer Security*, siehe 5.3), das

Bestandteil des WAP-Protokollstapels ist, verwenden dieses Prinzip. Wenn in einer Gruppe – z.B. unternehmensweit – jeder über ein Schlüsselpaar verfügt und die öffentlichen Schlüssel zertifiziert und in Verzeichnissen veröffentlicht sind, besteht damit eine *PKI (Public Key Infrastructure)*.

Auf einer Umkehrung asymmetrischer Verschlüsselung basieren *Zertifikate*. Ein Zertifikat bescheinigt einen bestimmten Sachverhalt in einer nachprüfbaren Form. Die Nachricht (Bescheinigung) wird dabei vom Sender mit seinem geheimen Schlüssel verschlüsselt und bereitgestellt. Jedermann kann sie nun anhand des öffentlichen Schlüssels entschlüsseln und damit prüfen, ob die Nachricht tatsächlich vom Besitzer des Schlüssels stammt. Die wichtigsten Anwendungsbereiche für Zertifikate sind *Signaturschlüssel-Zertifikate* für die Authentizität öffentlicher Schlüssel und *Attribut-Zertifikate* für bestimmte Eigenschaften oder Berechtigungen (Beispiel siehe Abschnitt „Autorisierung"). Oberste *Zertifizierungsstelle (Certificate Authority, CA)* in Deutschland ist nach dem *Signaturgesetz* die *Regulierungsbehörde für Post und Telekommunikation (RegTP)*. Unterhalb dieser Ebene gibt es verschiedene zugelassene Anbieter so genannter *Trust-Center*, deren Zertifizierung ebenfalls rechtsverbindlich ist.

Das Sicherheitsziel Integrität wird dadurch realisiert, dass man aus einer zu schützenden Nachricht eine Art Fingerabdruck bildet, einen möglichst kurzen, aber für diese Nachricht charakteristischen Wert, eine *Prüfsumme*. Diese Prüfsumme wird als *Hash-Wert (Message Digest)* bezeichnet. Im einfachsten Fall könnte das etwa die Quersumme sein, tatsächlich verwendet man aber aus Effektivitätsgründen für die Prüfsummengenerierung spezielle Hash-Algorithmen. Der Hash-Wert wird zunächst durch den Sender ermittelt und mit gesendet. Der Empfänger errechnet dann seinerseits nach demselben Verfahren einen solchen Wert; erzielt er dasselbe Ergebnis, ist die Nachricht unverändert.

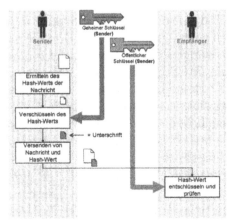

Abb. 6-4: Prinzip der digitalen Signatur

Damit jedoch nicht einfach auch die Prüfsumme auf dem Weg zum Empfänger verändert werden kann, wird sie vor dem Versenden mit dem geheimen Schlüssel des Senders verschlüsselt. Damit kann jedermann unter Verwendung des öffentlichen Schlüssels nachvollziehen, dass *genau diese Nachricht* von *genau diesem Absender* bestätigt wird – es liegt eine *elektronische Unterschrift* für die Nachricht vor, eine *digitale Signatur* (Abb. 6-4). Eine qualifizierte digitale Signatur ist in Deutschland durch das *Signaturgesetz* der manuellen Unterschrift gleichgestellt.

Grundlegende Angriffstechniken

Im Gegensatz zum stationären Handel findet im EC und MC die Kommunikation mit dem Verhandlungspartner nicht mehr direkt, sondern über ein Medium zur entfernten Kommunikation statt. Noch dazu ist dieses Medium eines, das über beliebig viele Relaisstationen geführt werden kann. An jeder dieser Relaisstationen – und im MC zusätzlich auf der gesamten Luftschnittstelle – gibt es potenzielle Angriffsmöglichkeiten für Dritte, die sich vor allem im unbefugten Lesen *(Ausspähen)* von Daten und im unbefugten Verändern *(Manipulieren)* von Daten realisieren.

Hierbei resultiert das Ausspähen vor allem im Bekannt werden vertraulicher Information oder im späteren Missbrauch der mitgelesenen Daten, während das unbefugte Manipulieren unmittelbaren Missbrauch darstellt. Sicherheit bedeutet hier also, bei Online- oder Internetgeschäften möglichst hohen Schutz vor den Angriffen Dritter zu gewährleisten.

Mögliche Angriffspunkte sind nun überall dort, wo wertvolle benutzerspezifische Daten vorhanden sind oder gar ausgetauscht werden, z.B. Passwörter oder Kreditkarteninformationen. Hier bestehen besonders folgenreiche Angriffsmöglichkeiten, weil diese Informationen von Dritten dazu verwendet werden können, um beispielsweise unerlaubt Zahlungsvorgänge vorzunehmen oder unerlaubt Dienste in Anspruch zu nehmen, die dann von Unbeteiligten bezahlt werden. Häufig – insbesondere im B2B-Bereich – genügt jedoch bereits das Mitlesen einer geheimen Information selbst, um einen erheblichen Schaden herbeizuführen (siehe 6.1). Einige typische Beispiele für Angriffstechniken sind:

- *Klassisches Auskundschaften*, etwa durch Beobachten einer PIN während der Benutzung des mobilen Endgerätes, Auswertung von Papierresten aus dem Abfall oder durch so genanntes *Social Engineering*, d.h. Täuschung, Manipulation, Hochstapelei (z.B. Anruf beim Administrator mit der Bitte um ein „neues" Passwort),
- *Ausnutzen von Schwachstellen* in Datenübertragung, Betriebssystem, Middle- oder Anwendungssoftware, etwa durch Einsatz eines Portscanners zum Auffinden offener Ports, durch Einsatz eines Pa-

ket-Sniffers (Netzwerkmonitors) zum Mitlesen des kompletten Datenverkehrs über einen Router oder durch Ausnutzen von Fehlfunktionen zum unberechtigten Aufruf von Diensten,

- *Trojanische Pferde („Trojaner")*, also Schadprogramme, die z.B.
  als Mail-Viren in ein System eingebracht werden und dann innerhalb des Systems ihre Aktivität entfalten, z.B. statische Daten auf-
  spüren, auslesen und versenden oder Datenverkehr mitschneiden,
- *Man-in-the-Middle Attack*, z.B. durch Nachahmung einer Webseite
  oder einer Mobilfunk-Basisstation.

Bei einer Man-in-the-Middle Attack handelt es sich um eine elektronische
Art der Täuschung oder Hochstapelei. Ein typischer Angriff könnte dabei
etwa wie folgt ablaufen: Es wird eine einzelne Webseite einer Firma op-
tisch detailgetreu nachprogrammiert und versucht, den Kunden darauf um-
zuleiten *(Spoofing)*. Letzteres könnte durch einen sehr ähnlichen DNS-
Namen (wie etwa www.citybank.de statt www.citibank.de) geschehen,
vorzugsweise aber eher durch Eindringen in den Firmen-Webserver, auf
dem die Seite dann einfach zum Webangebot hinzugefügt wird. Kommt
nun der Kunde auf diese Seite, bei der es sich typischerweise um eine Log-
in- oder Transaktionsseite handelt, gibt er seine Daten wie gewohnt ein.
Die Daten werden gelesen und abgespeichert, dann wird jedoch eine beliebige, harmlos aussehende Fehlermeldung ausgegeben und der Kunde wieder auf eine Seite aus dem regulären Webangebot der Firma geleitet. Hat
es sich zuvor etwa um eine Seite für elektronische Überweisungen gehan-
delt, ist der Angreifer nunmehr im Besitz einer gültigen PIN und einer gültigen *TAN (Transaktionsnummer)*, d.h. er könnte eine Überweisung zu seinen eigenen Gunsten durchführen oder etwa die PIN ändern. Einige der
bekannt gewordenen Angriffe auf deutsche Kreditinstitute sind erfolgreich
nach diesem Muster durchgeführt worden.

Als *Denial-of-Service Angriffe (DoS)* werden Angriffe bezeichnet, deren
Ziel die Überlastung des angegriffenen Systems ist. Beabsichtigte Folge
dieser Überlastung ist der Ausfall oder zumindest eine starke Einschränkung der Verfügbarkeit des Zielsystems. Typischerweise nutzen diese Angriffe Schwachstellen in der Implementierung der Netzwerkfunktionalitä-
ten verschiedener Betriebssysteme. Erschwerend wirkt hierbei, dass Software zum Ausführen solcher Angriffe inzwischen über das Internet leicht
verfügbar und somit die „Markteintrittsbarriere" relativ gering ist. Bei Angriffen kann es sich generell entweder um *ungezielte* Angriffe, die viele
oder alle Teilnehmer betreffen, oder aber um *gezielte* Angriffe handeln.
Bei letzteren werden entweder Rechner einzelner Firmen oder explizit einzelne Rechner, z.B. Server oder auch mobile Endgeräte, angegriffen. Die
in der allgemeinen Öffentlichkeit wohl bekannteste Angriffsmöglichkeit ist

der massenhafte Versand von E-Mails. Hierbei wird ein Schadprogramm (Virus) per E-Mail versandt, das (typischerweise durch Unachtsamkeit der Nutzer) auf dem Zielrechner ausgeführt wird und einen Mailversand an alle auf dem System gespeicherten Mailadressen veranlasst. Die Gefährlichkeit liegt darin, dass hierbei erneut dasselbe Schadprogramm versendet wird und sich dieser Vorgang auf jedem der neuen Zielrechner wiederholt *(Schneeball-Effekt)*. Die gezielte Variante dieser Angriffsart ist das Versenden von so genannten *Mailbomben*, also massenhafter Mailversand an eine einzelne Mailadresse oder an die Mailadressen einer einzelnen Firma. Weitere Arten von DoS-Angriffen funktionieren dadurch, dass eine hohe Zahl beliebiger Dienst-Anfragen an ein bestimmtes Zielsystem gestellt wird. Dies kann von einem einzelnen oder von wenigen Rechnern aus erfolgen, effektiver ist jedoch ein verteilter Angriff *(Distributed Denial-of-Service Attack, DDoS)*, bei dem fremde Webserver mit nachlässigen Sicherheitseinstellungen als Agenten für den Angriff konfiguriert werden, so dass schließlich eine Vielzahl von Anfragen an ein bestimmtes Zielsystem gestellt wird. Auf diese Art und Weise wurden beispielsweise Mitte 2003 die Webserver der Landesregierung von Nordrhein-Westfalen erfolgreich angegriffen, ebenso Webserver verschiedener großer Firmen.

Zusammenfassung

Objektive Sicherheit lässt sich in die Sicherheitsziele *Autorisierung, Vertraulichkeit, Integrität, Authentisierung* und *Nichtabstreitbarkeit* fassen, zusätzlich erhält die *Verfügbarkeit* von Systemen zunehmend Bedeutung.

Eine wichtige Möglichkeit zur Erreichung der Sicherheitsziele ist der Einsatz *kryptografischer Methoden. Symmetrische Verschlüsselung* verwendet den gleichen geheimen Schlüssel für Ver- und Entschlüsselung, *asymmetrische Verschlüsselung* dagegen je einen *öffentlichen* und einen *geheimen Schlüssel.* Durch vertauschte Verwendung dieser Schlüssel können Eigenschaften *zertifiziert* werden. Für eine *digitale Signatur* wird für ein Dokument eine *Prüfsumme (Hash-Wert)* erzeugt und verschlüsselt. Werden für eine Gruppe die öffentlichen Schlüssel zertifiziert und gesammelt veröffentlicht, besteht eine *Public Key Infrastructure (PKI)*.

Angriffsmöglichkeiten realisieren sich vor allem im unbefugten Lesen *(Ausspähen)* von Daten und im unbefugten Verändern *(Manipulieren)* von Daten. Typische Angriffstechniken sind klassisches Auskundschaften, Ausnutzen von Schwachstellen, Trojanische Pferde und Man-in-the-Middle Attack. Angriffe auf die Verfügbarkeit werden als *Denial-of-Service Attacks* bezeichnet, sie wirken durch Überlastung des angegriffenen Systems.

Kontrollfragen

(33) Für den Zugang zu speziellen Gebäuden auf dem Firmengelände muss ein Mitarbeiter im Intranet einen Request senden, um dann via WLAN eine Zugangsberechtigung auf sein mobiles Endgerät zu erhalten, z.B. zu Gebäude A am 17.11.2004 von 14.00–15.30 Uhr. Welches Sicherheitsziel wird hier adressiert? Welche Technik wird hier typischerweise zur Anwendung kommen?

(34) Es gelingt einem Hacker, über manipulierte Mobiltelefone ohne SIM-Karte eine so hohe Zahl von (vorgeblichen) Notrufen in einer GSM-Zelle zu generieren, dass andere Nutzer nicht mehr telefonieren können. Um was für eine Art von Angriff handelt es sich?

(35) Eine Bank bietet für professionelle Anleger Wertpapierhandel über Mobiltelefone an. Mit welcher Technik könnte Sie die Nichtabstreitbarkeit getätigter Transaktionen sicher stellen? Werden hier Hash-Werte benötigt?

6.3 Umsetzung im MC

6.3.1 Angriffspunkte

Betrachtet man die Angriffspunkte entlang der Infrastruktur des MC, so lassen sich drei wesentliche Kategorien identifizieren:

- mobiles Endgerät,
- Luftschnittstelle,
- drahtgebundene Übertragungswege.

Im Bereich *drahtgebundener Übertragungswege* wie Mobilvermittlungs-, Backbone- und allen Arten von Datennetzen bestehen im Wesentlichen dieselben Sicherheitsprobleme wie im klassischen EC. Dies sind insbesondere die generellen Rechnernetz- und Internet-Sicherheitsprobleme, die sich aus den in Abschnitt 6.2 vermittelten Grundsätzen ableiten und auf deren technische Einzelheiten hier nicht näher eingegangen werden soll. Hierzu sei beispielsweise [4] empfohlen.

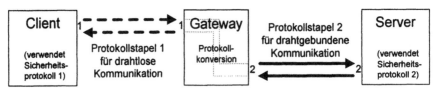

Abb. 6-5: Übergang von/zur Luftschnittstelle bei mobilem Endgerät als Client

MC-spezifische Probleme liegen dagegen im Übergang von der Luftschnittstelle auf die drahtgebundene Übertragung. Werden hier unterschiedliche Protokollstapel – und damit insbesondere unterschiedliche Sicherheitsprotokolle – verwendet, so ist beim Übergang eine *Protokollkonversion* erforderlich (Abb. 6-5). Dies schafft einen definierten Angriffspunkt, an dem die zu konvertierenden Daten nicht mehr durch das alte und noch nicht durch das neue Protokoll geschützt sind, also im Klartext vorliegen. Das bekannteste Beispiel hierfür ist das *WAP-Gap* beim Übergang von SSL/TLS auf WTLS im WAP-Gateway. Diese Problematik wird erst durch Realisierung einer echten Ende-zu-Ende Sicherheit über drahtloses und drahtgebundenes Medium hinweg beseitigt.

Im Bereich der *Luftschnittstelle* selbst stellt sich die Netzwerkproblematik etwas vorteilhafter dar, da die Kommunikation auf der Luftschnittstelle oft standardmäßig verschlüsselt ist (z.B. im digitalen Mobilfunk) oder zumindest verschlüsselt werden kann (z.B. im WLAN). Diese Verschlüsselung genügt allerdings heutigen Anforderungen nur noch teilweise, zudem ist sie eben nur bis zum Verlassen der Luftschnittstelle vorhanden. Hinzu kommen bei den meisten Kommunikationstechniken spezifische Sicherheitsprobleme, auf die in Abschnitt 6.3.2 näher eingegangen wird.

Im Bereich der *mobilen Endgeräte* schließlich wirken sich zunächst deren eigentlich vorteilhafte physische Eigenarten aus: Sie sind klein, leicht und werden an jedem Ort verwendet. Damit einher gehen ein stark erhöhtes Verlust-/Diebstahlsrisiko sowie die Gefahr der Ausspähung von Daten und Sicherheitscodes durch Dritte. Dies kann etwa durch Belauschen oder durch Beobachten von Display/Tastatur geschehen. Hinzu kommen Sicherheitslücken in Betriebssystemen und Anwendungen wie unzureichender Passwort-/PIN-Schutz durch PDA-Betriebssysteme oder die Möglichkeit der Blockierung von Mobiltelefonen durch spezielle Daten-SMS. Dies kann beispielsweise durch einen *Zwischenspeicher-Überlauf (Buffer Overflow)* erzielt werden. Eine „harmlose" Variante ist etwa das missbräuchliche Erzeugen von *Indicator Control Messages (ICM)*, die z.B. als blinkendes Symbol auf dem Display erscheinen und vom Nutzer nur umständlich gelöscht werden können. Je mehr Möglichkeiten ein mobiles Endgerät zur Programmierung bietet, umso mehr wird es Angriffen durch Viren und Trojanische Pferde ausgesetzt sein. Zahlreiche Beispiele für Viren und Trojaner finden sich in [1], S. 213f, etwa der Virus „Phage" und der Trojaner „Vapor" für Palm OS. Ein Beispiel für die Konvergenz der Sicherheitsprobleme ist der vor einigen Jahren verbreitete Wurm „Timo fonica", der sich auf Windows-PC ausbreitete und über das Internet Massen-SMS versandte. Ein Echtzeit-Virenschutz ist für mobile Endgeräte typischerweise noch nicht möglich, da diese nur über eine geringe Rechenleistung verfügen und in der Mehrzahl zudem kein Multitasking ermöglichen.

Die geringe Rechenleistung bewirkt weiterhin, dass auch ein angemessener Einsatz kryptografischer Methoden bislang problematisch ist. Ein Ansatz für deren Verwendung besteht darin, eine *Wireless PKI* mittels eines *Wireless Identity Module (WIM)* auf dem mobilen Endgerät zu implementieren. Dies erlaubt den Einsatz sicherer Verschlüsselung als Basis für vertrauliche Kommunikation und für die Verwendung von Zertifikaten und digitalen Signaturen (die dann als *mobile Signaturen* bezeichnet werden). Die Implementierung kann prinzipiell in Form von Software auf dem mobilen Endgerät geschehen – Erwägungen in Bezug auf Sicherheit wie auch auf Rechenleistung sprechen jedoch für den Einsatz von Hardwaremodulen. Dies kann beispielsweise eine eigene, ins Gerät eingebrachte kleinformatige Smartcard speziell für diesen Zweck sein. Im Mobilfunk spricht man dann, wegen des gleichzeitigen Vorhandenseins einer SIM-Karte, von einem *Dual-Chip Verfahren*. Eine andere Möglichkeit wäre, das WIM auf der SIM-Karte selbst abzulegen; derartige kombinierte Module werden als *SWIM-Karte* bezeichnet. Schließlich kommt als Lösung noch die Verwendung einer großformatigen Smartcard in Betracht, die typischerweise für einen anderen Zweck ohnehin vorhanden ist, etwa eine mit einem Chip ausgestattete Kredit- oder Eurocheque-Karte; das mobile Endgerät müsste dann über einen entsprechenden Kartenleser verfügen. Diese Lösung wird als *Dual-Slot Verfahren* bezeichnet. Die Bereiche Mobile Payment (siehe 9.4) und Mobile Banking nehmen hier aufgrund erhöhter Sicherheitsanforderungen eine gewisse Vorreiterrolle ein. Das in Frankreich umgesetzte mobile Bezahlverfahren *Iti Achat* etwa basiert auf einer Dual-Slot Lösung mit speziellen Mobiltelefonen, in die eine *Carte Bleue* (eine verbreitete Debit-/Kreditkarte, die mit einem Chip ausgestattet ist) eingeführt werden kann. Praktisch kann dies beispielsweise durch einen schmalen Schlitz auf der Geräterückseite erfolgen, der nur den Chip abdeckt (Abb. 6-6). Dies hat keine erheblichen Auswirkungen auf Größe oder Gewicht des Gerätes. Einige Mobiltelefonhersteller lehnen Kartenleser für großformatige Smartcards dennoch ab, da diese die Stabilität des Gerätes beeinträchtigen.

Abb. 6-6: Verwendung einer Kreditkarte für ein Dual-Slot Verfahren

In Deutschland wurden Banking-Anwendungen mit mobilen Signaturen unter Verwendung einer Dual-Chip Lösung prototypisch umgesetzt. Die Problematik beider Lösungen liegt jedoch darin, dass jeweils spezielle Hardware benötigt wird. Die Verwendung mobiler Signaturen auf PDA, beispielsweise im B2B-Umfeld, wirft durch die Nutzung vorhandener Standardschnittstellen prinzipiell geringere Schwierigkeiten auf.

Technische Lösungen können jedoch nur einen Teil des Problems adressieren. Ein ebenso entscheidender Faktor ist das *Sicherheitsbewusstsein* der Nutzer, das bei mobilen Endgeräten (insbesondere Mobiltelefonen) häufig noch sehr gering ist und Convenience-Aspekten nachgeordnet wird. Ebenso verbreitet sind mangelhafte *IT-Sicherheitskonzepte* in den Unternehmen, bei deren Erstellung mobile Endgeräte und ihre Schwachstellen schlicht noch nicht berücksichtigt sind.

Zusammenfassung

Spezifische MC-Angriffspunkte befinden sich – kategorisiert entlang der Infrastruktur – auf dem mobilen Endgerät, der Luftschnittstelle sowie den drahtgebundenen Übertragungswegen.

Auf den *drahtgebundenen Übertragungswegen* bestehen im Wesentlichen dieselben Probleme wie im klassischen EC, hinzu kommt häufig eine *Protokollkonversion* beim Übergang auf das drahtlose Medium. Auf der *Luftschnittstelle* selbst liegen unterschiedliche Probleme vor, die von der jeweils verwendeten Technologie abhängen. *Mobile Endgeräte* unterliegen aufgrund ihrer speziellen Eigenschaften einem stark erhöhten *Verlust-/Diebstahlsrisiko* sowie der Gefahr der *Ausspähung*. Angriffe durch Viren werden in Zukunft ein hohes Bedrohungspotenzial darstellen.

Ein Ansatz für die Verwendung kryptografischer Methoden besteht darin, eine PKI mittels eines Wireless Identity Module (WIM) zu implementieren. Dies ermöglicht die Verwendung *mobiler Signaturen* und kann in Form von Software, als integrierte kleinformatige Chipkarte *(Dual-Chip Verfahren)* oder unter Verwendung einer regulären Chipkarte, z.B. Kreditkarte, erfolgen *(Dual-Slot Verfahren)*. Wird ein WIM direkt auf der SIM-Karte gespeichert, spricht man von einer *SWIM-Karte*.

Gerade bei mobilen Technologien werden Sicherheitsprobleme häufig durch mangelndes *Sicherheitsbewusstsein* der Nutzer oder mangelhafte *IT-Sicherheitskonzepte* verursacht oder begünstigt.

Kontrollfragen

(36) In welchen Bereichen bietet eine MC-Lösung gegenüber einer EC-Lösung zusätzliche Angriffspunkte?

6.3.2 Kommunikationstechniken

Insbesondere im Bereich der Luftschnittstelle bestehen häufig Sicherheitsprobleme, die spezifisch für die jeweils verwendete Kommunikationstechnik sind. Im Folgenden sollen daher kurz die spezifischen Sicherheitsei-
genschaften und -probleme der für den MC relevanten Kommunikationstechniken IrDA, Bluetooth, Wireless LAN und Mobilfunk betrachtet werden.

IrDA

Die Infrarotübertragung mittels IrDA DATA verfügt in der Spezifikation
über keine wesentlichen Sicherheitsmerkmale, insbesondere nicht zur Sicherstellung von Authentifizierung oder Vertraulichkeit, etwa durch Verschlüsselung. Damit kann prinzipiell der gesamte Datenverkehr durch einen beliebigen Dritten mittels eines simplen Infrarotempfängers abgehört
werden.

Tatsächlich aber ist IrDA eine der sichersten Möglichkeiten der Datenübertragung: Die sehr begrenzte Reichweite und Abstrahlrichtung sowie
die für eine Verbindung erforderliche quasi-optische Sicht machen ein unbemerktes Abhören in der Realität nahezu unmöglich. Bei einer Verbindung zwischen einem Mobiltelefon und einem PDA beispielsweise müsste
sich das abhörende Gerät in Senderichtung und nicht viel weiter als zwei
Metern Entfernung zum Sender befinden, ohne dass irgendwelche Gegenstände die Sichtverbindung blockieren. Hier liegt ein erheblicher Vorteil
gegenüber jeder Art von Funktechnologie, deren eigentlich vorteilhafte Eigenschaften, z.B. Durchdringung von Gegenständen und höhere Reichweite, ein unbemerktes Abhören deutlich begünstigen.

Bluetooth

Bluetooth als Funktechnologie trägt dieser Problematik durch ein vergleichsweise umfangreiches Sicherheitskonzept Rechnung. Die Spezifikation sieht ein abgestuftes Konzept mit drei Modi vor:

- In Modus 3 (Sicherheit auf Verbindungsebene) wird eine Verbindung erst nach erfolgreicher Authentifizierung aufgebaut, erlaubt
  dann aber den Zugriff auf alle Dienste.
- In Modus 2 (Sicherheit auf Dienstebene) wird dagegen in jedem Fall
  eine Verbindung hergestellt. Die von dem Gerät bereitgestellten
  Dienste werden unterschieden in solche, die Authentifizierung und
  Autorisierung erfordern, solche, die nur Authentifizierung erfordern
  und solche, die jedem zur Verfügung stehen.

- In Modus 1 (keine Sicherheit) wird die Kommunikation ohne Einschränkungen erlaubt.

Beim Verbindungsaufbau zwischen zwei Geräten erfolgt die Authentifizierung auf Basis einer vordefinierten Gerätebeziehung, die beim erstmaligen Herstellen einer gesicherten Verbindung durch einen *Pairing*-Vorgang geschaffen wird. Hierzu vereinbaren die Nutzer beider Geräte eine identische PIN mit 4–16 Stellen und geben diese in ihr Gerät ein. Auf Basis dieser PIN und einer Zufallszahl *(RAND)* berechnen die Geräte einen *Initialization Key*, aus dem unter Hinzunahme der Bluetooth-Geräteadresse *(BD_ADDR)* wiederum ein *Link Key* erzeugt wird. Dieser Link Key wird je nach Art der beteiligten Geräte auf unterschiedliche Art und Weise (als Unit Key, Combination Key oder Master Key) erzeugt. Dieser Link Key ist 128 Bit lang und bleibt auf beiden Geräten gespeichert. Er dient bei jedem künftigen Verbindungsaufbau zwischen diesen beiden Geräten der Authentifizierung, die dann automatisch erfolgen kann.

Kann ein einfaches Gerät, z.B. ein Kopfhörer, nur einen Schlüssel speichern, so hat es eine werksseitig fest vorgegebene PIN und unterscheidet Kommunikationspartner nicht, sondern erwartet stets den selben aus PIN und seiner BD_ADDR berechneten *Unit Key* als Link Key. „Intelligente" Geräte, z.B. Mobiltelefone oder PDA, speichern dagegen für jede Gerätebeziehung einen eigenen *Combination Key* als Link Key. Ein *Master Key* als Link Key wird vom Master in einem Piconet für Broadcasts verwendet.

Aus dem Link Key wird nach der gegenseitigen Authentifizierung auch jeweils der *Encryption Key* für die Verschlüsselung der Daten berechnet. Dabei wird eine symmetrische Verschlüsselung mit dem Algorithmus E_0 vorgenommen, die Länge des Schlüssels kann von den beteiligten Geräten zwischen 8 und 128 Bit vereinbart werden. Zur Generierung der Schlüssel und zur Authentifizierung werden zusätzlich zu E_0 die kryptografischen Funktionen E_1, E_{21}, E_{22} und E_3 verwendet, die in den Bluetooth-Spezifikationen vereinbart sind (siehe [7]). Mit der Verwendung von Zufallszahlen bzw. der synchronisierten Systemzeit als Parameter an verschiedenen Stellen wird dabei ein Schutz gegen statische Angriffe erzielt. Details zu den verwendeten Verfahren enthält [5], S. 328ff.

Als weiterer Schutz wirkt die Möglichkeit, die Sendeleistung (damit die Reichweite) auf das jeweils minimal erforderliche Maß zu drosseln. Der von Bluetooth-Geräten praktizierte ständige Wechsel des Frequenzbandes *(Fast Frequency Hopping)* wird dagegen nur zur Reduzierung von Störungen durchgeführt, ist aber als Mittel gegen Abhörversuche nicht geeignet.

Der Bereich der *Privatsphäre* wird dadurch beeinflusst, dass ein Bluetooth-Gerät ständig versucht, einen Lookup durchzuführen bzw. auf Lookup-Versuche anderer Geräte reagiert und seine BD_ADDR bekannt gibt.

Damit wäre in einem räumlichen Bereich, der mit ortsfesten Bluetooth-Geräten ausgestattet ist, eine Ortung, die Erstellung von Bewegungsprofilen und (mindestens) eine zeitlich unbegrenzte Wiedererkennung möglich, etwa in einem Einkaufszentrum. Dies ist bei Einsatz zur *spontanen Vernetzung* (siehe 3.2) systeminhärent und kaum zu vermeiden. Bei anderen Einsatzzwecken kann es mit der Auswahl eines *Non-Discoverable Mode* unterbunden werden; viele Geräte bieten außerdem ein einfaches Deaktivieren des Bluetooth-Moduls z.B. durch Schalter am Gerätegehäuse an.

Grundsätzlich ist das Bluetooth-Sicherheitskonzept für seinen Einsatzzweck, insbesondere in Anbetracht der ohnehin kurzen Reichweite, als gut geeignet zu beurteilen. Wesentliche Probleme bestehen in mangelhafter Implementierung des Sicherheitskonzeptes in einigen Geräten (Beispiele sind deterministische Zufallszahlen, eingeschränkte Schlüsselräume durch Zulassung zu kurzer PIN oder im schlechtesten Fall ein werksseitig fest vergebener PIN-Wert „0000") und in möglicher Ausspähung der PIN, mit deren Hilfe die Schlüssel rekonstruiert werden können.

WLAN

Aufgrund der Reichweite und der typischen Einsatzszenarien – etwa als lokale Vernetzung auf einem Firmengelände – ist die Sicherheitsproblematik im Falle eines WLAN besonders relevant. Im Gegensatz zu den vorhergehenden Technologien und auch zu drahtgebundenen LAN wird hier ein Eindringen auf physischer Ebene in ein Unternehmensnetzwerk möglich, ohne dass ein Gebäude betreten werden muss. Ein typisches Beispiel ist der Angriff mit einem Laptop-PC von einem parkenden Fahrzeug vor dem Gebäude aus *(Parking-Lot Attack)*. In seiner überwiegenden Ausprägung IEEE 802.11b verfügt WLAN über ein Sicherheitskonzept, das im Infrastruktur-Modus eine Authentifizierung der Teilnehmer mittels Hardware-Adressen sowie eine Autorisierung und eine symmetrische Verschlüsselung durch einen gemeinsamen statischen Schlüssel vorsieht; zusätzlich wird die Integrität von Datenpaketen geprüft.

Die Authentifizierung der Teilnehmer erfolgt durch *Zugangslisten (Access Control Lists, ACL)* in jedem Access-Point, in welcher die *MAC-Adressen (Media Access Control)* aller zum Senden berechtigten Netzwerkkarten hinterlegt sind. Dieses Verfahren ist einerseits wenig sicher, da MAC-Adressen unverschlüsselt übertragen werden und Netzwerkkarten mit frei konfigurierbaren Adressen erhältlich sind. Andererseits ist die Pflege der Listen allenfalls bei kleineren Netzen mit vertretbarem Aufwand möglich, so dass häufig auf ihre Verwendung verzichtet wird.

Weiterhin existiert das Konzept *Wired Equivalent Privacy (WEP)*, das eine zusätzliche Autorisierung für die Teilnahme am WLAN durch Setzen eines *Service Set Identifier (SSID)* vorsieht. Es handelt sich hierbei um einen 5–16 Zeichen (=40–104 Bit) langen statischen Schlüssel, der auf allen Access Points und mobilen Endgeräten eingetragen wird und dessen Kenntnis geprüft wird, bevor eine Station am WLAN teilnehmen darf. Derselbe Schlüssel wird dann – ergänzt um einen bei jedem Paket veränderten, 24 Bit langen *Initialisierungsvektor (IV)* – für eine symmetrische Verschlüsselung der Nutzdaten mit dem Algorithmus RC4 verwendet. WEP wirft eine Reihe von Problemen auf: Die Verwendung eines statischen Schlüssels ist zwar vergleichsweise einfach zu realisieren, birgt aber ein signifikantes Sicherheitsrisiko, da nach dessen bekannt werden kein Schutz mehr gegeben ist. Dies kann entweder durch klassisches Auskundschaften (siehe 6.2), oder – aufgrund des geringen Schlüsselraumes, denn nur der IV ist veränderlich – nach einigen Stunden Abhören des Datenverkehrs erreicht werden. Ohnehin wird der RC4-Algorithmus nicht mehr als sicher betrachtet. Zusätzlich existieren auch bei WLAN fragwürdige Implementierungen, bei denen der IV selten oder gar nicht gewechselt wird. Die Autorisierung betreffend ist einzuschränken, dass Access Points aus Gründen der Einfachheit häufig mit der Option „any" konfiguriert werden, wodurch ein Client auch ohne Kenntnis der SSID am WLAN teilnehmen kann. Schließlich sind sämtliche Schutzmechanismen nur gegen Angriffe von außerhalb des Netzes gerichtet; gegen Mithören durch andere berechtigte Teilnehmer existiert kein Schutz. Dies ist insbesondere bei öffentlichen WLAN-Zugängen (siehe 2.3) ein erhebliches Problem. Im Ad-hoc Modus sind die WEP-Sicherheitsmechanismen generell nicht einsetzbar.

Zur Sicherstellung der Integrität wird mit dem Verfahren *Cyclic Redundancy Check (CRC)* für jedes Datenpaket eine Prüfsumme – bezeichnet als *Integrity Check Value (ICV)* – ermittelt und gemeinsam mit diesem verschlüsselt. Dieses Verfahren ist zwar geeignet, Übermittlungsfehler zu erkennen, gegen gezielte Angriffe jedoch sehr anfällig.

Grundsätzlich sind die WLAN-Sicherheitseigenschaften für die Übertragung schutzwürdiger Daten nicht ausreichend, zusätzlich werden die vorhandenen Mechanismen häufig mangelhaft implementiert oder angewendet. Die Spezifikationen sind jedoch Gegenstand ständiger Weiterentwicklung. Beispiele hierfür sind das *Extensible Authentication Protocol (EAP)* nach RFC 2284 oder der Entwurf für den Standard IEEE 802.11i (auf Basis von 802.1X), der beispielsweise eine zentrale Authentifizierung über *RADIUS-Server (Remote Authentication Dial-Up User Service)* nach RFC 2138 vorsieht. Weitere Schutzmöglichkeiten bei der Nutzung von WLAN, insbesondere für Unternehmensanwendungen, zeigt 6.4 auf.

Mobilfunk

Während die Kommunikation im analogen Mobilfunk weitgehend unge-schützt abläuft, wurden beim Entwurf digitaler Standards integrierte Si-cherheitskonzepte vorgesehen.

GSM verfügt über ein Sicherheitskonzept, das Authentifizierung des Teilnehmers, Verschlüsselung der Kommunikation auf der Luftschnittstel-le und Anonymisierung des Teilnehmers beinhaltet. Hierzu werden die kryptografischen Funktionen A3 und A8, die MNO-abhängig implemen-tiert sind und sich auf dem SIM befinden, sowie A5, der sich im Speicher des ME befindet, verwendet.

Die Authentifizierung des Teilnehmers wird vom BSC nach dem *Chal-lenge-Response Verfahren* durchgeführt: Es wird eine Zufallszahl *(RAND)* generiert, die dem Teilnehmer übermittelt wird. Dieser weist seine Identi-tät durch den Besitz des zu seiner IMSI gehörenden geheimen Schlüssels K_i nach, indem er die Zufallszahl mit dem Algorithmus A3 unter Verwen-dung von K_i verschlüsselt und das Ergebnis zurücksendet. Die Berechnung findet vollständig auf der SIM-Karte statt. Da der Schlüssel nicht nur dort, sondern auch im AUC vorhanden ist, kann das BSC dieselbe Berechnung durchführen, bei Übereinstimmung ist der Teilnehmer erfolgreich authenti-fiziert. Aus K_i wird nun ebenfalls von der SIM-Karte mit Hilfe des Algo-rithmus A8 ein 64 Bit langer Sitzungsschlüssel K_c generiert und auf das ME übertragen. Dieses verschlüsselt in der Folge die Verbindungsdaten mit dem Algorithmus A5 unter Verwendung des Parameters K_c. Die Ano-nymisierung des Teilnehmers zum Schutz vor Zuordnung seiner Positions-daten erfolgt durch den Ersatz der IMSI durch die TMSI (siehe 2.2.4).

Der Schwachpunkt der Authentifizierung liegt darin, dass sie unidirekti-onal ist – die Identität des HLR wird nicht geprüft. Dies ermöglicht etwa Geheimdiensten und Strafverfolgungsbehörden, eine *Man-in-the-Middle Attack* mit einem als „IMSI-Catcher" bezeichneten Gerät auszuführen und dabei nicht nur die Identität des Teilnehmers offen zu legen, sondern auch das Gespräch zu belauschen: Das Gerät täuscht den MS in seiner Reich-weite eine Basisstation vor und fordert diese unter dem Vorwand eines Kommunikationsfehlers auf, ihre IMSI zu übermitteln; mit den mitgehör-ten Daten kann sie sich dann gegenüber der tatsächlichen Basisstation als die MS ausgeben und etwa zum Abschalten der Verschlüsselung auffor-dern. Diese *False Base Station Attack* beinhaltet eine erhebliche Störung des Funkverkehrs. Schwachpunkt der Verschlüsselung selbst ist die kurze Schlüssellänge. Diese beträgt effektiv statt 64 sogar nur 54 Bit, da die rest-lichen 10 Bit auf Null gesetzt sind; der Grund hierfür ist nicht öffentlich bekannt. Ein erfolgreicher Angriff auf den A5-verschlüsselten Datenstrom erfordert zwar hohen Aufwand, ist aber gleichwohl möglich. Der definierte

Angriffspunkt liegt jedoch nach dem Verlassen der Luftschnittstelle – die drahtgebundene Kommunikation zwischen BTS, BSC, MSC und HLR ist typischerweise nicht verschlüsselt (siehe 6.3.1).

Die GPRS-Sicherheit weist gegenüber GSM im Wesentlichen zwei Verbesserungen auf. Erstens wird eine etwas stärkere Form des Algorithmus A5 eingesetzt. Zweitens findet im Falle von paketorientiertem Datenverkehr die Entschlüsselung erst im SGSN statt, so dass ein Angriff zwischen BTS und SGSN keinen Klartext mehr vorfindet. Ruft man sich das zahlenmäßige Verhältnis zwischen MSC/SGSN und BTS in Erinnerung (siehe 2.2.4), so wird klar, dass dies zumindest den Großteil des Mobilvermittlungsnetzes in die Verschlüsselung einbezieht.

UMTS erweitert die GSM/GPRS-Konzepte deutlich. Im Vordergrund stehen dabei eine bidirektionale Authentifizierung, eine Integritätsprüfung für Datenpakete und eine erweiterte Verschlüsselung. Hierzu werden die kryptografischen Funktionen F1, F2, F3, F4, F5, F8 und F9 verwendet und die Schlüssellänge einheitlich auf 128 Bit erhöht.

Die Authentifizierung wird für jeden Zugriff auf das Netz durchgeführt, in der CS-Domain erfolgt sie durch das MSC, in der PS-Domain entsprechend durch den SGSN. Eine Dienstanforderung des UE beim SGSN beispielsweise löst eine Anfrage des SGSN an HLR/AUC nach einem *Authentifizierungsvektor* aus. Dieser besteht aus einer Zufallszahl (RAND), einer *erwarteten Antwort (Expected Response, XRES)*, einem *Integritätsschlüssel (Integrity Key, IK)*, einem *Sitzungsschlüssel (Ciphering Key, CK)* und einem *Authentifizierungstoken (Authentication Token, AUTN)*. Hiervon werden RAND (als Challenge) und AUTN an das UE weitergeleitet. Das AUTN – der durch Anwendung von F1 und F5 mit dem geheimen Schlüssel K auf RAND entstehende Beweis für die Kenntnis von K durch das AUC – wird von der USIM-Karte gleichfalls berechnet; bei Übereinstimmung ist die Authentifizierung des Netzes erfolgreich. In diesem Fall muss nun die USIM-Karte ihrerseits beweisen, dass sie im Besitz von K ist und wendet hierzu F2 auf RAND mit dem Parameter K an. Stellt der SGSN nun die Übereinstimmung des vom UE erhaltenen Wertes mit der XRES fest, so ist auch die Authentifizierung der USIM erfolgreich. Das UE berechnet nun ebenfalls aus RAND und K den CK mittels F3 und den IK mittels F4. Die verschlüsselte Kommunikation läuft nun zwischen RNC und UE unter Verwendung von F8 mit dem CK, der Integritätsschutz unter Verwendung von F9 mit dem IK. Details zu den verwendeten Verfahren enthält [2], S. 201ff.

Zusammenfassung

Sicherheitsprobleme im Bereich der Luftschnittstelle sind häufig spezifisch für die jeweils verwendete Technologie.

IrDA macht durch seine extrem geringe Reichweite bei erforderlicher Sichtlinie ein unbemerktes Abhören in der Realität nahezu unmöglich. *Bluetooth* verfügt über ein umfangreiches und gut geeignetes Sicherheitskonzept, das auf Verbindungs- oder Dienstebene ansetzt. Im Vergleich zu diesen beiden ist das Bedrohungspotenzial für ein *WLAN* durch die zu Grunde liegenden Einsatzszenarien erheblich höher. WLAN verfügt ebenfalls über ein umfangreiches Sicherheitskonzept, das jedoch aus verschiedenen Maßnahmen besteht, die nicht als hinreichend sicher betrachtet werden können. Angriffe sind bereits mit einfachen Mitteln aussichtsreich.

Angriffe auf die schwache Verschlüsselung der GSM-Luftschnittstelle sind möglich, aber sehr aufwändig. Einfacher ist es, die sicherheitsrelevanten Daten unverschlüsselt im Mobilvermittlungsnetz abzuhören oder eine *False Base Station Attack* durchzuführen. GPRS weist leichte Verbesserungen auf, die UMTS-Luftschnittstelle gilt bisher als sicher.

Kontrollfragen

(37) Ein auf Elektronik spezialisierter Fachmarkt will einen Informationsdienst für PDA anbieten, der in den einzelnen Abteilungen über Bluetooth Produktinformationen sowie Zugang auf die eigenen Kundenkartendaten (insbesondere für die Berechnung personalisierter Rabatte) bereitstellt. Geben Sie eine Empfehlung zur Verwendung von Sicherheitsfunktionalitäten.

(38) Auf der Verpackung eines WLAN Access Points ist eine WEP-Verschlüsselung mit 128 Bit Schlüsselstärke angegeben. Was halten Sie davon?

(39) Sie interessieren sich für den Festplatteninhalt Ihres Wohnungsnachbarn. Sie wissen, dass er für seinen und den Laptop seiner Frau einen WLAN Access Point mit 40 Bit WEP-Schlüsselstärke betreibt. Sein Hund heißt Bello, sein kleiner Sohn Kevin und seine Frau Petra. Welche drei Buchstabenkombinationen probieren Sie zuerst?

6.4 Sicherheitskonzepte für Unternehmenslösungen

Ein drahtloses Netz ist nicht notwendigerweise unsicherer als ein drahtgebundenes Netz. Die Nichtbeachtung von Grundregeln der Sicherheit wirkt sich allerdings in einem drahtlosen Netz unmittelbarer aus, da der unberechtigten Teilnahme am Datenverkehr hier keine physischen Hindernisse entgegen stehen und diese zudem meist nicht bemerkt wird. Daher kommt es bei drahtlosen Techniken wie Wireless LAN oder Mobilfunk stark auf Entwurf und vor allem kompromisslose Um- und Durchsetzung eines angemessenen Sicherheitskonzeptes an. Dabei müssen die Besonderheiten der Verwendung mobiler Endgeräte und Kommunikationstechniken in das IT-Sicherheitskonzept des Unternehmens integriert werden. Unter dem Aspekt der betriebswirtschaftlichen Zielsetzung ist hierbei, insbesondere wenn es um B2C-Anwendungen geht, allerdings eine wichtige Anmerkung zu machen: Es ist nicht das *höchstmögliche* Maß an objektiver Sicherheit gefragt, sondern das *der Anwendung und dem Risiko angemessene, wirtschaftlich sinnvolle* Maß.

Die Abwicklung von Datenverkehr über drahtlose LAN- oder WAN-Verbindungen ist im Unternehmensumfeld bereits bei mittleren Sicherheitsanforderungen grundsätzlich schutzbedürftig, da die Sicherheitsmechanismen etwa von WLAN- oder Mobilfunktechnologien allein hierfür keine ausreichende Sicherheit bieten. Bei der Erstellung eines Sicherheitskonzeptes für die Kommunikation einer Anwendung sind in einer Organisation zwei grundsätzliche Fälle zu unterscheiden:

- Kommunikation mit *externen* Kommunikationspartnern,
- Kommunikation mit *internen* Kommunikationspartnern.

Ziel ist in jedem Fall die Herstellung der Ende-zu-Ende Sicherheit. Im ersten Fall unterliegt nur ein Endpunkt der Kommunikation dem eigenen Zugriff. Dies ist der Fall, wenn auf der eigenen IT-Infrastruktur ein B2C-Angebot bereitgestellt und von Kunden mit deren mobilen Endgeräten genutzt wird. Ebenso kann es sich um ein B2B-Angebot handeln, das von der eigenen Organisation bereitgestellt und von Mitarbeitern anderer Organisationen mit mobilen Endgeräten genutzt wird. Schließlich kann es sich um die Nutzung eines fremden B2B-Angebotes durch eigene Mitarbeiter mit mobilen Endgeräten handeln.

Ist die eigene Organisation Kunde, so sind vor allem Sicherheitsrichtlinien aufzustellen, auf den Endgeräten Möglichkeiten für die Nutzung von Sicherheitsmechanismen bereitzustellen und ggf. mit dem Anbieter Verhandlungen zu führen, so dass das eigene Sicherheitsbedürfnis bei der Nutzung des Angebotes realisiert werden kann.

Ist die eigene Organisation dagegen der Anbieter, so trägt sie die volle Verantwortung für die Erreichung der Sicherheitsziele. Dabei muss sie objektive Sicherheit realisieren, um sich selbst und den Kunden vor Angriffen Dritter zu schützen, um sich selbst vor Angriffen durch den Kunden zu schützen und subjektive Sicherheit für den Kunden realisieren, damit dieser die Nutzung des Angebotes nicht aus Sicherheitsgründen verwirft (siehe 6.1). Eine typische Realisierungsform ist die Verwendung von *SSL/TLS* auf dem drahtgebundenen Teil und *WTLS* auf dem drahtlosen Teil der Kommunikationsstrecke; bei hoher Bandbreite kommt SSL/TLS auch für drahtlose Kommunikation in Betracht (WLAN).

Im zweiten Fall unterliegen beide Endpunkte der Kommunikation dem eigenen Zugriff. Dies ist der Fall, wenn von mobilen Endgeräten aus auf Unternehmensdaten zugegriffen wird oder von Unternehmensanwendungen auf Daten mobiler Endgeräte zugegriffen wird. Hier sind vor allem der Zugriff auf ERP-Systeme wie SAP R/3 (*Mobile ERP*, siehe 10.7), oft auch spezielle Branchenlösungen oder Individualsoftware von Bedeutung. In vielen Fällen wird es sich um sehr schützenswerte Daten handeln. Eine typische Realisierungsform ist hier die Verwendung eines *Virtual Private Network (VPN)*, in dem Authentifizierung und Vertraulichkeit mittels *IPSec* hergestellt werden; die erforderliche Client-Software ist seit einiger Zeit auch für PDA verfügbar.

Da die Kette jedoch nur so stark ist wie ihr schwächstes Glied, müssen all diese Maßnahmen jedoch auch mit einem umfassenden Schutzkonzept für das mobile Endgerät einher gehen – ein geschickt darauf platzierter Trojaner etwa könnte für seine Ausspähversuche die korrekte Authentifizierung des Benutzers abwarten und die dann eingerichtete sichere Verbindung ins Unternehmensnetz für eigene Zwecke mit nutzen. Weiterer Handlungsbedarf besteht auch in den Bereichen Zugriffskontrolle, Personal Firewall und Echtzeit-Virenschutz für mobile Endgeräte.

Ein IT-Sicherheitskonzept steht und fällt jedoch mit der Striktheit seiner Anwendung. Sensibilisierung der Nutzer und Schaffung eines *Sicherheitsbewusstseins* sind daher auch und gerade im Bereich mobiler Kommunikation von entscheidender Bedeutung.

Zusammenfassung

Ein Sicherheitskonzept für Unternehmenslösungen sollte zunächst das *der Anwendung und dem Risiko angemessene, wirtschaftlich sinnvolle* Maß an Sicherheit definieren. Bereits bei mittleren Sicherheitsanforderungen sind jedoch in jedem Fall zusätzliche Schutzmaßnahmen erforderlich. Dabei ist zu unterscheiden, ob die Kommunikation mit *externen* oder mit *internen* Kommunikationspartnern geführt wird. Im ersten Fall, etwa als B2C-Anbieter, könnte eine Realisierungsform in der Verwendung von *SSL/TLS/WTLS* bestehen; im zweiten Fall, bei unternehmensinternen Anwendungen, in einem *Virtual Private Network (VPN)* mittels *IPSec*. Diese Maßnahmen setzen jedoch einen wirkungsvollen Schutz des mobilen Endgerätes selbst voraus, etwa in den Bereichen Zugriffskontrolle, Personal Firewall und Echtzeit-Virenschutz. Ein erheblicher Faktor ist auch das bei mobilen Endgeräten oft fehlende Sicherheitsbewusstsein der Nutzer.

Kontrollfragen

(40) Die Mitarbeiter einer Zeitarbeitsfirma teilen ihre Arbeitsstunden bisher jeden Abend per Telefax mit. Diese Lösung soll durch eine mobile Lösung ersetzt werden. Ein IT-Sicherheitsberater schlägt hierfür eine PDA-Lösung vor, da es sich um unternehmensinterne Kommunikation handle und nur für diese Geräte bisher VPN-Clients verfügbar seien. Bewerten Sie die Aussage.

Literaturhinweise

[1]   *Lehner, F.:* Mobile und drahtlose Informationssysteme. Springer, Heidelberg 2002.

[2]   *Lescuyer, P.:* UMTS - Grundlagen, Architektur und Standard. Dpunkt, Heidelberg 2002.

[3]   *May, P.:* Mobile Commerce – Opportunities, Applications and Technologies of Wireless Business. Cambridge University Press, Cambridge 2001.

[4]   *Merz, M.:* E-Commerce und E-Business – Marktmodelle, Anwendungen und Technologien. 2. Auflage. Dpunkt, Heidelberg 2002.

[5]   *Roth, J.:* Mobile Computing – Grundlagen, Technik, Konzepte. Dpunkt, Heidelberg 2002.

Internetquellen

[6]   Internetangebot des Bundesamtes für Sicherheit in der Informationstechnik (BSI):
http://www.bsi.de/

[7]   Internetangebot der Bluetooth Special Interest Group (BSIG):
http://www.bluetooth.org/

[8]   Internetangebot des Third Generation Partnership Project (3GPP):
http://www.3gpp.org/

[9]   UMTSlink.at – empfehlenswertes, privat betriebenes Informationsangebot zur Mobilfunktechnik:
http://umtslink.at/

7 Beteiligte am MC-Wertschöpfungsprozess

7.1 Grundlagen und Begriffe

Innerhalb und im Umfeld des MC findet eine Vielzahl von Wertschöpfungsaktivitäten statt. Dabei besteht nicht nur eine starke Interdependenz zwischen den verschiedenartigsten dieser Aktivitäten, sondern häufig sind auch Akteure in mehreren unterschiedlichen Bereichen tätig. Im einfachen Fall handelt es sich dabei um *Disintermediation*. Dieses bereits aus dem EC bekannte Phänomen lässt Anbieter zur Ausdehnung auf benachbarte Wertschöpfungsstufen tendieren. Dabei könnte es sich etwa um einen Inhalteanbieter handeln, der seine Inhalte selbst aufbereitet und sogar über ein Portal bereit stellt. In anderen Fällen haben technologische, historische oder Gründe der Marktmacht zur Diversifizierung von Firmen geführt. Typische Beispiele sind Unternehmen, die beim Endkunden über hohen Bekanntheitsgrad als Endgerätelieferanten verfügen, ihr tatsächliches Kerngeschäft aber als Infrastrukturlieferanten betreiben.

Dieses Beziehungsgeflecht beeinflusst viele Vorgänge und kann nur erfasst werden, wenn die Betrachtung der Wertschöpfungsaktivitäten im MC deutlich breiter angelegt wird als etwa im EC. Damit sind nicht nur die primären Aktivitäten – die direkt zu Produkten oder Dienstleistungen gemäß der Definition des MC aus Kapitel 1 beitragen – zu berücksichtigen, sondern auch sekundäre Aktivitäten wie beispielsweise Aufbau und Betrieb der Netzinfrastruktur oder Lieferung der Endgeräte. In Abschnitt 7.2 wird mit dieser Zielrichtung eine Wertschöpfungskette des MC zusammengesetzt, in Abschnitt 7.3 werden die einzelnen Akteure näher betrachtet.

7.2 Wertschöpfungskette

Innerhalb des in Abschnitt 7.1 festgelegten Rahmens lassen sich drei große Wertschöpfungsbereiche identifizieren (Abb. 7-1):

- die *Bereitstellung von Ausrüstung und Anwendungen*, insbesondere die Lieferung zum Betrieb erforderlicher Hard- und Software für die am Wertschöpfungsprozess beteiligten Akteure und für Endkunden,

- die *Bereitstellung von Netzen* zur drahtlosen Kommunikation,
- die *Bereitstellung von Diensten und Inhalt* für Endkunden.

Abb. 7-1: Wertschöpfungsbereiche

Hierbei handelt es sich bei dem Bereich „Dienste und Inhalt" um *primäre Aktivitäten*, bei den beiden erstgenannten dagegen um *sekundäre Aktivitäten*, die diese eigentliche MC-Leistungserstellung – die der Definition des MC aus Kapitel 1 genügt – unterstützen.

Soll nun diese sehr grobgranulare Betrachtung verfeinert werden, so werden zu jedem der Bereiche mehrere Wertschöpfungsstufen erkennbar. Im Bereich „Ausrüstung und Anwendungen" sind dies die Lieferung von Hard- und Software für die Netzinfrastruktur (insbesondere im Mobilfunk), die Entwicklung von Systemplattformen, die Entwicklung von Anwendungen und schließlich die Lieferung von mobilen Endgeräten. Im Bereich „Netz" sind dies der Betrieb des Netzes und die verschiedenen Dienstleistungen rund um die Bereitstellung seiner Funktionalität. Im Bereich „Dienste und Inhalt" sind dies die Erzeugung von Inhalten, deren Aufbereitung, die Bereitstellung von Portalen und die Bereitstellung von Bezahlfunktionalität.

Die Wertschöpfungskette nach Porter wurde ursprünglich zur Darstellung der Aktivitäten in einem einzelnen Unternehmen entwickelt. In der Praxis hat es sich jedoch durchgesetzt, dieses Konzept mutatis mutandis auch auf die Leistungserstellung über Unternehmensgrenzen hinweg anzuwenden und dabei die Stufen nach den entsprechenden Akteuren zu bezeichnen sowie nach zunehmender Nähe zum Endkunden zu ordnen. Aus den oben genannten Aktivitäten ergibt sich dementsprechend die in Abb. 7-2 gezeigte Wertschöpfungskette.

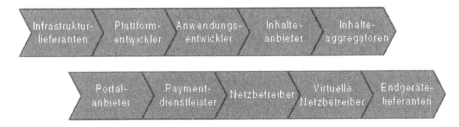

Abb. 7-2: Wertschöpfungskette des MC

In der Wertschöpfungskette wird prinzipiell jeder der genannten Aktivitäten genau eine Stufe zugeordnet. Im Bereich „Netz" existiert dabei eine Besonderheit, auf die – im Vorgriff auf Abschnitt 7.3 – eingegangen sei. Hier wird der Aktivität „Betrieb des Netzes" die Stufe „Netzbetreiber" und der Aktivität „Dienstleistungen im Zusammenhang mit der Bereitstellung des Netzes" die Stufe „Virtueller Netzbetreiber" zugeordnet. Für ihre unmittelbaren Kunden nehmen Netzbetreiber wie Vodafone oder T-Mobile hier beide Stufen wahr (die Stufe des virtuellen Netzbetreibers entfällt dann); für Kunden virtueller Netzbetreiber wie Debitel oder Talkline werden diese Stufen jedoch von unterschiedlichen Akteuren wahrgenommen.

Für eine Untersuchung übergreifender Zusammenhänge, z.B. der Marktmacht von Netzbetreibern oder der Interdependenzen zwischen der finanziellen Situation verschiedener Akteure, ist eine Betrachtung aller Wertschöpfungsstufen sinnvoll. Häufig wird der Leser jedoch vor der Aufgabe stehen, konkrete primäre Aktivitäten zu untersuchen, z.B. innerhalb eines Geschäftsmodells, das die Vermarktung aktueller Nachrichten und Fotos in Form von MMS-Informationsdiensten oder das Angebot ortsbasierter Online-Mehrpersonenspiele zum Inhalt hat. Hierbei ist es oft nicht sinnvoll, alle Stufen der Wertschöpfungskette einzubeziehen. Statt dessen sollte zugunsten der Klarheit eine verkürzte Form der Wertschöpfungskette verwendet werden. Hierbei werden nur die unmittelbar an primären Aktivitäten beteiligten Akteure aufgeführt. Wenn nicht unmittelbar Untersuchungsgegenstand, kann auch die Unterscheidung zwischen Netzbetreiber und virtuellem Netzbetreiber vernachlässigt werden. Eine solche verkürzte Wertschöpfungskette zeigt Abb. 7-3.

Abb. 7-3: Verkürzte Wertschöpfungskette zur Untersuchung primärer Aktivitäten

Hierbei wurden die in der betrieblichen Praxis üblichen, englischsprachigen Bezeichnungen bzw. Abkürzungen verwendet. Eine Zuordnung dieser Begriffe wird im folgenden Abschnitt vorgenommen.

7.3 Akteure

Im Folgenden werden die verschiedenen Wertschöpfungsstufen und die jeweils darauf tätigen und damit am Wertschöpfungsprozess im MC beteiligten Akteure betrachtet.

Infrastrukturlieferanten (Mobile Infrastructure Suppliers) stellen Hardware und die für den Betrieb drahtloser Netze unmittelbar erforderliche Software bereit. Produkte können etwa SGSN, RNC oder UMSC sein. Namhafte Beispiele sind hier Firmen wie Ericsson, Siemens, Nokia, Motorola oder Lucent Technologies. Sie zeichnen sich einerseits dadurch aus, dass sie durch neue Technologien besonders beeinflusst sind, andererseits beeinflussen sie selbst die entsprechenden Entwicklungen in hohem Maße. Dies kann durch Teilnahme an öffentlichen Standardisierungsprozessen, etwa im Rahmen der ETSI, oder durch gemeinsame Schaffung von Industriestandards geschehen; häufig ist es jedoch einfach eine Folge der Implementierung dieser Standards, im Rahmen derer eine Reihe von Freiheitsgraden für individuelle technische Lösungen der Hersteller besteht. Neben den unzweifelhaft positiven Effekten schlägt sich dies in einigen Bereichen auch in Kompatibilitätsproblemen nieder, wie am aktuellen Beispiel des netzübergreifenden MMS-Versandes zu beobachten ist. Infrastrukturlieferanten sind die Technologieführer unter den betrachteten Akteuren, mit dem Effekt, dass nur ein kleiner Teil der vorhandenen Endgeräte und Anwendungen die vorhandenen Möglichkeiten bereits voll nutzen kann. Neben der Infrastruktur für Mobilfunknetze und insbesondere deren Migration auf 3G-Technologie rücken bei den Infrastrukturlieferanten immer mehr auch die anderen Arten der drahtlosen Vernetzung in den Vordergrund. Beachtenswert ist die große Schnittmenge dieser Gruppe mit derjenigen der Endgerätehersteller, worauf später noch zurückzukommen ist.

Plattformentwickler (System Platform Developers) stellen Systemplattformen bereit, insbesondere Betriebssysteme für mobile Endgeräte (z.B. Microsoft, Symbian), Virtual Machines und Laufzeitumgebungen (z.B. Sun, Microsoft), Middleware für den Netzbetrieb (wie SMSC, Billing-Systeme oder WAP-Gateways, z.B. Ericsson, Nokia, Phone.com, Dr. Materna) und Microbrowser (z.B. Ericsson, Nokia, Phone.com). Middleware für den Netzbetrieb wird im wesentlichen von Netzbetreibern abgenommen, aber durchaus auch von anderen Akteuren, die entsprechende eigene Systeme betreiben. Dies sind beispielsweise Banken mit eigenem WAP-Gateway oder eine Reihe von Dienstleistern mit eigenen SMSC. Middleware-Infrastrukturanbieter sind nicht selten zugleich als Infrastrukturhersteller oder Betriebssystemhersteller tätig.

Anwendungsentwickler (Application Developers) betreiben sowohl Entwicklung von speziellen Offline- oder Online-Anwendungen auf mobilen Endgeräten (Client-Anwendungen), als auch von Anwendungen, die mit mobilen Endgeräten kommunizieren (Server-Anwendungen, Webservices). In diesem Bereich ist eine Vielzahl von Unternehmen unterschiedlichster Größe tätig. Die MC-Anwendungsentwicklung überschneidet sich häufig mit der für den „klassischen" EC. Dies gilt insbesondere, wenn

Anwendungen oder Funktionalitäten in ähnlicher Weise über beide Kanäle bereitgestellt werden sollen.

Inhalteanbieter (Content Providers) erzeugen Inhalte. Dies können beispielsweise Nachrichtenagenturen, TV-Sender oder Zeitschriftenredaktionen sein, für die MC ein Distributionskanal unter mehreren ist. Inhalte bestehen dann etwa in Nachrichten, Börsenkursen, Wetterinformationen, Sportergebnissen, Grafiken, Audio- und Videodaten. Ebenso gehören zu dieser Kategorie Hersteller von MC-spezifischen Inhalten, etwa Klingeltöne oder Spiele für mobile Endgeräte. Ein wichtiges Problem für Inhalteanbieter ist die Leistungsverrechnung und -abrechnung (siehe Kapitel 9).

Inhalteaggregatoren (Content Aggregators) bereiten Inhalte für die Verwendung im MC auf und bündeln geeignete Informationsangebote für den Nutzer. Das Prinzip ist in Abb. 7-4 dargestellt, wobei im Rahmen der Bereitstellung noch ein Portalanbieter zwischengeschaltet sein kann.

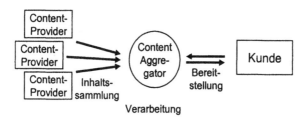

Abb. 7-4: Sammlung, Verarbeitung und Bereitstellung von Inhalten im MC

Die Aufbereitung kann in gewissem Umfang auch redaktionelle Tätigkeiten beinhalten, etwa Zusammenfassung oder Anreicherung. Die Bereitstellung der Inhalte erfolgt meist zielgruppenspezifisch und personalisiert. Eines der beim Endkunden bekanntesten Beispiele ist AvantGo, ein personalisierter Dienst, mit dem eine Offline-Synchronisation ausgewählter Inhalte verschiedenster Content Provider auf alle gängigen PDA möglich ist (www.avantgo.com).

Portalanbieter (Mobile Portal Providers) bündeln in ihrem Angebot möglichst alle vom Nutzer benötigten Dienste, z.B. Routenplaner, Maildienste, Suchmaschinen, Informationsangebote und vieles mehr (siehe Abschnitt 10.4). Die wichtigste Ausprägung sind Mobilfunkanbieter (MNO, MVNO), die ihr eigenes Portal als Standard-Startseite für den Nutzer vorkonfiguriert haben. Ebenfalls eine hohe Bedeutung haben spezialisierte Portalanbieter, für die der Betrieb des Portals Kerngeschäft ist und die Einnahmen durch Nutzungsentgelte, Provisionen, Nutzung von Profildaten und Werbung generieren; sie sind nicht selten mit spezialisierten EC-Portalanbietern identisch (z.B. Yahoo! oder MSN). Schließlich bieten auch eine Reihe anderer Firmen (Themen-)Portale an, mit denen sie etwa die

Kundenbindung durch ein produkt- oder firmenbezogenes Serviceangebot verstärken wollen (z.b. Radio-/TV-Sender, Banken, Automobilclubs, Mobiltelefonhersteller). Ein interessantes Beispiel ist Lycos Europe, ein als Portalanbieter im EC und MC – für eine überwiegend jugendliche Zielgruppe – bekanntes Unternehmen der Bertelsmann-Gruppe. Über diese Aktivitäten hinaus produziert Lycos Europe einerseits in begrenztem Umfang selbst Inhalte (z.b. Klingeltöne und Logos). Andererseits aber ist das Unternehmen für Verarbeitung, Aufbereitung und Bereitstellung sämtlicher von der Bertelsmann-Gruppe produzierten Inhalte verantwortlich, z.b. von Bertelsmann Media, RTL World, Gruner+Jahr und BMG Entertainment. Alle aggregierten und aufbereiteten Inhalte werden dann an jede der genannten Firmen zurückgeliefert, die diese wiederum als Portalanbieter zielgruppengerecht vertreiben kann. Auf diese Art und Weise kann dasselbe Foto eines Sportereignisses oder der Wetterkarte des Senders RTL innerhalb der Gruppe als MMS Content über Lycos mobile, im Unterhaltungsangebot des RTL Portals oder in einem Artikel auf der Gruner+Jahr-Seite vermarktet werden.

Paymentdienstleister (Mobile Payment Service Providers, MPSP) stellen MC-Anbietern oder Anbietern in anderen Szenarien (EC, stationärer Handel) eine Bezahlfunktionalität für deren Angebot zur Verfügung (siehe 9.4). Als Betreiber eines MP-Verfahrens kommen in der Hauptsache Banken und Fimitzdienstleister (insbesondere Kreditkartenorganisationen), Mobilfunkanbieter und spezialisierte Intermediäre (z.B. Payment-Startup) in Betracht. Hierbei verfügen die Banken mit deutlichem Abstand über das größte Vertrauen bei den Kunden. Eine Reihe anderer Faktoren sprechen wiederum deutlich für die Mobilfunkanbieter als MPSP; Kooperationslösungen zeichnen sich hier ab.

Netzbetreiber (Mobile Network Operators, MNO) betreiben als ihr Kerngeschäft die technische Infrastruktur eines Mobilfunknetzes. Daraus folgt eine sehr starke Marktstellung im MC, etwa gegenüber Inhalteanbietern. Dies gilt insbesondere, da der MNO-Markt in den meisten Ländern oligopolistisch geprägt ist. Die MNO haben den wohl direktesten Zugang zum Endkunden. Das Verhältnis umfasst dabei sowohl eine bestehende vertragliche Bindung, als auch eine bestehende Abrechnungsbeziehung. Hierbei sind *Vertragskunden* und *Prepaid-Kunden* zu unterscheiden. Bei ersteren erfolgt die Abrechnung nach dem *Credit-Verfahren* durch Rechnungsstellung, daher werden sie auch als *Postpaid-Kunden* bezeichnet. Bei letzteren erfolgt die Abrechnung nach dem *Debit-Verfahren* aus einem vorausbezahlten Guthaben. Die Abrechnung der Sprachdienste ist bei der Vielzahl der Einflussgrößen ein nicht-triviales Problem, das durch die Möglichkeit des Roaming noch verstärkt wird. Die Netzbetreiber verfügen zu diesem Zweck über eine komplexe Billing-Infrastruktur, die prinzipiell auch für alle anderen Arten mobiler Dienste nutzbar ist (siehe Kapitel 9). Weitere Aspekte der starken Marktstellung sind die Kontrolle des MNO über die SIM-Karte, über die voreingestellten Portalseiten des Microbrowsers und über Konfiguration und zunehmend auch über Fähigkeiten der Endgeräte. Mit der Verwendung internetbasierter Datendienste wird der MNO gleichzeitig zum *Internet Service Provider (ISP)*.

Das Verhältnis von Prepaid- zu Postpaid-Kunden beträgt am deutschen Markt derzeit etwa 60:40. Ein Beispiel für einen sehr hohen Anteil an Prepaid-Kunden ist Italien – hier beträgt dieses Verhältnis 85:15. Netzbetreiber bevorzugen Vertragskunden, da sie weniger Aufwand im Netzbetrieb verursachen, bessere Möglichkeiten zur Kundenbindung bieten und mit Grundgebühren feste Einnahmen pro Zeiteinheit garantieren, vor allem aber, da sie im Durchschnitt gegenüber Prepaid-Kunden deutlich höhere Umsätze generieren. Der Anteil der Vertragskunden und der monatliche Umsatz pro Nutzer *(Average Revenue per User, ARPU)* werden als wichtige Kennzahlen in Bezug auf die Qualität einer MNO-Kundenbasis betrachtet. Weitere interessante Kennzahlen sind bei Vertragskunden die *Abwanderungsrate (Churn Rate)* und bei Prepaid-Kunden der Anteil derjenigen, durch die keine Umsätze entstehen *(No-Call Rate)*.

Auf dem deutschen Markt sind derzeit vier Netzbetreiber tätig, deren Marktanteil und ARPU Anfang 2003 in Tabelle 7-1 wiedergegeben werden (die Zahlen wurden den entsprechenden Pressemitteilungen der Netzbetreiber entnommen, der ARPU ist auf volle Euro gerundet).

Tabelle 7-1: MNO-Marktanteile und ARPU in Deutschland (Anfang 2003)

MNO	Mio. Nutzer	Marktanteil	ARPU
T-Mobile	24,6	41,6%	23 EUR
Vodafone	22,7	38,4%	26 EUR
E-Plus	7,3	12,3%	24 EUR
O2	4,6	7,8%	28 EUR
SUMME	59,2	100,0%	---

Virtuelle Netzbetreiber (Mobile Virtual Network Operators, MVNO) sind Mobilfunkanbieter, die nicht über eine eigene Lizenz für ein Frequenzspektrum und damit ein eigenes Zugangsnetz verfügen. Sie erbringen definierte Teile der Wertschöpfung eines regulären Netzbetreibers und nutzen teilweise oder ganz die Infrastruktur eines oder mehrerer fremder MNO. Die MVNO-Skala reicht dabei prinzipiell vom *Mobile Service Provider (MSP)* ohne eigene Mobilfunk-Infrastruktur bis zum Netzbetreiber mit eigenem Mobilvermittlungsnetz. Kennzeichnend für den MVNO sind eine eigene Marktpräsenz und Abrechnungsbeziehung zum Endkunden.

Auf dem deutschen Markt sind derzeit nur MVNO in der in Form von MSP tätig. Diese haben ausschließlich intermediäre Funktion: Sie kaufen Leistungen bei Netzbetreibern geschätzt 20-25% unter Endkundenpreis ein und verkaufen diese, ggf. erweitert um eigene Leistungen, wieder an ihre Kunden. Damit betreiben sie die Optimierung des Marketings von MNO-Leistungen und Endgeräten als Kerngeschäft. Die Marktmacht der MVNO sollte nicht unterschätzt werden – in Deutschland sind derzeit geschätzt 45-50% der MNO-Kunden über MVNO gebunden. In letzter Zeit steigt allerdings das Direktmarketing an, d.h. die Vertragszuwächse bei den MSP wachsen langsamer als bei den MNO. Eine Aktivität als MSP kann ausschließlich in Gewinnerzielungsabsicht erfolgen, möglicherweise handelt es sich aber auch um den ersten Schritt einer Markteintrittsstrategie für MNO auf fremden, strategisch interessanten Märkten. So gehört der MSP Debitel etwa zum schweizerischen MNO Swisscom, Talkline gehört zur Tele Denmark und Mobilcom gehörte bis vor einiger Zeit zu France Telecom. Ob ein solcher Markteintritt bei der heutigen Marktlage noch immer beabsichtigt wird, muss allerdings stark bezweifelt werden. Die Strategie der France Telecom beispielsweise, über Mobilcom als MSP einen Einstieg in den deutschen Markt zu erhalten und mit UMTS-Betriebsbeginn als MNO in den Markt einzutreten, wurde gründlich revidiert. Es wird erwartet, dass diese UMTS-Lizenz – in deren Erwerb 16,5 Mrd. DM investiert wurden – ungenutzt an die RegTP zurückfällt. Eine ähnliche Strategie verfolgte die *Group 3G* (unter Beteiligung des finnischen MNO Sonera und des spanischen MNO Telefonica) mit dem Markteintritt des ersten „vollen" MVNO in Deutschland unter dem Markennamen *Quam*. Die Group 3G hatte zu einem ähnlichen Preis wie Mobilcom eine deutsche UMTS-Lizenz erworben (siehe Tabelle 2-2). Quam nutzte das Zugangsnetz von E-Plus und hatte ein eigenes Mobilvermittlungsnetz aufgebaut, musste seinen Betrieb jedoch binnen kurzer Zeit aus wirtschaftlichen Gründen wieder einstellen. Es wird allgemein erwartet, dass auch diese UMTS-Lizenz ungenutzt an die RegTP zurückfällt.

Als letzte Wertschöpfungsstufe sind die *Endgerätelieferanten (Mobile Device Suppliers)* zu nennen. Ihre Position verdient dabei besondere Beachtung. Einerseits ist ihr Geschäft wenig profitabel. Andererseits jedoch sind die Fähigkeiten der Endgeräte entscheidend für die gesamte MC-Entwicklung, zudem sind sie als einzige Hardwarehersteller nah am Endkunden. Daher ist es kein Zufall, dass Endgerätehersteller typischerweise auch in anderen Bereichen des MC aktiv sind und dort die benötigten Erlöse generieren. Typisch für viele Endgerätelieferanten ist hier vor allem die Position als Infrastrukturlieferant. Das umfassendste Beispiel ist aber wohl der Marktführer Nokia, der bis auf die Stufen MPSP, MNO und MVNO in allen Wertschöpfungsstufen Aktivitäten zeigt.

Zusammenfassung

Die Betrachtung der Wertschöpfungsaktivitäten wird im MC deutlich breiter angelegt als etwa im EC und umfasst außer *primären Aktivitäten* der Leistungserstellung im Bereich „Dienste und Inhalt" auch *sekundäre Aktivitäten* in den Wertschöpfungsbereichen „Ausrüstung und Anwendungen" und „Netz".

Am Wertschöpfungsprozess sind zahlreiche Akteure beteiligt. *Infrastrukturlieferanten* stellen Hardware und die für den Betrieb drahtloser Netze unmittelbar erforderliche Software bereit. *Plattformentwickler* stellen Systemplattformen bereit, insbesondere Betriebssysteme für mobile Endgeräte, Virtual Machines und Laufzeitumgebungen, Middleware für den Netzbetrieb und Microbrowser. *Anwendungsentwickler* entwickeln Client-Anwendungen für mobile Endgeräte und Server-Anwendungen, die mit mobilen Endgeräten kommunizieren. Als *Inhalteanbieter (Content Providers)* können MC-fremde Akteure wie Nachrichtenagenturen, TV-Sender, Zeitschriftenredaktionen oder aber Erzeuger MC-spezifischer Inhalte wie Spiele für mobile Endgeräte auftreten. Diese Inhalte werden von *Inhalteaggregatoren (Content Aggregators)* für die Verwendung im MC aufbereitet, gebündelt sowie zielgruppenspezifisch und meist personalisiert bereit gestellt. *Portalanbieter (Mobile Portal Providers)* betreiben Portalseiten, auf denen möglichst alle vom Nutzer benötigten Dienste gebündelt vorhanden sind. *Paymentdienstleister (Mobile Payment Service Providers, MPSP)* stellen MC-Anbietern oder Anbietern in anderen Szenarien eine Bezahlfunktionalität für deren Angebot zur Verfügung. *Netzbetreiber (Mobile Network Operators, MNO)* betreiben als ihr Kerngeschäft die technische Infrastruktur eines Mobilfunknetzes. *Virtuelle Netzbetreiber (Mobile Virtual Network Operators, MVNO)* sind Mobilfunkanbieter, die nicht über ein eigenes Zugangsnetz verfügen. Die MVNO-Skala reicht dabei prinzipiell vom *Mobile Service Provider (MSP)* ohne eigene Mobilfunk-Infrastruktur bis zum Netzbetreiber mit eigenem Mobilvermittlungsnetz. Schließlich sind die *Endgerätelieferanten* zu nennen, die jedoch wegen des wenig profitablen Geschäfts die benötigten Erlöse in aller Regel auf anderen Stufen erzielen.

Auch andere Akteure sind häufig auf mehr als einer Wertschöpfungsstufe tätig. Charakteristisch ist dabei die Ausdehnung auf benachbarte Stufen der Wertschöpfungskette.

Wichtige Kennzahlen für die Qualität einer MNO-Kundenbasis sind der Anteil der *Vertrags-* gegenüber den *Prepaid-Kunden* und der monatliche Umsatz pro Nutzer *(Average Revenue per User, ARPU)*.

Kontrollfragen

(41) Sie sind Assistent der Geschäftsleitung bei einem bekannten MNO, der seinen Kunden Informationsdienste zu verschiedenen Themenbe-

reichen (Sport, News, Wertpapierkurse, …) in aufbereiteter Form anbieten will. Welche Stufen der Wertschöpfungskette werden dabei tangiert? Was empfehlen Sie der Geschäftsleitung bezüglich Eigenerstellung bzw. Zukauf fremder Leistungen?

(42) Ihr Unternehmen kämpft als Endgerätelieferant mit hohen Entwicklungskosten und geringen Gewinnmargen. Durch die Besetzung weiterer Stufen der Wertschöpfungskette sollen profitablere Geschäftsfelder erschlossen werden. Welche Stufen kommen hierbei unter Berücksichtigung von Synergieeffekten mit den bestehenden Aktivitäten und Ressourcen (Know-how, …) in Betracht?

Literaturhinweise

[1] *Adelsgruber, E.; Schäfer, N.; Tönnies, T.:* MVNO - Ein innovatives Geschäftsmodell zur Vermarktung von 3G Services. In: Hartmann, D. (Hrsg.): Geschäftsprozesse mit Mobile Computing. Vieweg, Wiesbaden 2002, S. 60-81.

[2] *Müller-Veerse, F.:* Mobile Commerce Report. Durlacher Research, London 2000.

[3] *Tomlinson, C.:* Telekommunikation – Ein Leitfaden für Software Professionals. Addison-Wesley, München 2001.

8 MC-Geschäftsmodelle und ihre Bewertung

8.1 Geschäftsmodelle im MC

8.1.1 Von der Idee zum Produkt

Um die gesamte Breite der bedeutsamen Akteure und ihrer Interdependenzen zu beleuchten, wurde die Betrachtung der Wertschöpfungsaktivitäten in Kapitel 7 breit angelegt und etwa auch der Aufbau der Netzinfrastruktur oder die Lieferung der Endgeräte einbezogen. Für die Untersuchung von MC-Geschäftsmodellen soll nun wieder auf die *primären Aktivitäten* eingeschränkt werden.

Ausgangspunkt jedes Leistungserstellungsprozesses oder jeder Leistungserbringung ist eine Produkt- oder Geschäftsidee. Dies könnte beispielsweise die Idee sein, Kunden die Teilnahme an oder die Veranstaltung von Auktionen anzubieten – über beliebige Endgeräte hinweg, orts- und zeitunabhängig. Um diese Idee kaufmännisch, organisatorisch und technisch umsetzen und bewerten zu können bedarf es jedoch zuvor ihrer (für Dritte nachvollziehbaren) Beschreibung.

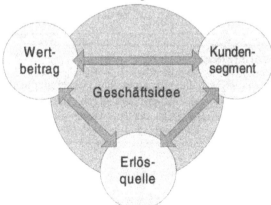

Abb. 8-1: Geschäftsidee und Geschäftsmodell

Diese abstrahierende Beschreibung der Funktionsweise einer Geschäftsidee bezeichnet man als (das zu der Geschäftsidee gehörende) *Geschäfts-*

modell. Sie umfasst insbesondere die Beantwortung der Frage, warum die Geschäftsidee überhaupt zum Erfolg führen kann. Hierbei sind vor allem Aussagen erforderlich zu (Abb. 8-1):

- *Wertbeitrag* (für wen können welche Werte geschaffen werden?),
- *Kundensegment* (welche Kundengruppe können und sollen adressiert werden?),
- *Erlösquelle* (wer ist auf welche Weise bereit, für das geplante Angebot in welcher Höhe zu bezahlen?).

Darüber hinaus ist zu klären, wie die Geschäftsidee organisatorisch, informationstechnisch sowie unter rechtlichen und investitionsbezogenen Gesichtspunkten umgesetzt werden kann und ob die für das Geschäftsmodell als optimal bewertete Kombination aus Wertbeitrag, Kundensegment und Erlösquelle zu der generellen, vom Unternehmen verfolgten *Wettbewerbsstrategie* passt. Verfolgt ein Unternehmen etwa eine Preisführerschaftsstrategie, z.B. mit Angeboten auf SMS-Basis, dann ist unsicher, ob das Unternehmen mit der aktuellen Kundenbasis auch mit Angeboten auf der Basis von Premium-SMS erfolgreich sein kann.

Abschließend sei noch darauf hingewiesen, dass für ein und dieselbe Geschäftsidee verschiedene Geschäftsmodelle existieren können, die sowohl von demselben Anbieter als auch von dessen Wettbewerbern konkurrierend verfolgt werden können. Beispielsweise lassen sich für die eingangs erwähnte Geschäftsidee der endgerät-, orts- und zeitunabhängigen Auktionsdurchführung auf verschiedene Arten Erlöse generieren, indem etwa ein Geschäftsmodell auf Erlöse aus Werbung und Provisionen setzt, ein anderes dagegen vornehmlich auf Erlöse aus Gebühren.

Zusammenfassung

Ein *Geschäftsmodell* ist die abstrahierende Beschreibung der Funktionsweise einer *Geschäftsidee*, insbesondere durch Aussagen zu *Wertbeitrag*, *Kundensegment* und *Erlösquelle*. Für eine Geschäftsidee können verschiedene Geschäftsmodelle existieren.

8.1.2 Erlösmodelle

In obigem Beispiel ließen sich die Geschäftsmodelle dadurch voneinander unterscheiden, dass sie verschiedene Arten der Erlösgenerierung nutzten. Man spricht in diesem Zusammenhang von dem (zu einem Geschäftsmodell gehörigen) *Erlösmodell* als demjenigen Teil des Geschäftsmodells, in dem beschrieben wird aus welchen Quellen sich Einzahlungen in welchem

Umfang zusammensetzen und wie diese verteilt werden. Prinzipiell lassen sich Erlöse aus drei *Erlösquellen* erzielen:

- direkt vom Nutzer eines MC-Angebots,
- indirekt bezogen auf den Nutzer des MC-Angebots, d.h. Erlöse durch Dritte, und
- indirekt bezogen auf das MC-Angebot, d.h. im Rahmen eines Nicht-MC-Angebots.

Darüber hinaus lassen sich Erlöse nach der *Erlösart* kategorisieren. Hierbei unterscheidet man zwischen

- transaktionsabhängigen und
- transaktionsunabhängigen Erlösen.

Die dadurch entstehende Erlösmatrix zeigt Abb. 8-2.

Abb. 8-2: Erlösquellen im MC (in Anlehnung an [4], S. 155)

Direkte transaktionsabhängige Erlöse vom Nutzer können ereignisabhängige Zahlungen *(Event-Based Billing)*, z.B. für den Abruf einer Information oder den Download einer Datei, nutzungsdauerabhängige Zahlungen *(Time-Based Billing)*, z.B. für das Zusehen bei einer Live-Übertragung oder die Teilnahme an einem Blind-Date Spiel, oder Abonnementgebühren sein. Direkte transaktionsunabhängige Erlöse entstehen z.B. in Form von Einrichtungsgebühren, etwa zur Abdeckung von Verwaltungsgebühren bei erstmaliger Anmeldung zu einem Friend-Finder Dienst, oder durch Grundgebühren, die bei einem Streaming-Audio Anbieter z.B. das zahlungsfreie Anhören von Musik erlauben, die mindestens sechs Monate alt ist. Für aktuelle oder populäre Musik kann der Anbieter ergänzend transaktionsabhängige Zahlungen vorsehen. Die einzelnen Erlösarten (sowie die einzelnen Erlösquellen) schließen sich also nicht automatisch gegenseitig aus. Vielmehr kann der Anbieter entscheiden, auf welche Bereiche der Erlösmatrix er zurückgreift.

Im Rahmen eines MC-Angebots können weiterhin Erlöse erwirtschaftet werden, die (bezogen auf den Nutzer) als indirekt einzustufen sind. Dabei handelt es sich um Zahlungen Dritter, die wiederum sowohl transaktions-abhängig als auch -unabhängig sein können. Transaktionsabhängige Erlöse fallen z.B. in Form von Provisionen an, etwa dann, wenn Gaststätten oder Hotels einen Betrag an den Betreiber eines mobilen Reiseführers für das Vermitteln und Führen eines Kunden entrichten. Transaktionsunabhängige Erlöse können durch Werbung oder den Handel mit Nutzerdaten entstehen. Gerade die letztgenannte Erlösquelle ist hierbei im MC nicht zu unter-schätzen, da der Betreiber eines MC-Angebots durch die Eigenschaften *Kontextsensitivität* und *Identifizierungsfunktionen* (gegenüber einem klas-sischen EC-Anbieter) erheblich erweiterte Möglichkeiten zur Gewinnung von *Kundenprofilen* hat.

Eine weitere Ausprägung indirekter Erlöse sind solche, die nicht aus dem eigentlichen MC-Angebot entstehen. Hierunter fallen etwa MC-Angebote zur Kundenbindung, die sich in anderen Bereichen der Ge-schäftstätigkeit auswirken, z.B. kostenlose SMS-Informationen über einen Sportverein, die zu einer Steigerung des Verkaufs von Merchandising-Artikeln führen.

Zusammenfassung

Ein *Erlösmodell* ist derjenige Teil des Geschäftsmodells, in dem beschrie-ben wird, aus welchen Quellen sich Einzahlungen in welchem Umfang zu-sammensetzen und wie diese verteilt werden. Erlösquellen können dabei *direkt* (Zahlungen des Nutzers) oder *indirekt* (Zahlungen Dritter) sein. Eine weitere Erlösquelle sind *Einnahmen außerhalb des MC*. Bei den Erlösarten werden *transaktionsabhängige* und *transaktionsunabhängige* Erlöse unter-schieden.

Kontrollfragen

(43) Ein Börsenbrief bietet einen kostenlosen mobilen Börsendienst an, der über das Angebot des Versandes von Werbe-SMS finanziert werden soll. Nachdem das Unternehmen mit dem MC-Angebot über einige Zeit Verluste gemacht hat, entschließt man sich zum Verkauf der ge-sammelten Profildaten der MC-Kunden. Das mobile Angebot hat al-lerdings eine Reihe von Kunden angezogen, die daraufhin den traditi-onellen Börsenbrief per Fax abonniert haben. Welche Art von Erlösen erkennen Sie?

8.1.3 MC-Geschäftsmodelle

Für den Bereich des klassischen EC sind zahlreiche Ansätze bekannt, die Vielzahl vorhandener Geschäftsmodelle zu kategorisieren und in Form von Typologien zu ordnen. Diese Ansätze tragen den Besonderheiten, die im Zusammenhang mit MC-Geschäftsmodellen wichtig sind – wie Allgegenwärtigkeit oder Möglichkeit zur Einbeziehung des aktuellen Nutzerkontextes – jedoch nur in beschränktem Umfang Rechnung. Darüber hinaus sollte ein Ansatz zur Klassifikation von Geschäftsmodellen robust sein, d.h. er sollte möglichst auch auf Geschäftsmodelle angewendet werden können, die noch nicht bekannt sind. Darum wird im Folgenden eine generische Systematik zur Klassifizierung von Geschäftsmodellen eingeführt, welche die Besonderheiten typischer MC-Geschäftsmodelle berücksichtigt. Charakterisierend für diesen Klassifizierungsansatz sind

- die Idee, grundlegende Typen von (Geschäftsmodell-)Bausteinen zu identifizieren, aus denen sich dann konkrete Geschäftsmodelle zusammensetzen lassen und
- die strenge Gliederung nach der Art der angebotenen Leistung.

Hierzu wird zunächst unterschieden, ob es sich bei der angebotenen Leistung um eine Leistung handelt, die ausschließlich durch Austausch von (digital codierten) Daten erbracht werden kann oder um eine Leistung, die einen signifikanten (Leistungs-)Anteil aufweist, der nicht ausschließlich durch Datenaustausch erbracht werden kann – kurz, die einen *nicht digitalen* Anteil aufweist, da es sich beispielsweise um ein physisches Produkt, das *auch* gefertigt werden muss, handelt oder um eine Dienstleistung, die *auch* Verrichtungen an einen physisch vorhandenem Objekt erfordert.

Nicht-digitale Leistungen gliedern sich weiter in „anfassbare" *(tangible)* und nicht greifbare *(intangible)* Leistungen. Während tangible Leistungen über einen signifikanten physischen Produktanteil verfügen müssen, sollen – für die Zwecke der hier vorgestellten Klassifizierung – in die Kategorie der intangiblen Leistungen nur solche Dienstleistungen fallen, die Verrichtungen an einem physisch vorhandenen Objekt erfordern. Bei Leistungen, die ausschließlich durch den Austausch digital codierter Daten erbracht werden können, wird weiter zwischen Handlung und Information differenziert. In der Kategorie *Information* steht das Bereitstellen von Daten im Vordergrund, z.B. in Form von (multimedialen) Inhalten im Bereich Unterhaltung oder Aus-/Weiterbildung sowie das Bereitstellen von Information. Demgegenüber fokussiert die Kategorie *Handlung* auf Tätigkeiten, die über das bloße Bereitstellen von Inhalten und Information hinausgeht, etwa durch Handlungen, die sich über das Verarbeiten, Manipulieren, Transformieren, Auswählen oder Systematisieren von Daten definieren.

Auf der letzten Ebene ergeben sich durch weitere Untergliederung der angebotenen Leistung schließlich die im *Baum der MC-Geschäftsmodellbausteine* (Abb. 8-3) dargestellten grundlegenden MC-Geschäftsmodelltypen, deren Zweck die Erbringung einer eben solchen Leistung ist und die im Folgenden beschrieben werden. Dazu wird zwischen konkreten Geschäftsmodellen, die mehrere der grundlegenden Geschäftsmodelltypen implementieren können, und eben diesen grundlegenden Geschäftsmodelltypen unterschieden. Letztere werden damit zu Baustein(-typen), aus denen sich konkrete Geschäftsmodelle zusammensetzen.

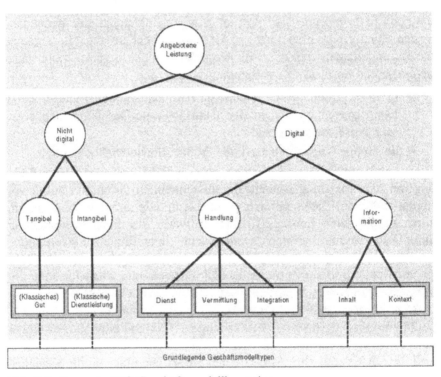

Abb. 8-3: Baum der MC-Geschäftsmodellbausteine

Den Geschäftsmodelltyp *klassisches Gut* beinhalten alle konkreten Geschäftsmodelle, die auf den Verkauf greifbarer Güter zielen, z.B. von CDs oder Blumen – also von Erzeugnissen, die als Industrieerzeugnisse gefertigt oder als Agrarprodukte erzeugt werden. Diese Produkte können einen digitalen Produktanteil aufweisen, was z.B. bei CDs in erheblichem Maße und bei Fahrzeugen, Waschmaschinen etc. im zunehmenden Maße der Fall ist. Zuordnungskriterium ist hier jedoch, dass ein signifikanter Produktanteil physisch vorhanden ist und als solcher auch physisch „den Besitzer wechseln" muss.

Konkrete Geschäftsmodelle umfassen den Geschäftsmodelltyp *klassische Dienstleistung*, wenn eine Dienstleistung erbracht wird, für die Handlungen an einem physisch vorhandenen Objekt notwendig sind. Darunter fallen z.B. Reisen oder Wartungstätigkeiten.

Unter den grundlegenden Geschäftsmodelltyp *Dienst* fallen konkrete Geschäftsmodelle, die eine vom Kunden als solche wahrgenommene, originäre (Einzel-)Leistung umfassen, die im oben beschriebenen Sinne eine Handlung auf digital codierten Daten erfordert und *keinen* vermittelnden Charakter hat (vgl. grundlegenden Geschäftsmodelltyp *Vermittlung*). Derartige Leistungen, z.B. Routenplanung oder Mobile Brokerage, stehen für sich selbst und können durch Bündelung (vgl. grundlegenden Geschäftsmodelltyp *Integration*) zu aus Kundensicht neuen Leistungen komponiert werden. Ein typisches Angebot, das unter den Geschäftsmodelltyp Dienst fällt, ist z.B. das Mobile Banking Angebot der Stadtsparkasse Augsburg (www.sska.de):

> Die Stadtsparkasse Augsburg bietet die Möglichkeit, über Mobiltelefon oder PDA auf das eigene Konto und das eigene Depot zuzugreifen. Neben Kontoübersicht, Depotübersicht, Umsatzanzeige, Saldenabfrage werden Einzelüberweisungen unterstützt. Das Angebot ist in den regulären Kontoführungsgebühren enthalten, für das Mobile Banking wird kein Aufpreis erhoben; lediglich die Verbindungsgebühren des Netzbetreibers fallen an.

Darüber hinaus kann es erforderlich sein – z.B. um das (mobile) Bezahlen einer Leistung zu ermöglichen oder konkrete Sicherheitsziele, wie Vertraulichkeit zu gewährleisten – weitere Leistungen, die im obigen Sinne eine Handlung erfordern, hinzuzufügen. Diese Leistungen haben bei Betonung der originären Leistung eher *unterstützenden* Charakter, können unter bestimmten Umständen aber auch als originäre Einzelleistung wahrgenommen werden. Aus diesem Grund wird davon abgesehen, für diese unterstützenden Dienste einen eigenen grundlegenden Geschäftsmodelltyp einzuführen. Vielmehr werden diese unter den grundlegenden Geschäftsmodelltyp *Dienst* subsumiert.

Ein konkretes Geschäftsmodell beinhaltet den Geschäftsmodelltyp *Vermittlung*, wenn es auf die Durchführung von klassifizierenden, systematisierenden, suchenden, auswählenden oder vermittelnden Handlungen abzielt. Dazu gehören

- typische Suchdienste wie z.B. A1.net (www.a1.net),
- Angebote zum Finden und Interagieren zwischen Nachfragern, die ähnliche Produkte nachfragen,
- Angebote zum Finden und Interagieren zwischen Personen mit gleichen Interessen,
- Angebote zur Vermittlung zwischen Nachfragern und Anbietern,

- jede Art von Intermediation, makelnder oder Broker-Tätigkeit, insbesondere das Durchführen von Online-Auktionen, sowie
- allgemein das Betreiben von Plattformen, welche die Zusammenarbeit der genannten Wirtschaftssubjekte beschleunigen, vereinfachen oder erst erlauben.

Insgesamt steht hier das Finden geeigneter Paarungen *(Matching)* im Vordergrund – also die Anbahnungsphase einer Transaktion. Gleichwohl gehen einige Angebote darüber hinaus, indem zusätzlich die Vereinbarungsphase unterstützt wird, wie z.B. der Hotel-Finde- und Reservierungs-Service (wap.hotelkatalog.de):

> Der Hotelkatalog erlaubt es, über ein Mobiltelefon nach Hotels zu suchen, Zimmer zu reservieren oder Reservierungen zu stornieren. Dabei werden alle relevanten Daten angezeigt und man kann Zimmer buchen, stornieren oder eine Reservierungsanfrage senden. Der Dienst ist multilingual. Mitteilungen an den Kunden können entweder per E-Mail, Telefon, Fax oder auch per Post übermittelt werden. Der Dienst finanziert sich indirekt und transkationsunabhängig über Werbung, da sich der Kunde bei Nutzung des Dienstes damit einverstanden erklärt, dass Werbung von Dritten per E-Mail, Telefon, Fax oder auf dem Postwege an ihn gesendet werden darf.

Unter den grundlegenden Geschäftsmodelltyp Integration fallen konkrete Geschäftsmodelle, die auf das Zusammenfassen von (originären) Einzelleistungen zu Leistungsbündeln abzielen. Die Einzelleistungen können dabei wiederum Produkt eines gemäß der in Abb. 8-3 dargestellten Systematik beliebig eingeordneten konkreten Geschäftsmodells sein. Ferner muss die Tatsache der Bündelung einerseits nicht unbedingt als solche für den Kunden erkennbar sein, andererseits kann sie diesem aber auch als Ergebnis eines Individualisierungsprozesses dargestellt werden. Man spricht dann auch von *kundenindividuellen Leistungsbündeln.*

Der grundlegende Geschäftsmodelltyp *Inhalt* findet sich in allen konkreten Geschäftsmodellen wieder, die digital codierte (multimediale) Inhalte aus den Bereichen aktuelles Weltgeschehen, Wirtschaft, Unterhaltung, Aus- und Weiterbildung, Kunst, Kultur etc. erzeugen und bereitstellen. Darüber hinaus fallen in diesen Bereich Spiele. Ein typischer Vertreter dieses Geschäftsmodelltyps ist z.B. das Angebot von Wetter-Online (pda.wetteronline.de):

> Bei diesem Angebot kann der Kunde kostenfrei auf umfangreiche Wetterinformationen über PDA zugreifen. Im Informationsangebot sind zum Beispiel Vorhersagen, aktuelle Messwerte und das Reisewetter für zahlreiche Orte zu finden. Die PDA-Version des Dienstes generiert keine direkten oder indirekten Erlöse, sondern zielt darauf ab, den Kunden für das gleichartige, jedoch über Werbung (teil-)finanzierte, EC-Angebot zu gewinnen oder zu binden.

Ein konkretes Geschäftsmodell beinhaltet den grundlegenden Geschäftsmodelltyp *Kontext*, wenn Information, welche den „Kontext", also aktuelle (Lebens-)Situation, Position, Umgebung, Bedarfe, Bedürfnisse etc. eines Nutzers beschreibt, genutzt oder bereitgestellt wird. Beispielsweise beinhalten oder nutzen *alle* Geschäftsmodelle, die auf der Verwendung von aktueller Ortsinformation aufsetzen (LBS), typische Leistungen des grundlegenden Geschäftsmodelltyps Kontext. Man spricht hier auch von *kontextsensitiven* Anwendungen. Ergänzend sei angemerkt, dass gerade die vergleichsweise einfache Möglichkeit, den Kontext eines Nutzers in eine Leistung einzubeziehen, ein wesentliches Unterscheidungsmerkmal zwischen MC- und EC-Angeboten im engeren Sinne ausmacht.

Eine Vielzahl weiterer Anwendungen ergeben sich beim zusätzlichen Einsatz *körpernaher Sensorik*, die in das MC-Endgerät integriert ist oder mit diesem in direkter Verbindung steht. Ein Beispiel dafür liefert das Angebot von Vitaphone (www.vitaphone.de), das es erlaubt, Herz-Kreislauf-Daten einschlägig gefährdeter Patienten permanent zu überwachen und bei Bedarf zeitnahe Hilfeleistung zu veranlassen. Dabei werden mit Hilfe eines speziell entwickelten Mobiltelefons Biosignale, biochemische Parameter und die Position des Nutzers an das ständig besetzte Vitaphone Service Center drahtlos übermittelt. Dazu verfügt das Mobiltelefon, neben den bereits erwähnten Sensoren, über eine GPS-Funktion und eine spezielle Notfalltaste, um mit dem Service Center in Verbindung zu treten.

Tabelle 8-1: Klassifikation des Geschäftsmodells „Vitaphone"

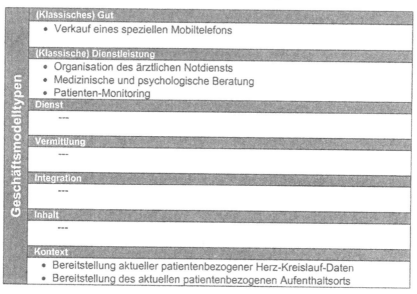

Geschäftsmodelltypen	
(Klassisches) Gut	• Verkauf eines speziellen Mobiltelefons
(Klassische) Dienstleistung	• Organisation des ärztlichen Notdiensts • Medizinische und psychologische Beratung • Patienten-Monitoring
Dienst	---
Vermittlung	---
Integration	---
Inhalt	---
Kontext	• Bereitstellung aktueller patientenbezogener Herz-Kreislauf-Daten • Bereitstellung des aktuellen patientenbezogenen Aufenthaltsorts

Erlösmodelle		MC-Geschäft		Nicht MC-Geschäft
		Direkt	Indirekt	
	Transaktions-abhängig	• Kommunikation mit dem Service-Center	---	• Verkauf spezieller Mobiltelefone
	Transaktions-unabhängig	• Grundgebühr	---	

Tabelle 8-1 zeigt die Klassifizierung dieses Geschäftsmodells auf Basis der eingeführten Systematik. Dabei fällt auf, dass das Geschäftsmodell von Vitaphone im Wesentlichen auf Geschäftsmodellbausteine aus dem Bereich klassische Dienstleistung setzt. Diese werden jedoch durch zusätzliche Geschäftsmodellbausteine aus dem Bereich Kontext ergänzt, womit die eigentlich notwendige Bedingung – räumlichen Nähe zwischen Patient und (behandelndem) Arzt – zumindest im Rahmen des ärztlichen Monitoring aufgeweicht werden kann. Damit werden diverse Mehrwerte (siehe Abschnitt 8.2) für den Patienten gestiftet, so dass dieser letztlich bereit ist, das Angebot wahrzunehmen.

Untersucht man das Angebot von Vitaphone weiter, bleibt anzumerken, dass das Angebot in der aktuellen Form sicher nur ein erster Schritt sein kann, der zwar sicher die Bewegungsfreiheit eines einschlägig gefährdeten Patienten erheblich erhöht, aber auch immer dessen direkte Mitarbeit erfordert. So muss der Patient Messungen selbst durchführen und diese dann proaktiv an das Service Center übermitteln. Eine automatische Messung, Übermittlung und Überwachung der Herz-Kreislauf-Daten des Patienten an das Service Center erfolgt nicht.

Vervollständigt wird die Darstellung des Vitaphone-Geschäftsmodells durch die Darstellung des zugehörigen Erlösmodells, das im unteren Teil von Tabelle 8-1 zu sehen ist. Erlöse werden außerhalb des MC über den Verkauf der speziellen Mobiltelefone erzielt. Ferner fallen, als direkte Erlöse innerhalb des MC, Grundgebühren (mit oder ohne Nutzung des Service-Center) und Übertragungsgebühren (für Herz-Kreislauf-Daten und Gespräche über die Notfalltaste) an.

Zusammenfassung

Die Besonderheiten von MC-Geschäftsmodellen lassen eine Klassifizierung nach der Art der angebotenen Leistung angemessen erscheinen. Hierbei können Bausteine in Form von *Geschäftsmodelltypen* identifiziert werden, aus denen sich dann konkrete Geschäftsmodelle zusammensetzen. Der resultierende *Baum der MC-Geschäftsmodellbausteine* unterscheidet dabei auf der obersten Ebene *digitale* und *nicht-digitale Leistungen*.

Nicht-digitale Leistungen stellen sich in Form der Geschäftsmodelltypen *klassisches Gut* für *tangible* und *klassische Dienstleistung* für *intangible* Leistungen dar. Digitale Leistungen werden differenziert in die Kategorie *Handlung* mit den Geschäftsmodelltypen *Dienst, Vermittlung, Integration* und die Kategorie *Information* mit den Geschäftsmodelltypen *Inhalt* und *Kontext*. Unterstützungsdienste wie Bereitstellung von Payment- oder Sicherheitsfunktionalität gehören dabei dem Geschäftsmodelltyp *Dienst* an.

Kontrollfragen

(44) Ordnen Sie den WAP-Dienst eines Fremdenverkehrsverbandes analog zu Tabelle 8-1 in den Baum der MC-Geschäftsmodellbausteine ein. Der Dienst stellt für Touristen in den verschiedenen Städten der Region ortsbasiert Veranstaltungshinweise bereit. Die Nutzung ist kostenlos, für den Nutzer fallen nur die WAP-Verbindungsgebühren des MNO an.

8.2 Qualitative Bewertung von MC-Geschäftsmodellen

8.2.1 Wirkung mobiler Angebote: Informationelle Mehrwerte

Der Erfolg eines elektronischen Angebots tritt nicht automatisch ein. Insbesondere ist es typischerweise nicht ausreichend, ein erfolgreiches (aber unverändertes) konventionelles Angebot auf elektronischem Wege verfügbar zu machen. Entscheidend für den Erfolg des neuen elektronischen Angebots ist vielmehr, dass für den Kunden ein Zusatznutzen, ein so genannter *Mehrwert*, entsteht. Dies sei an Hand eines Beispiels verdeutlicht:

Ein Zeitungsverleger plant sein Geschäftsfeld zu erweitern und beschließt zu diesem Zweck seine Zeitung auch auf elektronischem Wege herauszugeben, z.B. über eine zugangsbeschränkte Web-Site, sodass eine Nutzung des Angebots prinzipiell mit Hilfe jedes Endgeräts möglich ist, auf dem ein (einfacher) Web-Browser betrieben werden kann. Umfang und Inhalt des elektronischen Pendants sollen dabei nicht von dem des normalen Printmediums abweichen. Die Zeitung wird für das elektronische Angebot aufbereitet, indem nach Drucklegung jede Seite der Zeitung eingescannt und als Bitmap auf der Web-Site hinterlegt wird. Die Frage, die sich der Zeitungsverleger nun stellen muss, lautet: „Werden Kunden das neue Angebot nutzen?" oder konkreter: „Welchen Mehrwert entsteht einem Kunden durch Nutzung des neuen Angebots im Vergleich zur Nutzung des Printmediums?". Wenn man nun berücksichtigt, dass beide Erscheinungsformen der Zeitung kostenpflichtig sind, dann fällt auf, dass die elektronische Fassung der Zeitung lediglich die räumlichen Einschränkungen vermindert, denen der Kunde unterliegt, um eine neue Zeitung zu kaufen. Dafür muss er, abhängig von der ihm zur Verfügung stehenden Bandbreite, eine längere Zeit zum „Umblättern" einer Seite in Kauf nehmen und wird auf Grund der beschränkten Größe seines Displays in der Regel nur einen kleineren Teil einer Zeitungsseite überblicken können. Darüber hinaus muss er für die Infrastruktur erheblich in Vorleistung treten, z.B. für PC, Modem, etc., die er benötigt um auf das Angebot überhaupt zugreifen zu können. Dazu kommen noch variable Kosten, z.B. in Form von Verbindungsgebühren. Summa summarum wird der Verleger sein elektronisches Angebot attraktiver machen müssen, um dafür Kunden zu gewinnen. Maßnahmen, die für den Kunden hier Mehrwerte stiften, wären etwa das Vorhalten eines Zeitungsarchivs, die tagesaktuelle automatische Zusammenstellung einer kundenindividuellen Zeitung, eine leistungsfähige Suchfunktion oder die redaktionelle Aufbereitung und Verknüpfung von Zusatzinformationen und Hintergrundberichten.

Grundlegend für die Bewertung von Geschäftsmodellen auf der Basis von Mehrwerten ist die *Theorie Informationeller Mehrwerte* [1] zur komparativen Bewertung elektronischer Informationsangebote sowie deren Erweiterung um *Elektronische* und *Mobile Mehrwerte* [3]. Dabei werden grundlegende Mehrwerte als Elektronische und Mobile Mehrwerte bezeichnet, die schließlich zu den vom Nutzer wahrgenommenen Informationellen Mehrwerten (*Informational Added Values*, IAV) führen. Hierbei werden acht Arten Informationeller Mehrwerte unterschieden:

- *Mehrwert mit Effizienzwirkung* (verbesserte Wirtschaftlichkeit),
- *Mehrwert mit Effektivitätswirkung* (verbesserte Wirksamkeit),
- *Ästhetisch-Emotionaler Mehrwert* (erhöhtes Wohlbefinden, Akzeptanz oder Arbeitszufriedenheit),
- *Flexibler Mehrwert* (erhöhte Flexibilität bei der betrieblichen Leistungserstellung),
- *Organisatorischer Mehrwert* (neue, verbesserte Organisationsstrukturen hinsichtlich Aufbau- oder Ablauforganisation möglich),
- *Innovativer Mehrwert* (völlig neue bzw. neuartige Produkte und Dienstleistungen möglich),
- *Strategischer Mehrwert* (entsteht, wenn auf Basis anderer Mehrwerte ein entscheidender Wettbewerbsvorteil geschaffen werden kann),
- *Makroökonomischer Mehrwert* (entsteht, wenn auf Basis anderer Mehrwerte ein Strukturwandel in Beruf, Wirtschaft oder Gesellschaft ausgelöst wird).

Mehrwerte mit Effizienzwirkung ergeben sich immer dann, wenn sich die Wirtschaftlichkeit eines Angebots verbessert, indem durch die Verwendung elektronischer Medien Kosten oder Zeitvorteile entstehen. Beispielsweise lassen sich beim Mobile Banking oder Brokerage Transaktionen (aus Kundensicht) vom aktuellen Ort und ohne Zeitverzögerung starten. Ferner entstehen auch aus Anbietersicht Zeit- und Kostenvorteile, z.B. für den Finanzdienstleister, da der Kunde einen Großteil des (teuren) Erfassungsaufwands selbst übernimmt.

Bei einem *Mehrwert mit Effektivitätswirkung* verbessert sich die Wirksamkeit eines Angebots oder der Zielerreichungsgrad. Ein Beispiel hierfür wäre etwa ein Web-basierter Paketverfolgungsdienst, der es dem Kunden eines Paketdienstes erlaubt jederzeit den Standort seiner Sendung zu erfahren, und auf diese Weise die Kundenzufriedenheit steigert. Würde derselbe Dienst auch die Anzahl der Rückfragen beim Service-Center des Paketdienstes vermindern, dann entstünde für diesen darüber hinaus ein Mehrwert mit Effizienzwirkung.

Ästhetisch-Emotionale Mehrwerte entstehen durch die Verbesserung von Wohlbefinden, Akzeptanz oder Arbeitszufriedenheit. Beispielsweise kann die Akzeptanz eines mobilen Angebots gesteigert werden, indem (abhängig von den Fähigkeiten eines Endgeräts) zwischen einer monochromen und einer farbigen Benutzeroberfläche gewechselt wird, anstatt generell eine monochrome Benutzeroberfläche zu verwenden.

Bei einem *Flexiblen Mehrwert* erhöht sich das Maß an Flexibilität bei der Leistungserstellung. Derartige Mehrwerte ergeben sich z.B. dadurch, dass eine digitale Leistung mit (im Vergleich zum physischen Pendant) geringeren Aufwand auf individuelle Bedürfnisse eines Kunden zugeschnitten werden kann. Beispielsweise lässt sich die Herstellung einer Musik-CD mit kundenindividuellem Inhalt sehr gut automatisieren und damit relativ einfach realisieren, wenn die Produktkonfiguration, also das Zusammenstellen der Tracks der CD, durch den Kunden, z.B. über ein WWW-Frontend, und ohne weiteren Eingriff des Anbieters erfolgt.

Organisatorische Mehrwerte entstehen durch die Möglichkeit neue und adäquatere Organisationsformen zu etablieren. Die Veränderungen können dabei sowohl Aufbau- als auch Ablauforganisation betreffen. Beispiele für derartige Organisationsformen reichen von typischen Outsourcing-Entscheidungen über das Auslagern ganzer Geschäftsprozesse *(Business Process Outsourcing)* bis hin zur Schaffung virtueller Unternehmen. Wesentlich für die Schaffung eines organisatorischen Mehrwerts ist hierbei, dass die organisatorische Änderung erst durch den Einsatz von Informations- und Kommunikationstechniken möglich wird.

Innovative Mehrwerte entstehen durch die IT-induzierte Möglichkeit, neue Produkte oder Dienstleistungen anbieten zu können, beispielsweise indem durch neue Techniken zur unternehmensübergreifenden Integration Ansätze zur Massenmaßfertigung (Mass Customization) verwirklicht werden können – also der kundenindividuellen Produktion von Gütern, zu Preisen, die nicht wesentlich von denen eines vergleichbaren Massenprodukts abweichen.

Strategische Mehrwerte ergeben sich, wenn entscheidende Wettbewerbsvorteile geschaffen (oder signifikante Wettbewerbsnachteile vermieden) werden, z.B. indem ein kleines, hoch spezialisiertes Unternehmen durch ein geeignetes Web-Angebot weltweit Kunden akquirieren kann oder indem ein Unternehmen vermeidet Marktanteile zu verlieren, indem es seine Web-Präsenz ausbaut.

Makroökonomische Mehrwerte gehen über die Ebene einzelner Kunden oder Unternehmen hinaus und haben Auswirkungen, die den Arbeitsmarkt, die Wirtschaft oder die Gesellschaft als Ganzes betreffen. Ein Beispiel für Auswirkungen, die ganze Berufsbilder betreffen, ist der flächendeckende Einsatz von Werkzeugen zur Büroautomation, z.B. typische Office-Produkte wie Textverarbeitung, Tabellenkalkulation oder Präsentationssoftware, die das Berufsbild „Schreibkraft" in Richtung „persönlicher Assistent" verändert haben.

Der Nutzer, für den der Mehrwert entsteht, kann hierbei prinzipiell Anbieter, Nachfrager oder auch ein beteiligter Dritter sein. Ein Beispiel mit mehr als zwei Parteien ist etwa eine Stellenbörse, bei der die Mehrwerte für Bewerber, Personal suchende Unternehmen und die Personalvermittlung als Betreiber zu betrachten sind.

Entsteht für den Kunden kein direkter Mehrwert, so muss er zumindest indirekt davon profitieren, damit der Erfolg des elektronischen Angebotes eintritt. Hat der Anbieter etwa einen Mehrwert mit Effizienzwirkung zu verzeichnen, so kann er einen Teil seiner Einsparungen in Form von Preissenkungen an den Kunden weitergeben.

Bei einer mobilen Lösung gelten dieselben Regeln: Auch hier tritt der Erfolg nicht automatisch ein. Insbesondere ist es nicht ausreichend, ein simples EC-Angebot auf einem mobilen Endgerät verfügbar zu machen. Hier müssen weitere informationelle Mehrwerte gestiftet werden, damit der Einsatz mobiler Kommunikationstechniken lohnend ist.

Ein Beispiel hierfür ist das Electronic Banking im Vergleich zum Mobile Banking. Führt der Kunde sein Konto vom heimischen PC aus, so muss er für dieses Electronic Banking nicht mehr in die Bankfiliale gehen und ist zudem nicht mehr auf deren Öffnungszeiten angewiesen. Gegenüber der „Offline-Lösung" entsteht so ein Mehrwert mit Effizienzwirkung. Kann der Kunde sein Konto mittels einer mobilen Anwendung führen, so ist er vollständig ortsunabhängig. Er kann beispielsweise auf Reisen eine dringende Überweisung veranlassen, ohne auf den Festnetzzugang zum Internet angewiesen zu sein (gegenüber der EC-Lösung nochmals ein Mehrwert mit Effizienzwirkung), im Wertpapierhandel kann er sich nun ständig über aktuelle Kurse informieren sowie zeitnah online Transaktionen veranlassen (gegenüber der EC-Lösung ein Mehrwert mit Effektivitätswirkung).

Tabelle 8-2 zeigt, welche IAV sich für einen Kunden ergeben können, der das Vitaphone-Angebot aus Abschnitt 8.1.3 nutzt. Informationelle Mehrwerte stehen damit für die *Wirkung* eines elektronischen Angebots.

Tabelle 8-2: Informationelle Mehrwerte des Geschäftsmodells „Vitaphone" aus Kundensicht

Informationelle Mehrwerte (IAV)	
Mehrwert mit Effizienzwirkung	
	• Die Ortung des Kunden sorgt für eine schnellere medizinische Versorgung. Durch Interaktion ist eine zeitnäherer Reaktion auf gesundheitliche Probleme möglich.
	• Die automatische Identifizierung des Kunden über sein Mobiltelefon beschleunigt die Einleitung medizinischer Maßnahmen, da dem medizinischen Personal seine Patientenakte sofort zur Verfügung steht.
	• Durch EKG-Messung über das Mobiltelefon können ansonsten notwendige Arztbesuche reduziert werden, was Zeit- und Kosteneinsparung ermöglicht.
Mehrwert mit Effektivitätswirkung	
	• Durch Interaktion und genaue Ortung können sofort die Maßnahmen eingeleitet werden, die auf das jeweilige gesundheitliche Problem des Kunden ausgerichtet sind.
	• Durch ständige Überwachung kann eine hohe Sicherheit gewährleistet werden, sodass Herz-Probleme frühzeitig erkannt werden können. Damit erhöht sich die Wahrscheinlichkeit einer erfolgreichen Behandlung.
	• Ein EKG dann durchgeführt werden, wenn es für die Einleitung weitere Maßnahmen besonders wichtig ist.
Ästhetisch-Emotionaler Mehrwert	
	• Der Kunde fühlt sich sicherer, da er durch das Gerät Mobilität gewinnt und trotzdem weiter medizinisch überwacht wird.
	• Erhöhung der subjektiven Sicherheit, da dem Kunden durch die Notfallfunktion zu jeder Zeit eine Interaktion mit Ärzten möglich ist.
	• Der Kunde weiß, dass Hilfe auf ihn maßgeschneidert ist, da er sofort identifiziert werden kann. Dies erhöht sein Wohlbefinden.
	• Der Kunde ist immer in der Lage, ein EKG durchzuführen. Dies erhöht seine subjektive Sicherheit und sein Wohlbefinden.
Flexibler Mehrwert	

Organisatorischer Mehrwert	

Innovativer Mehrwert	
	• Durch Ortung und Interaktivität werden hier neuartige Produkte und Dienstleistungen im Bereich Diagnose, Notfallhilfe und ärztliches Monitoring geschaffen.
	• Durch Identifizierung des Kunden kann eine auf ihn und sein Gesundheitszustand zugeschnittene Leistung angeboten werden.
Strategischer Mehrwert	

Makroökonomischer Mehrwert	
	• Durch ortsunabhängige Verfügbarkeit von Kundenkontexten können strukturelle Änderungen im Gesundheitswesen ausgelöst werden.

Richtet man den Fokus nun auf die Ursachen für die Entstehung dieser informationellen Mehrwerte, so ist es notwendig, die auslösenden oder grundlegenden Mehrwerte mit einzubeziehen. Darunter fallen zwei Arten:

- *Elektronische Mehrwerte (Electronic Added Values, EAV)*, bezeichnen typische Eigenschaften elektronischer Lösungen, die zu IAV führen. Damit adressieren sie die Frage nach den Alleinstellungsmerkmalen elektronischer Lösungen – also die Frage: „Was kann eine EC-Lösung besser als eine Offline-Lösung?".
- *Mobile Mehrwerte (Mobile Added Values, MAV)* bezeichnen, analog zu den EAV, typische Eigenschaften mobiler Lösungen, die zu IAV führen. Damit beantworten sie die Frage nach den Alleinstellungsmerkmalen mobiler Lösungen: „Was kann eine MC-Lösung besser als eine EC-Lösung?".

Bevor in den folgenden Abschnitten die EAV und MAV definiert werden, veranschaulicht Abb. 8-4 nochmals die Systematik des Mehrwertkonzepts. Ausgehend von einer Offline-Lösung kann eine EC-Anwendung (als Substitut der Offline-Lösung) sinnvoll sein, wenn bei ihrer Umsetzung mindestens ein Akteur (z.B. Kunde oder Anbieter) EAV so nutzen kann, dass er im Vergleich zur Offline-Lösung IAV erzielt.

Nimmt man dann die entstandene EC-Anwendung als Referenz, kann wiederum die Substitution der EC-Anwendung durch eine MC-Anwendung Sinn machen, wenn mindestens ein Akteur MAV so nutzen kann, dass er im Vergleich zur EC-Lösung zusätzliche IAV erzielt.

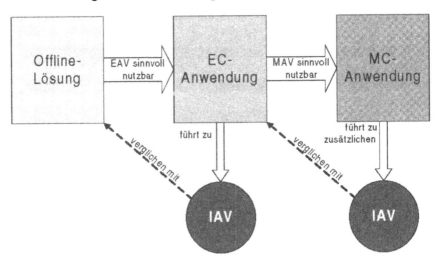

Abb. 8-4: Systematik des Mehrwertkonzepts – von der EC- zur MC-Anwendung

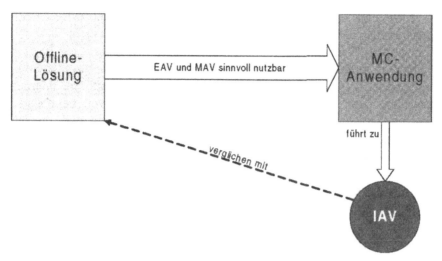

Abb. 8-5: Systematik des Mehrwertkonzepts – direkt zur MC-Anwendung

Alternativ lässt sich eine MC-Anwendung auch dann sinnvoll umsetzen, wenn dadurch eine Offline-Lösung so substituiert wird, dass für mindestens einen Akteur IAV durch Ausnutzung von EAV und MAV gestiftet werden (Abb. 8-5).

8.2.2   EAV als Ursache für IAV

Elektronische Mehrwerte ergeben sich aus den Vorteilen, die mit der Nutzung der (drahtgebundenen) Internet-Technologie verbunden sind. EAV sind damit nicht als Vorteile einer einzelnen EC-Anwendung zu verstehen, sondern vielmehr als allgemeine Eigenschaften der Internet-Technologie, die Ursache dafür sind, dass mit EC-Anwendungen – gegenüber Offline-Lösungen – zusätzliche IAV gestiftet werden können. Die EAV stellen damit ein Potential dar, das sich zur Gestaltung von EC-Geschäftsmodellen ausnutzen lässt, um zusätzliche IAV zu stiften. Man unterscheidet vier EAV:

- Reduktion zeitlicher und gewisser räumlicher Einschränkungen,
- Multimedialität und Interaktion,
- Gleichartigkeit des Zugangs,
- Reduktion technischer Einschränkungen.

Die *Reduktion zeitlicher und gewisser räumlicher Einschränkungen* bezieht sich auf die Tatsache, dass das Internet als Medium jederzeit und von fast jedem Ort aus erreichbar ist. Darum stehen Internet-basierte Anwendungen prinzipiell unabhängig von Nutzungszeitpunkt oder Aufenthaltsort des Nutzers zur Verfügung. Die Verminderung der räumlichen Beschränkungen, denen ein potenzieller Nutzer unterliegt, ist jedoch nicht als absolut anzusehen. Denn es besteht noch immer die Notwendigkeit, ein Endgerät physisch mit dem Internet zu verbinden, was nur über bestimmte dafür vorgesehene Zugangspunkte möglich ist. Ist der Nutzer mit dem Internet verbunden, dann kann er auf Angebote zugreifen, die von beliebigen, weltweit platzierten (Web-)Servern bereitgestellt werden können. In der Regel kann er hierbei seine Anfrage orts- und zeitunabhängig absetzen und mit einer zeitnahen Antwort rechnen. Das Internet ist dabei nicht darauf beschränkt nur bestimmte Daten zu übertragen. Vielmehr lassen sich allgemeine oder kundenindividuell aufbereitete Inhalte und digital codierbare Leistungen übertragen oder Telearbeitsplätze realisieren. Dies lässt sich mit einer Vielzahl klassischer (nicht digital codierbarer) Leistungen kombinieren, indem z.B. lediglich die Anbahnungs- und Vereinbarungsphase über das Internet unterstützt werden, die Leistungsabwicklung aber weiterhin physisch erfolgt. Der EAV wirkt sich insbesondere auf den Mehrwert mit Effizienzwirkung und auf den organisatorischen Mehrwert aus und kann für die Konzeption fast aller EC-Geschäftsmodelle ausgenutzt werden, da sich ein orts- und zeitunabhängiger Zugriff einfach und nur mit geringem Zusatzaufwand realisieren lässt. Gleichwohl sei darauf hingewiesen, dass hierfür, je nach Art des Geschäftsmodells und Kundenanzahl, mitunter ein erheblicher Aufwand betrieben werden muss, um einen 24/7-Betrieb der notwendigen Server-Infrastruktur sicherzustellen.

Der EAV *Multimedialität und Interaktion* bezieht sich auf das verbesserte Präsentationspotential, das mit der Nutzung des Internets – insbesondere des WWW – einhergeht. So besteht die Möglichkeit, einen Nutzer unter Einsatz verschiedener Medientypen zu stimulieren. Weiterhin wird die direkte (und gleichzeitig personalisierte) Interaktion unterstützt, sodass eine automatisierte, auf den jeweiligen Nutzer zugeschnittene Interaktion, z.B. im Rahmen einer Produktkonfiguration, realisieren lässt. Dieser EAV führt häufig zu Mehrwerten mit Effektivitätswirkung, zu Ästhetisch-Emotionalen Mehrwerten und hat großes Potential, Innovative Mehrwerte zu schaffen.

Die *Gleichartigkeit des Zugangs* beschreibt die Tatsache, dass in dem Konzept, das dem Internet zu Grunde liegt, nicht vorgesehen ist, das Internet auf eine bestimmte Nutzergruppe einzuschränken. Damit besteht zunächst für alle Wirtschaftssubjekte eine gleichartige Möglichkeit, das Internet zu nutzen, darüber Geschäfte abzuwickeln oder einem Geschäft nachzugehen. Ferner besteht für einen Akteur die Möglichkeit, seine Identität zu verschleiern – eine Eigenschaft des Internet, die Geschäftsmodellen sowohl förderlich als auch hinderlich sein kann. In jedem Fall entstehen auf Grund dieser Tatsache Sicherheitsprobleme (siehe 6.2). Die Gleichar-

tigkeit des Zugangs führt potenziell zu einer verbesserten Markttranspa-
renz - jedoch auf Grund des riesigen Angebots nur dann, wenn entsprechende Verzeichnis- oder Suchdienste verfügbar sind, die wiederum
grundlegend für eine ganze Klasse von EC-Geschäftsmodellen sind. Darüber hinaus führt der einfache und gleichartige Zugang zum Internet zu einer schnelleren Verbreitung von Information. Insgesamt ist dadurch die
Informationsverteilung gesellschaftlich oder in Unternehmen schwerer zu
kontrollieren.

Die *Reduktion technischer Einschränkungen* leitet sich aus dem Vorhandensein von Kommunikationsstandards und vereinheitlichter Präsenta-
tion von Medien ab. Die allgemeine Akzeptanz der Internet- und Web-
Protokolle erlaubt die Interaktion der Akteure trotz heterogener IT-
Infrastruktur, die sich z.b. durch Einsatz verschiedenartiger Betriebssysteme, Hardware, Netzkomponenten oder Endgeräte ergibt. Die so erreichte
Kompatibilität kommt einer Vielzahl von Anwendungen zu Gute. So lassen sich beispielsweise Medienbrüche vermeiden, Daten oder Prozesse
zwischenbetrieblich integrieren und Produktivitätspotentiale im B2B-
Bereich ausschöpfen.

Als Konsequenz finden sich die bedeutendsten IAV, die sich aus EAV
ergeben, als Organisatorische Mehrwerte, Mehrwerte mit Effizienzwirkung und Mehrwerte mit Effektivitätswirkung.

8.2.3   MAV als Ursache für IAV

Im vorangegangenen Abschnitt wurden die EAV als Eigenschaften des
drahtgebundenen Internet eingeführt. Mit der Fokussierung auf MC-
Anwendungen stellt sich die Frage nach den Ursachen für zusätzliche – im
Vergleich zu EC-Anwendungen – von MC-Angeboten gestifteten IAV. Zu
diesem Zweck werden im Folgenden die *Mobilen Mehrwerte* eingeführt.
Analog zu den EAV beziehen sich die MAV auf die Eigenschaften der
MC-Technologie und ihrer Verwendung zur Erzielung zusätzlicher IAV.
Auch hier bleibt anzumerken, dass die MAV nur ein Potenzial beschreiben, dass nicht von jeder MC-Anwendung ausgeschöpft werden muss.
Gleichwohl muss, um zusätzliche IAV mit einer MC-Anwendung zu erreichen, mindestens ein MAV Anwendung finden. Ist dies nicht der Fall, so
ist die Anwendung mobiler Kommunikationstechniken in diesem Fall
nicht lohnend. Man unterscheidet vier MAV:

- Allgegenwärtigkeit,
- Kontextsensivität,
- Identifizierungsfunktionen,
- Telemetriefunktionen.

Der bedeutendste MAV ist die *Allgegenwärtigkeit (Ubiquity)*. Dies umfasst die weit reichende Ortsunabhängigkeit, die durch den Einsatz mobiler Kommunikationstechniken erzielt wird. Aus Kundensicht ermöglicht dies die Verfügbarkeit des mobilen Angebotes zu jeder Zeit und an jedem Ort. Während bei EC-Angeboten durch EAV zeitliche und teilweise auch räumliche Einschränkungen eliminiert werden können, ist dies bei MC-Angeboten für sämtliche zeitlichen und räumlichen Einschränkungen der Fall. Diese erhöhte Verfügbarkeit führt zur Steigerung von Reaktionsgeschwindigkeit und Komfort. Durch diesen MAV ergeben sich beispielsweise für das Mobile Banking zusätzliche IAV im Vergleich zum Electronic Banking. Nicht minder interessant ist jedoch, diesen MAV aus der Anbietersicht zu betrachten. Durch Verbreitung und Nutzungsverhalten wird hier aus Ortsunabhängigkeit *Erreichbarkeit*. Dies bezieht sich zum einen auf die Erreichbarkeit der Zielgruppe über mobile Endgeräte. Der Verbreitungsgrad des Mobiltelefons in der Bevölkerung ist – quer durch alle sozialen und gesellschaftlichen Schichten – derart hoch, dass fast jede beliebige Zielgruppe auf die eine oder andere Weise darüber erreicht werden kann. Hinzu kommt, dass das Gerät inzwischen emotional überwiegend positiv belegt ist und mit Modernität assoziiert wird. Zum anderen bezieht es sich auf die Erreichbarkeit des Einzelnen zu jedem Zeitpunkt und an jedem Ort. Das Mobiltelefon ist längst ständiger Begleiter und damit integraler Bestandteil des Lebens vieler Nutzer geworden. In weiten Teilen der heutigen Gesellschaft ist ständige Erreichbarkeit inzwischen eine soziale Anforderung, teilweise ist der Besitz des Gerätes gar bereits Voraussetzung für soziale Akzeptanz.

Als zweiter MAV ist die *Kontextsensitivität (Context-Sensitivity)* zu nennen und damit die Möglichkeit, ein mobiles Angebot maßgeschneidert auf die Präferenzen und Bedürfnisse des Nutzers in seiner derzeitigen, konkreten Situation auszurichten. Dies kann zum einen durch Ortsbestimmung erfolgen, wobei spezifische Angebote durch Ortung des Nutzers, durch Ortung anderer Nutzer oder auch durch Vergleich der eigenen Position mit der eines anderen möglich sind (LBS, siehe 4.3). Spezifische Angebote sind weiterhin durch *Personalisierung* (mittels Techniken der Profilbildung) sowie durch *Interaktivität* (mittels Informationsaustausch mit sofortiger Reaktionsmöglichkeit beider Seiten) möglich. Im Gegensatz zur Ortsbestimmung bestehen die beiden letztgenannten Möglichkeiten bereits im EC, sie sind im MC jedoch typischerweise zu einem höheren Grad möglich und auch bedeutsam.

Ein weiterer MAV besteht in den *Identifizierungsfunktionen (Identifying Functions)*, die bei einem mobilen Endgerät systeminhärent sind. Bei der Kommunikation mittels Mobilfunk ist dies vor allem die Identifikation über die IMSI (erforderlichenfalls zusätzlich des Gerätes über die IMEI), die in digitalen Netzen hinreichende Sicherheit bietet. Aufgrund der Gerät-Nutzer-Zuordnung, die bei mobilen Endgeräten typischerweise 1:1 beträgt, ist für viele Anwendungen das Kriterium „Besitz" (des eingeschalteten Endgerätes) bereits ausreichend. Soll eine zusätzliche Authentifizierung stattfinden, etwa vor Autorisierung einer höheren Zahlung, so ist dies z.B. einfach durch Eingabe einer PIN möglich. Darüber hinaus bieten mobile Endgeräte weiteres Potenzial zur Realisierung erhöhter Sicherheitsanforderungen, etwa durch die Verwendung mobiler Signaturen (siehe 6.3).

Für eine Reihe spezieller Anwendungen ist schließlich der MAV der *Telemetriefunktionen (Command and Control Functions)* nutzbar. Gemeint ist damit die Fähigkeit des mobilen Endgerätes, als „Kommandozentrale" oder „Fernsteuerung" zur Überwachung und Bedienung von (Internet-) Anwendungen und elektronischen/elektrischen Geräten aller Art zu dienen (siehe 10.5). Die Übertragung kann dabei über alle Arten drahtloser Kommunikation im PAN-, LAN- oder WAN-Bereich erfolgen. Von besonderer Bedeutung werden diese Telemetriefunktionen vor allem durch die Verbindung mit der Eigenschaft der Allgegenwärtigkeit, mit so genannten *ubiquitären* Technologien in Zielgeräten, mit der Möglichkeit der Koordinierung verschiedenster Ereignisse und Funktionen sowie der Möglichkeit der Automatisierung durch Regelbasierung und Device-to-Device (D2D)-Kommunikation. Letztere kann mit stationären IT-Systemen, aber auch mit mobilen Endgeräten anderer Nutzer als Kommunikationspartner erfolgen.

Tabelle 8-3: Einfluss der MAV auf die IAV am Beispiel „Vitaphone"

++ starker Einfluss + Einfluss o kein Einfluss	Informationelle Mehrwerte							
	Mehrwert mit Effizienzwirkung	Mehrwert mit Effektivitätswirkung	Ästhetisch-emotionaler Mehrwert	Flexibler Mehrwert	Organisatorischer Mehrwert	Innovativer Mehrwert	Strategischer Mehrwert	Makroökonomischer Mehrwert
Allgegenwärtigkeit	++	++	++	+	+	++	++	+
Kontextsensivität	++	++	++	+	++	+	++	+
Identifizierungsfunktion	+	++	+	o	+	+	+	o
Telemetriefunktion	+	++	+	o	+	+	+	o

Tabelle 8-3 illustriert den Einfluss der MAV auf die IAV am Beispiel von Vitaphone. Hierbei fällt auf, dass sich aus den MAV auch Auswirkungen auf Flexible Mehrwerte, Organisatorische Mehrwerte und Strategische Mehrwerte ableiten, obwohl entsprechende Mehrwerte in Tabelle 8-2 nicht dokumentiert sind. Dies erklärt sich an Hand der Tatsache, dass in dieser lediglich die IAV aus Kundensicht aufgeführt sind. In Tabelle 8-3 sind dagegen auch die IAV aus Anbietersicht berücksichtigt.

8.2.4 Anwendung des Mehrwertekonzepts

Die Analyse eines Geschäftsmodells durch Anwendung der Theorie Informationeller Mehrwerte erfolgt, indem zunächst die Wirkung auf alle beteiligten Parteien mit dem entsprechenden konkurrierenden Angebot (also entweder mit einem EC-Angebot oder, wo ein solches nicht in Frage kommt, direkt mit einer Offline-Lösung) verglichen wird.

Hierbei wird ermittelt, welche IAV für jede Partei durch die Anwendung der mobilen Technologie entstehen. Das Ergebnis ist eine *qualitative Bewertung* des Geschäftsmodells.

Soll auf dieser Basis eine *quantitative Bewertung* erfolgen, so sind aus der qualitativen Bewertung Erlöse abzuleiten und außerdem die Kosten einzubeziehen. Insbesondere im B2C-Bereich sind hierfür jedoch eine Reihe von Parametern zu schätzen (Nutzungszahlen, erzielbare Preise, …). Dies ist gerade bei neuartigen Angeboten ein sehr problematischer Vorgang. Hilfreich ist hier die Anwendung von Methoden des Operations Research. Ein ebenso einfaches, wie effektives Mittel kann etwa die Abschätzung auf Basis verschiedener Szenarien sein. Im B2B-Bereich dagegen, insbesondere bei der Optimierung von Geschäftsprozessen, sind *quantitative Bewertungen* typischerweise einfacher abzuleiten, da den Kosten häufig z.B. konkrete Einsparungen von Fahrtstrecken, Arbeitszeiten oder Materialaufwand gegenüberstehen.

Im zweiten Schritt der Analyse ist schließlich noch zu prüfen, wie die ermittelten IAV zustande kommen, d.h. welche MAV hierzu in welcher Weise genutzt werden. In obigem Vitaphone-Beispiel sind dies vor allem der MAV der Allgegenwärtigkeit und der MAV der Kontextsensitivität.

Soll nicht nur ein einzelnes Geschäftsmodell analysiert, sondern ein Vergleich mehrerer Geschäftsmodelle vorgenommen werden, so ist jedes Angebot getrennt zu analysieren und die Ergebnisse sind zu vergleichen. Dies könnte beispielsweise beim Vergleich von Angeboten aus dem Bereich Mobile Ticketing der Fall sein, die über verschiedene Leistungsmerkmale (z.B. bei Speicherung auf dem Endgerät, elektronischer Einlasskontrolle, Payment-Optionen) verfügen.

Zusammenfassung

Für den Erfolg eines mobilen Angebotes ist es erforderlich, dass durch die Verwendung mobiler Kommunikationstechniken *Informationelle Mehrwerte (Informational Added Values, IAV)* entstehen. Dies können Mehrwerte mit Effizienzwirkung, Mehrwerte mit Effektivitätswirkung, Ästhetisch-Emotionale Mehrwerte, Flexible Mehrwerte, Organisatorische Mehrwerte oder Innovative Mehrwerte sein. Einer oder mehrere dieser IAV können von derart herausragender Bedeutung sein, dass sie sich zu strategischen oder makroökonomische Mehrwerten entwickeln.

Die Ursache für das Entstehen dieser IAV liegt in der Nutzung von einem oder mehreren der vier *Mobilen Mehrwerte (Mobile Added Values, MAV)* begründet, bei denen es sich um die prinzipiellen Alleinstellungsmerkmale mobiler Lösungen handelt. *Allgegenwärtigkeit (Ubiquity)* umfasst Verfügbarkeit und Erreichbarkeit, sie folgt aus der Ortsunabhängigkeit und dem typischen Nutzungsverhalten für mobile Endgeräte. *Kontextsensitivität (Context-Sensitivity)* wird vor allem durch Ortsbestimmung, aber auch durch Personalisierung und Interaktivität erreicht. Weitere MAV bestehen in der Möglichkeit zur Nutzung von *Identifizierungsfunktionen (Identifying Functions)* und *Telemetriefunktionen (Command and Control Functions)* mittels mobiler Endgeräte.

Die Analyse eines Geschäftsmodells erfolgt in zwei Schritten. Zunächst wird das Geschäftsmodell qualitativ bewertet, indem für die beteiligten Parteien die entstehenden IAV bestimmt werden. Danach werden die Ursachen hierfür ermittelt, indem die verwendeten MAV bestimmt werden. Ein Vergleich mehrerer Geschäftsmodelle ist möglich, indem jedes Angebot getrennt analysiert und die Ergebnisse verglichen werden.

Kontrollfragen

(45) Die Verwendung mobiler Endgeräte ermöglicht es einem Paketdienst, neu eintreffende Abholaufträge während des laufenden Zustellbetriebes in die Routenplanung zu integrieren. Dadurch ist es gelungen, jeden Monat 20 000 Fahrtkilometer einzusparen. Welcher informationelle Mehrwert ist entstanden? Könnte noch ein weiterer entstanden sein?

(46) Ein Mobilfunkanbieter bietet für Mobiltelefone und PDA ein Portal mit den Diensten Stadt- und Wetterinfo (jeweils zur derzeitigen Umgebung), Routenplaner und News (Politik/Börse/Sport, je nach Nutzerinteresse) an. Die Dienste werden bezahlt, indem die MSISDN des Nutzers erkannt wird und dieser die Zahlung von 0,20 EUR jeweils durch <OK> bestätigt. Welche mobilen Mehrwerte werden genutzt?

Literaturhinweise

[1] *Kuhlen, R.:* Informationsmarkt: Chancen und Risiken der Kommerzialisierung von Wissen. 2. Aufl., Universitätsverlag Konstanz, Konstanz 1996.

[2] *Merz, M.:* E-Commerce und E-Business: Marktmodelle, Anwendungen und Technologien. 2. Aufl., Dpunkt, Heidelberg 2002.

[3] *Pousttchi, K.; Turowski, K.; Weizmann, M.:* Added Value-based Approach to Analyze Electronic Commerce and Mobile Commerce Business Models. In: *Andrade, R.A.E.; Gómez, J.M.; Rautenstrauch, C.; Rios, R.G.:* International Conference of Management and Technology in the New Enterprise. La Habana 2003, S. 414-423.

[4] *Wirtz, B.:* Electronic Business. 2. Aufl., Gabler, Wiesbaden 2001.

9 Abrechnungsmodelle und mobiles Bezahlen

9.1 Grundlagen und Begriffe

Während im EC weithin noch immer traditionelle Zahlungsverfahren wie Nachnahme oder Lieferung auf Rechnung dominieren, ist eine Abrechnungsmöglichkeit im MC typischerweise erst dann adäquat, wenn sie wesentliche Eigenschaften des mobilen Angebotes teilt, zu dessen Abrechnung sie verwendet werden soll, insbesondere die Allgegenwärtigkeit. Damit rückt *mobiles Bezahlen und Abrechnen* in den Mittelpunkt des Interesses. Mobiles Bezahlen wird als *Mobile Payment (MP)* bezeichnet.

Der Hauptgrund für die unterschiedlichen Rahmenbedingungen liegt darin, dass im EC häufig noch die Lieferung materieller Güter im Mittelpunkt steht. Die wichtigste Teilmenge des MC besteht dagegen in der Bereitstellung von Diensten und der Lieferung immaterieller Güter.

Im Folgenden wird zunächst auf die Mehrwertdienste selbst sowie auf die Grundlagen mobilen Bezahlens und Abrechnens eingegangen. In Abschnitt 9.2 werden die Angebotsmodelle für mobile Mehrwertdienste vorgestellt, in Abschnitt 9.3 die wesentlichen Abrechnungsmodelle für Angebote Dritter. Abschnitt 9.4 befasst sich schließlich mit dem mobilen Bezahlen, insbesondere auch in anderen Szenarien als MC.

Wird in diesem Kapitel vom Mobilfunkanbieter gesprochen, so kann dieser prinzipiell MNO oder MVNO sein. Die Darstellungen im Folgenden beschränken sich auf den einfacheren Fall der direkten Vertragsbeziehung zwischen Endkunde und MNO. Ist im Vertragsverhältnis ein MVNO zwischengeschaltet, so ist im Einzelfall zu prüfen, welche Funktionen der MNO, und welche der MVNO wahrnimmt.

Werden über einen mobilen Datendienst Inhalte transportiert, die einen monetären Wert haben, so spricht man von einem *Mobilen Mehrwertdienst*. Typische Inhalte sind:

- *Allgemeine Nachrichten* (z.B. Politik, Wirtschaft, Unterhaltung, Wetter, Regionales, Lottoergebnisse),
- *Finanzinformationen* (z.B. Börsenmeldungen, Analysen, Wertpapier- und Devisenkurse),
- *Sportnachrichten* (z.B. Fußball, Tennis, Formel 1),

- *Affinity-Dienste* (z.B. Hintergrundnachrichten und weitere Anwendungen zu bestimmten Fernsehsendungen, Musikgruppen oder Sportvereinen),
- *Suchdienste* (z.b. Restaurant, Geldautomat, Tankstelle, Apotheke),
- *Unterhaltung* (z.b. Videospiele für mobile Endgeräte, Edutainment, Blind Dating, Multiplayer-Games mit Ortsbezug, Wetten, multimediale Lotterien, Audio-/Videoclips).

Häufig werden hier kontextsensitive Dienste angeboten, die etwa personalisiert oder ortsbezogen sein können. Ein Beispiel für den Bereich der in der Auflistung als *Affinity-Dienste* (siehe auch 10.4) bezeichnet wurde, ist die Fernsehsendung „Big Brother" der Endemol-Gruppe. In einem Pilotprojekt mit dem Netzbetreiber O2 wurden 2002 in Großbritannien MC-Dienste in die Multichannel-Strategie der Sendung integriert. Mit den Anwendungen SMS Voting, SMS Hintergrundnachrichten und mit Alert-Funktionen wurden eine schnelle Adaption durch die Zielgruppe und signifikante Steigerungen der Gesamt-Nutzungszahlen und -Umsätze erzielt.

Im Bereich des mobilen Bezahlens und Abrechnens sind zwei grundlegende Begriffe auseinander zu halten: Mobile Billing und Mobile Payment.

Mobile Billing bezeichnet die Abrechnung von Telekommunikationsdienstleistungen durch einen Mobilfunkanbieter im Rahmen einer bestehenden Abrechnungsbeziehung.

Mobile Payment bezeichnet diejenige Art der Abwicklung von Bezahlvorgängen, bei der im Rahmen eines elektronischen Verfahrens mindestens der Zahlungspflichtige mobile Kommunikationstechniken (in Verbindung mit mobilen Endgeräten) für Initiierung, Autorisierung oder Realisierung der Zahlung einsetzt. Damit ist MP echte Teilmenge des MC. Auffallend am Zusammenhang zwischen MP und MC ist, dass mobiles Bezahlen zwar von größter Wichtigkeit für die Abwicklung des MC ist, umgekehrt jedoch keinesfalls auf diesen beschränkt.

In diesem Zusammenhang unterscheidet man zwischen einem *Bezahlsystem (Payment System)*, mit dem generelle Kategorien des Bezahlens wie Kreditkartenzahlung, elektronisches oder mobiles Bezahlen bezeichnet werden, und einem *Bezahlverfahren (Payment Procedure)*, worunter konkrete Lösungen wie Vodafone m-pay oder Paysafecard verstanden werden.

MP kann grundsätzlich in vier verschiedenen *Bezahlszenarien* stattfinden: *Mobile Commerce, Electronic Commerce, stationärer Händler* und *Customer-to-Customer*. Eine Zusammenfassung der Szenarien zeigt Tabelle 9-1.

Tabelle 9-1: Bezahlszenarien im Mobile Payment

Szenario	Beschreibung	Konkurrierendes Bezahlsystem
Mobile Commerce Szenario	Mobile Dienste und Anwendungen, z.B. kontextsensitive Information	---
Electronic Commerce Szenario	Alle Arten des B2C EC mit Ausnahme von MC, also etwa Kauf von Waren oder Inhalten via Internet	E-Payment (Offline-Zahlung) (Debit-/Kreditkarte)
Stationärer Händler Szenario	Klassischer Handel mit Transaktion zwischen einer Person (Kunde) und	Bargeld GeldKarte Debit-/Kreditkarte
(Person)	- einer Person (z.B. Kassierer) bzw.	
(Automat)	- einem Automaten	
C2C Szenario	Geldtransfer zwischen Personen (Endkunden)	(Bargeld) (Offline-Zahlung)

Untersucht man die verschiedenen MP-Verfahren auf Gemeinsamkeiten, so lassen sich folgende (nicht disjunkte) Standardtypen erkennen:

- Beim MP-Standardtyp *Prepaid* wird eine Zahlung aus vorausbezahltem Guthaben ausgelöst. Der MPSP ist typischerweise Mobilfunkanbieter (MNO oder MVNO), Bank/Kreditkartenunternehmen oder spezialisierter MP-Intermediär.

- Beim MP-Standardtyp *Conventional Settlement* wird eine Zahlung mittels Kreditkarte oder Lastschrift ausgelöst. Der MPSP ist typischerweise eine Bank oder ein Kreditkartenunternehmen, im Ausnahmefall auch ein spezialisierter MP-Intermediär.

- Beim MP-Standardtyp *Phone Bill* wird eine Zahlung über die Telefonrechnung ausgelöst. Der MPSP ist typischerweise ein Mobilfunkanbieter (MNO oder MVNO).

- Der MP-Standardtyp *Mobile Money* umfasst als einziger selbst einen Zahlungsvorgang. Dieser erfolgt mittels digitaler Münzen aus einer *elektronischen Geldbörse (Wallet)*, die sich auf dem mobilen Endgerät oder einem Server befinden kann. Ein Problem liegt hierbei in der Vermeidung von Betrug durch *Double Spending* und in der effizienten Abwicklung. Gegenwärtig sind derartige Verfahren nur als Subtyp von *Prepaid* und auch nur in prototypischer Implementierung vorhanden. Die in der EU diskutierte Schaffung elektronischen Zentralbankgeldes für den Geschäftsverkehr von Privatpersonen würde hier allerdings neue Rahmenbedingungen schaffen.

- Der MP-Standardtyp *Dual-Card* beinhaltet Verfahren, die – im Rahmen eines anderen Standardtyps – mobile Signaturen mittels Dual-Chip oder Dual-Slot Verfahren verwenden (siehe 6.3.1). Er ist derzeit nur als Subtyp von *Conventional Settlement* vorhanden.

Die größte Verbreitung haben derzeit Verfahren des Typs *Phone Bill*. In aller Regel sind diese Verfahren jedoch entweder auf das MC-Szenario beschränkt oder zumindest speziell darauf zugeschnitten. Ein Beispiel für ersteres ist das systeminhärente Bezahlverfahren von i-mode, ein Beispiel für zweiteres das Verfahren m-pay von Vodafone. Zu dieser Einschränkung tragen einerseits die Interessenlage der Mobilfunkanbieter, andererseits aber auch deren Kostenstruktur und schließlich rechtliche Restriktionen (Erfordernis einer Banklizenz für bestimmte Leistungen) bei.

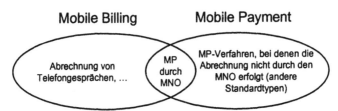

Abb. 9-1: Schnittmenge zwischen Mobile Billing und Mobile Payment

Mobile Mehrwertdienste bilden eine Teilmenge des MC-Szenarios. Sie gelten aufgrund der Tatsache, dass die Transportleistung wesentlicher Bestandteil ist, als Telekommunikationsdienstleistungen im weiteren Sinne und können damit rechtlich problemlos vom Mobilfunkanbieter abgerechnet werden. Wird ein solcher Dienst nun vom Mobilfunkanbieter abgerechnet, so befindet er sich in der Schnittmenge zwischen Mobile Billing und Mobile Payment (Abb. 9-1).

9.2 Angebotsmodelle für Mehrwertdienste

Für Mehrwertwertdienste existieren zwei grundsätzliche Angebotsmodelle, das Angebot über den Netzbetreiber und das Angebot direkt durch den Dienstanbieter.

Beim *Angebot über den Netzbetreiber* handelt es sich um eine Netzbetreiber-zentrierte Lösung. Dieser produziert selbst Inhalte oder kauft sie von einem Content Provider zu (ähnlich wie etwa Netzwerkinfrastruktur oder Endgeräte) und tritt dem Kunden gegenüber gleichzeitig als Netz- und Dienstanbieter auf. Dieses Modell war auf dem deutschen Markt lange Zeit üblich. Es dokumentiert die Marktmacht des Netzbetreibers, der eine direkte Kundenbeziehung der Inhalteanbieter nicht zuließ (Abb. 9-2).

Die Exklusivität in der Kundenbeziehung hat jedoch ihren Preis. Beschaffung und Angebot von Inhalten zählen nicht zu den Kernkompetenzen des Netzbetreibers, zudem ist die Contentbeschaffung sehr aufwendig.

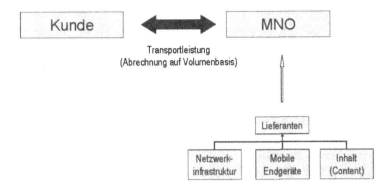

Abb. 9-2: Dienstangebot über den Netzbetreiber

Das Ergebnis der Bemühungen ist dabei nur die Erbringung einer höheren Transportleistung, mithin eine bessere Netzauslastung. Qualitativ hochwertige Dienste sind dabei durch die volumenabhängige Bepreisung nicht lohnend. In Konkurrenz dazu stehen Akteure, für die diese Inhalte das Kerngeschäft darstellen: Content-Markenanbieter mit bestehender Kundenbeziehung. Dies könnte etwa eine marktbeherrschende TV-Sportsendung, ein Automobilclub oder eine große Jugendzeitschrift sein. Die Kundensicht dieses Problems hat das Handelsblatt auf eine eingängige Formel gebracht: „Nicht die Kochplatten sind wichtig, sondern die Zutaten".

Aus diesem Grund setzt sich im Zeitalter der 2.5- und 3G-Netze auch auf dem deutschen Markt das *Angebot direkt durch den Dienstanbieter* nach dem Vorbild von i-mode aus Japan durch. Hierbei tritt der Anbieter in eine direkte Kundenbeziehung ein, für ihn entsteht eine direkte Wertschöpfung durch den Abruf seiner Angebote. Der Anbieter stellt für den Kunden durch Inhalt und Qualität des Dienstes einen Mehrwert bereit, den dieser zuzüglich zum Transport der Daten bezahlt. Zwischen Anbieter und Netzbetreiber erfolgt in irgendeiner Form ein Ausgleich von Mehrwert und Bereitstellungsaufwand (Abb. 9-3).

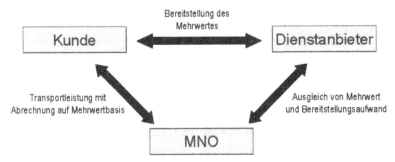

Abb. 9-3: Dienstangebot direkt durch einen Dritten (Dienstanbieter)

In diesem Modell tritt also, wie in der Abbildung gezeigt, zu der Beziehung Netzbetreiber – Kunde der Dienstanbieter als Dritter hinzu, dessen Leistungen in irgendeiner Form abgerechnet werden müssen. Für Dienstangebote im B2B-Bereich, insbesondere bei Vielnutzung und einem überschaubaren Kundenkreis, wird häufig eine direkte Abrechnung zwischen Kunde und Anbieter sinnvoll sein, etwa monatlich auf Basis der Nutzungszahlen. Ein auch für B2C-Angebote sinnvolles Konzept der Abrechnung ohne den Netzbetreiber ist die Pauschalabrechnung durch *Abonnementverkauf*. Typischerweise erfolgt die Abrechnung von Mehrwertdiensten im B2C-Bereich jedoch über den Netzbetreiber.

Eines der einfachsten Beispiele für das in Abb. 9-3 gezeigte Modell ist ein Bezahlverfahren durch Premium-SMS. Der Kunde sendet hierbei eine SMS an eine spezielle Rufnummer des Dienstanbieters. Für diese fällt ein erhöhtes Entgelt an, das sich aus dem normalen SMS-Dienstpreis und einer Premiumgebühr zusammensetzt. Der SMS-Dienstpreis bleibt beim MNO, die Premiumgebühr erhält – mit Abzügen für Bereitstellung und Abrechnung – der Dienstanbieter (Abschnitt 9.3).

9.3 Abrechnungsmodelle für die Angebote Dritter

Zur Abrechnung von Leistungen Dritter durch den Netzbetreiber existieren im wesentlichen drei Konzepte: Sponsoring, Abrechnung durch Premiumtarif und Abrechnung durch Festpreis.

Das *Sponsoring* spielt hierbei eine Sonderrolle. Der Dienst ist für den Kunden kostenlos, da er auf Kosten des Dienstanbieters bereitgestellt wird. Hierbei vergütet der Dienstanbieter dem Netzbetreiber seinen Bereitstellungsaufwand (Abb. 9-4).

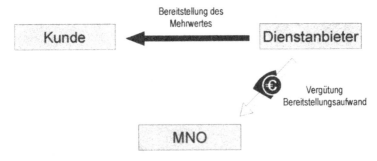

Abb. 9-4: Abrechnung durch Sponsoring

Dies kann etwa sinnvoll sein, wenn das Angebot der Kundenbindung dient. Beispiele wären „Cinema News" mit einem kostenlosen Trailer aktueller Kinofilme oder die Bereitstellung von Börsenkursen. In diesem Fall, in dem keinerlei Zahlung von Kundenseite erfolgen muss, wird der Dienstanbieter eine Bereitstellung über eigene IT-Infrastruktur (z.B. WAP-Angebot auf dem ohnehin vorhandenen Webserver) gegen eine Sponsoring-Lösung abwägen. Typische Einsatzformen der Abrechnung durch Sponsoring bestehen, wenn das Angebot für den Kunden vollständig kostenlos sein soll (keine Gebühren für das übertragene Datenvolumen) oder wenn das kostenlose Angebot mit einem weiteren, kostenpflichtigen Angebot gekoppelt ist.

Bei den beiden weiteren Abrechnungskonzepten leistet der Kunde jeweils über seine Telefonrechnung Zahlungen an den Netzbetreiber. Dabei kommt das Prinzip des *Revenue Sharing* zur Anwendung: Die Wertschöpfung wird zwischen Dienstanbieter und Netzbetreiber geteilt. Dies hat zwei Effekte:

- Der durch den Dienstanbieter generierte Mehrwert kommt prinzipiell auch diesem zugute.
- Der Netzbetreiber tritt als Dienstleister auf, der Transport- und Abrechnungsleistung erbringt und dafür eine Vergütung erhält.

Die aus Anbietersicht einfachste Lösung ist die Abrechnung durch *Premiumtarif*. Hierbei zahlt der Kunde eine Volumengebühr für das übertragene Datenvolumen und entrichtet zusätzlich eine Premiumgebühr für den Mehrwert des Dienstes, z.B. der bereitgestellten Informationen. Der Netzbetreiber als Zahlungsempfänger behält die Volumengebühr als Entgelt für seine Transportleistung ein und reicht die Premiumgebühr an den Dienstanbieter weiter, wobei er eine Vergütung für seinen Abrechnungsaufwand abzieht (Abb. 9-5).

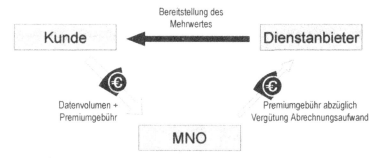

Abb. 9-5: Abrechnung durch Premiumtarif

Die Volumengebühr verursacht auf Seiten der Kunden jedoch ein gewisses Akzeptanzproblem. Einerseits hat er aus der Größe des übertragenen Volumens keinen Nutzen (allenfalls einen negativen, der in Wartezeit besteht), andererseits kann sich der durchschnittliche Kunde schwer eine

Vorstellung davon machen, wie viel beispielsweise ein Kilobyte Daten ist. Die optimale Lösung aus Kundensicht besteht daher in einer *Abrechnung durch Festpreis*. Hierbei zahlt der Kunde für die Inanspruchnahme des Dienstes ein festes Entgelt, das nach einem festgelegten Schlüssel zwischen Netzbetreiber und Dienstanbieter aufgeteilt wird (Abb. 9-6).

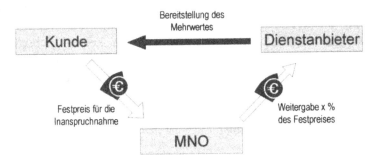

Abb. 9-6: Abrechnung durch Festpreis

Das Problem liegt bei dieser Lösung darin, dass sie ein „echtes" Revenue Sharing erforderlich macht, es muss ein Teilungsschlüssel festgelegt werden. Dies geschieht typischerweise in individuellen Verhandlungen zwischen Netzbetreiber und Dienstanbieter, wobei vor allem die Marktmacht des Dienstanbieters eine entscheidende Rolle spielt. Für den deutschen Markt ist dabei eine Teilung von zwei Drittel für den Dienstanbieter zu einem Drittel für den Netzbetreiber ein guter Anhaltswert. Aus Sicht der Dienstanbieter hat das Beispiel von i-mode in Japan Vorbildfunktion: Hier erfolgt die Abrechnung grundsätzlich durch Festpreis und der Anteil des Dienstanbieters beträgt 86%.

Bei den Netzbetreibern hat sich inzwischen die Erkenntnis durchgesetzt, dass beim Verkauf mobiler Inhalte sie nicht die komplette Wertschöpfungskette besetzen können, sondern die direkte Kundenbeziehung des Inhalteanbieters unausweichlich und sogar vorteilhaft ist. Content-Markenanbieter mit bestehender Kundenbeziehung, etwa aus dem Unterhaltungsbereich, bieten hohes Potential zur Generierung von Nutzungsvolumina. Während jedoch viele Netzbetreiber dabei noch an der Abrechnung durch Premiumgebühr festhalten (mit der Begründung, die Inhalte seien weder ihr Eigentum, noch ihr Problem), haben innovative Netzbetreiber erkannt, dass eine Kundenakzeptanz am ehesten über hoch attraktive, fest bepreiste Inhalte zu erzielen ist. Es ist keine abwegige Vermutung, dass der Zwang zur Umsatzgenerierung durch mobile Inhalte die Masse der Netzbetreiber hier zu Kompromissen gegenüber den Inhalteanbietern und damit zur Abrechnung durch Festpreis zu für den Drittanbieter günstigen Konditionen führt.

Zusammenfassung

Für mobile Mehrwertdienste existieren zwei grundsätzliche Angebotsmodelle, das *Angebot über den Netzbetreiber* und das *Angebot direkt durch den Dienstanbieter*. Ihre Bezahlung erfolgt typischerweise über die Abrechnung von Telekommunikationsdienstleistungen durch den Mobilfunkanbieter. Werden die Inhalte nicht von diesem, sondern einem Dritten bereitgestellt, ist eine Umsatzteilung *(Revenue Sharing)* zwischen Dienstanbieter und Netzbetreiber erforderlich. Im ersten Fall tritt der Netzbetreiber dem Kunden gegenüber gleichzeitig als Netz- und Dienstanbieter auf, im zweiten tritt der Dienstanbieter in eine direkte Kundenbeziehung. Erfolgt im zweiten Fall die Abrechnung über den Netzbetreiber, kann dies in Form von *Sponsoring* (Dienstanbieter vergütet Netzbetreiber den Bereitstellungsaufwand), *Abrechnung durch Premiumtarif* (Kunde zahlt Volumengebühr plus Premiumgebühr) oder *Abrechnung durch Festpreis* (Kunde zahlt pauschal für Inanspruchnahme des Dienstes) erfolgen.

Kontrollfragen

(47) Was könnte einen Netzbetreiber bewegen, den Inhalteanbietern die direkte Kundenbeziehung zu ermöglichen?

(48) Die marktführende Wirtschaftszeitung plant einen Informationsdienst, der kurze Artikel zu spezifischen Themen bereitstellt. Welche Abrechnungsart empfehlen Sie jeweils, wenn Sie davon ausgehen, dass die Nutzer Profis sind, die die Meldungen zu Ihrem Thema ständig benötigen bzw. dass die Nutzer Privatleute sind, die sich nur für einzelne Artikel interessieren?

(49) Ihre Firma ist ein Verlag, der Branchen-Verzeichnisse herstellt. Ihr Chef plant, einen ortsbasierten Restaurant- und Hotel-Suchservice anzubieten. Jede Nutzung soll 2 EUR kosten, die Abrechnung durch monatliche Rechnung direkt an die Kunden erfolgen. Was raten Sie Ihrem Chef?

9.4 Mobile Payment

Vergleicht man die MP-Definition in Abschnitt 9.1 mit der MC-Definition eingangs des ersten Kapitels, so wird schnell erkennbar, dass es sich bei MP um eine (echte) Teilmenge des MC handelt.

Im Bezahlszenario MC – etwa in den Fällen aus Abschnitt 9.3 – steht MP im Vordergrund als das einzige Bezahlsystem, das sinnvoll die Generierung direkter Erlöse ermöglicht. In allen anderen Szenarien ist MP in erster Linie eine eigenständige MC-Anwendung, die die Abwicklung eines

Bezahlvorganges ermöglicht und dabei in Konkurrenz zu anderen Bezahlsystemen steht, etwa zu Bargeld an einem Parkscheinautomaten.

Mobiles Bezahlen im EC ist von Interesse, da hier die Bezahlproblematik zumindest aus Händlersicht noch immer nicht befriedigend gelöst ist. Daher gab es auch in der Vergangenheit im EC vergleichsweise viele Akzeptanzstellen für mobiles Bezahlen. Vor allem das bis zu seiner (vorübergehenden?) Einstellung Anfang 2003 marktführende Verfahren Paybox war hier sehr gut eingeführt. Aus Kundensicht stellt sich dieses Interesse nach einer Ende 2002 durchgeführten Untersuchung der Universität Augsburg etwas anders dar: Da die derzeitige Risikoverteilung für den Kunden sehr günstig und außerdem die Abrechnung digitaler Güter noch in der Anfangsphase begriffen ist, interessiert er sich bisher wenig für mobiles Bezahlen im EC.

Das Szenario *Stationärer Händler (Person)* umfasst Transaktionen zwischen einem Kunden und einem „menschlichen" Händler (kurz: „Kaufhausszenario", z.B. Kaufhauskasse, Pizzaservice, Taxi), das Szenario *Stationärer Händler (Automat)* dagegen Transaktionen zwischen dem Kunden und allen Arten von Automaten (daher kurz: „Automatenszenario", z.B. Fahrkarten-, Zigaretten-, Parkscheinautomat). Die MP-Akzeptanz in den einzelnen Szenarien zeigt Abb. 9-7.

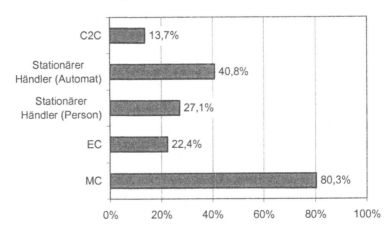

Abb. 9-7: Anteil der akzeptierenden Befragten nach Bezahlszenario [2]

Es ist nicht überraschend, dass das Szenario *MC* die bei weitem höchste MP-Akzeptanz zeigt. Interessant ist in der Folge jedoch die deutliche Führung des Szenarios *Stationärer Händler*, insbesondere in der Ausprägung *Automat*. Berücksichtigt man zusätzlich die Tatsache, dass hier – im „klassischen Handel" – das bei weitem größte Umsatzpotenzial vorliegt, so ist dieses Szenario auch heute schon sehr attraktiv. Für das Kaufhausszenario muss allerdings die Einschränkung gemacht werden, dass die Realisierbarkeit zum jetzigen Zeitpunkt (Überzeugen der Händler, Erreichen einer kritischen Zahl von Akzeptanzstellen) noch sehr problematisch ist, wie gerade das Scheitern des Verfahrens Paybox zeigt. Die höhere Akzeptanz, koinzidierend mit einer einfacheren Realisierung und geringerer Höhe der Markteintrittsbarriere sprechen deutlich für das Automatenszenario. Für das C2C-Szenario besteht - ebenso wie für das Tätigen von Banküberweisungen mit einem MP-Verfahren - wenig Kundeninteresse.

Für mobiles Bezahlen gibt es in allen Betragshöhen eine solide Grundakzeptanz. Der Schwerpunkt liegt jedoch deutlich im unteren Makropayment-Bereich, oberhalb von Bargeld und unterhalb der Kreditkarte. Genaue Zahlen hierzu zeigt Abb. 9-8.

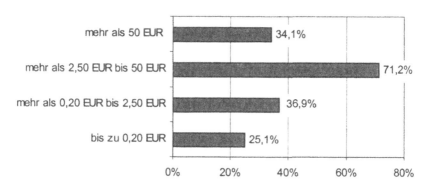

Abb. 9-8: Anteil der akzeptierenden Befragten nach MP-Betragshöhen [2]

Die Kunden messen die konkrete Verwendbarkeit eines MP-Verfahrens an drei Hauptforderungen: *sicher, einfach und kostengünstig.* Dabei erweist sich *subjektive Sicherheit* als das wichtigste Kriterium; MP-Ablehnung liegt oft hierin begründet.

Im Zusammenhang mit dem Betreiber muss auch die tatsächliche Abwicklung der Zahlung betrachtet werden. Zukünftig interessant sind innovative Verfahren, die auf Basis elektronischer Münzen funktionieren und diese etwa über eine Bluetooth- oder IR-Verbindung vom Mobiltelefon zu einem Kassenautomaten übertragen. In der Realität besteht mobiles Bezahlen aber heute ausschließlich in Zahlungen auf einem anderen Kanal, die durch ein mobiles Endgerät initiiert und autorisiert werden. Die dahinter stehenden Abrechnungsmöglichkeiten sind in Reihenfolge der Kundenakzeptanz: Lastschrift (63%), separate MP-Monatsrechnung (49%) sowie Kreditkarte, Telefonrechnung und Prepaid-Verfahren mit jeweils etwa einem Drittel. Im Szenario *MC* wird die Abrechnung über die Telefonrechnung von gut der Hälfte der Kunden problemlos akzeptiert und nur von 15% explizit abgelehnt.

Ist auch die Kundenakzeptanz das entscheidende Kriterium für die Durchsetzung von MP-Verfahren, so darf man dennoch die Interessen der Händler und Entwickler nicht aus dem Blick verlieren. Die Einbindung von Bezahlfunktionalitäten in alle Arten von Angeboten muss einfach, problemlos und standardisiert möglich sein.

Deutliche Schritte in die Zukunft sind hier etwa die Vereinbarung einer gemeinsamen Händlerschnittstelle für die MP-Verfahren der MNO Vodafone und T-Mobile (vorgestellt mit dem Verfahren *Vodafone m-pay* 2002) und die Entwicklung einer Payment-API für die Programmiersprache Java durch das Standardisierungsforum *Paycircle* (vorgestellt 2003). Während die erstgenannte Entwicklung seine Bedeutung dadurch erreicht, dass einem Händler nun durch Berücksichtigung einer einzigen Schnittstelle eine Abrechnungsbeziehung zu über 80% der deutschen Mobilfunknutzer offen steht, ermöglicht die zweitgenannte die problemlose Entwicklung von MC-Anwendungen mit integrierter Bezahlfunktionalität.

Als Ausblick auf die generelle Zukunft des MP lassen sich derzeit drei Aussagen treffen: Innerhalb des MC ist der Stellenwert des MP unumstritten. MP erscheint jedoch auch in den Szenarien *EC* und *Stationärer Händler* prinzipiell geeignet, sich als eigenes Bezahlsystem mit dem Schwerpunkt oberhalb von Bargeld und unterhalb der Debit-/Kreditkarte zu etablieren. Ob dies auf dem Markt jedoch tatsächlich geschieht, hängt außer von Verfügbarkeit und Akzeptanz der MP-Verfahren noch von einer Reihe weiterer Faktoren ab, an erster Stelle von standardisierten Schnittstellen.

Zusammenfassung

Viele MC-Anwendungen können mit traditionellen Formen der Zahlungsabwicklung nicht sinnvoll abgerechnet werden und erfordern mobile Bezahlverfahren. Gleichzeitig ist *mobiles Bezahlen (Mobile Payment, MP)* selbst eine MC-Anwendung, um Bezahlvorgänge in verschiedenen Szenarien abzuwickeln. Außer dem *MC* selbst unterscheidet man dabei die Bezahlszenarien *EC*, *Stationärer Händler* und *C2C*. Im Szenario Stationärer Händler kann der Transaktionspartner eine Person (*„Kaufhausszenario"*) oder ein Automat (*„Automatenszenario"*) sein. Für mobiles Bezahlen gibt es in allen Betragshöhen eine solide Grundakzeptanz. Der Schwerpunkt liegt jedoch deutlich im unteren Makropayment-Bereich, oberhalb von Bargeld und unterhalb der Kreditkarte. Ein MP-Verfahren muss vor allem sicher, einfach und kostengünstig sein, wobei die subjektive Sicherheit das wichtigste Kriterium ist.

Die Umsetzung des mobilen Bezahlens besteht derzeit in einer Zahlung auf einem anderen Kanal (z.B. Lastschrift oder Telefonrechnung), die durch ein mobiles Endgerät initiiert und autorisiert werden kann. MP-Verfahren, die Zahlungen unmittelbar realisieren, existieren derzeit nur in prototypischer Realisierung.

Kontrollfragen

(50) Nennen Sie das größte Problem bei der Kundenakzeptanz mobiler Bezahlverfahren. Welche Möglichkeit sehen Sie, dieses Problem zu lösen?

(51) Sie arbeiten in der Zentrale einer großen deutschen Geschäftsbank. Was halten Sie von der Idee des Leiters der Abteilung E-Banking, für die Kunden Ihrer Bank ein eigenes mobiles Bezahlverfahren für EC und Ladenkasse anzubieten?

Literaturhinweise

[1]   *Henkel, J.:* Mobile Payment. In: *Silberer, G.; Wohlfahrt, J.; Wilhelm, T. (Hrsg.):* Mobile Commerce – Grundlagen, Geschäftsmodelle, Erfolgsfaktoren. Gabler, Wiesbaden 2002, S. 327-351.

[2]   *Khodawandi, D.; Pousttchi, K.; Wiedemann, D. G.:* Akzeptanz mobiler Bezahlverfahren in Deutschland. In: *Pousttchi, K.; Turowski, K. (Hrsg.):* Mobile Commerce - Anwendungen und Perspektiven. Proceedings zum 3. Workshop Mobile Commerce. Köllen, Bonn 2003, S. 42-57.

[3]   *Kreyer, N.; Pousttchi, K.; Turowski, K.:* Standardized Payment Procedures as Key Enabling Factor for Mobile Commerce. In: *Bauknecht, K.; Quirchmayr, G.; Tjoa, A M. (Hrsg.):* E-Commerce and Web Technologies. Third International Conference, EC-Web 2002. Aix-en-Provence 2002, S. 400-409.

[4]   *Pousttchi, K.:* Abrechnung mobiler Mehrwertdienste. In: *Dittrich, K.; König, W.; Oberweis, A.; Rannenberg, K.; Wahlster (Hrsg.):* Proceedings 33. Informatik 2003 – Innovative Informatikanwendungen. Band 2. Köllen, Frankfurt a. M. 2003. (Preprint)

10 Anwendungsbereiche des MC

10.1 Grundlagen und Begriffe

In Kapitel 1 wurden als wesentliche Ausprägungsgrade des Mobile Commerce der B2B MC und der B2C MC identifiziert. Gelten für die technischen Grundlagen auch in den meisten Fällen gleiche Bedingungen, so stellt sich dies im Bereich der Anwendungen und Dienste völlig unterschiedlich dar.

B2C-Anwendungen und -dienste werden von Netzbetreibern und spezialisierten Dienstanbietern für Endkunden angeboten. Typische Ziele sind die Steigerung von Umsatz und/oder Marktanteil (z.B. auch durch Innovative oder Ästhetisch-Emotionale Mehrwerte) oder die Erhöhung der Kundenbindung (Abb. 10-1). Es müssen in irgendeiner Form Erlöse erzielt werden, sei es direkt von den Kunden, von dritter Seite oder indirekt. Die zentrale Frage lautet: *Wie können Erlöse erzielt werden?*

Abb. 10-1: Ziele des B2C Mobile Commerce

B2B-Anwendungen und -dienste für den inner- und zwischenbetrieblichen Einsatz betreiben die Unternehmen dagegen häufig selbst. Typische Ziele sind dabei Mehrwerte mit Effizienzwirkung (z. B. durch Kostensenkung), Mehrwerte mit Effektivitätswirkung, Organisatorische oder Flexible Mehrwerte (Abb. 10-2). Die zentrale Frage lautet: *Wie können Prozesse verbessert werden?*

Auch im B2B-Bereich können Dritte als Dienstanbieter auftreten, die Erlöse erzielen wollen. In diesem Fall ist das Ziel des Dienstanbieters dem im B2C MC vergleichbar, während das Interesse des einsetzenden Unternehmens auf die im B2B genannten Ziele gerichtet bleibt. Ebenso können im B2C-Bereich Unternehmen darauf setzen, durch den Einsatz mobiler Technologie Kosten zu sparen oder die Produktivität zu verbessern. Hier müssen für den Kunden entweder direkt ebenfalls Informationelle Mehrwerte entstehen, oder das Unternehmen muss einen Teil seiner Mehrwerte (z.B. in Form von Preissenkungen) weitergeben.

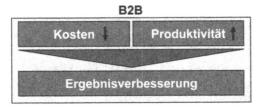

Abb. 10-2: Ziele des B2B Mobile Commerce

Eingangs dieses Kapitels wurde von Anwendungen und Diensten gesprochen. Der Begriff *Anwendung* referenziert dabei auf eine technische, entwicklungsbezogene Sicht. Die überwiegende Mehrzahl der Nutzer interessiert sich jedoch – wie bei einem Pkw – wenig für die technische Realisierung und damit für die Anwendung. Wo immer man den Nutzer dann dazu zwingt, sich mit der Ebene der Anwendung zu befassen, führt dies zu Aufwand, Verunsicherung und im schlechtesten Fall zu Ablehnung. Im B2C-Bereich ist die Folge Umsatzausfall, da das betreffende Angebot nicht oder weniger genutzt wird; im B2B-Bereich ist die Folge Produktivitätsverlust. Auf der Ebene des Fachkonzeptes ist die zu realisierende Funktionalität daher als *Dienst* zu betrachten, der auf möglichst transparente Art und Weise einen Zweck für den Nutzer erfüllt.[10]

Die einzelnen Anwendungsbereiche des MC waren in den vorangegangenen Kapiteln bereits durch zahlreiche Beispiele präsent. Im Folgenden sollen sie nun noch einmal in zusammenhängender Form beleuchtet werden. Am Anfang steht der Bereich, der als „die schöne neue Welt des M-Commerce" bislang die höchste öffentliche Aufmerksamkeit erzielt hat: mobile Angebote für den Endkunden. Dabei befasst sich Abschnitt 10.2 mit dem mobilen Handel, Abschnitt 10.3 mit mobilen Such- und Informationsdiensten und Abschnitt 10.4 mit Portalen und Unterhaltung. In der Folge beleuchtet Abschnitt 10.5 den Bereich der Telemetrie und Abschnitt 10.6 mit dem Themenbereich Telematik im Bereich der Kraftfahrzeuge ein klassisches Feld der Mobilität, in dem die Bedeutung des MC stetig zunimmt. Abschnitt 10.7 schließlich betrachtet das Potenzial mobiler Technologie bei der Gestaltung von Geschäftsprozessen.

---

[10] Der Begriff *Anwendungsbereich* ist von dieser Unterscheidung nicht erfasst, er ist im Sinne von „Einsatzbereich" zu verstehen.

Zusammenfassung

Die wesentlichen Ausprägungsgrade des Mobile Commerce sind der B2B MC und der B2C MC. Typische Ziele im *B2C MC* sind die Steigerung von *Umsatz* und/oder *Marktanteil* oder die Erhöhung der *Kundenbindung*. Die zentrale Frage lautet: *Wie können Erlöse erzielt werden?* Typische Ziele im *B2B MC* sind Mehrwerte mit Effizienzwirkung, Mehrwerte mit Effektivitätswirkung, Organisatorische oder Flexible Mehrwerte. Die zentrale Frage lautet: *Wie können Prozesse verbessert werden?*

Unternehmen können auch im B2C MC Ziele der Kostensenkung oder Produktivitätsverbesserung verfolgen. Dabei müssen jedoch für den Kunden entweder direkt ebenfalls Informationelle Mehrwerte entstehen oder das Unternehmen muss einen Teil seiner Mehrwerte (z.B. in Form von Preissenkungen) weitergeben.

10.2   Mobiler Handel

Der Bereich *Mobiler Handel* umfasst das Einkaufen, Reservieren oder Buchen von Waren oder Dienstleistungen aller Art. Die zentralen Geschäftsmodelltypen (siehe 8.1.3) hierfür sind *klassisches Gut, klassische Dienstleistung, Dienst* und *Inhalt*. Als ergänzende Bausteine können die weiteren Geschäftsmodelltypen *Vermittlung, Integration* und *Kontext* hinzukommen.

Der Handel mit nicht-digitalen Gütern und Dienstleistungen hat im MC eine wesentlich geringere Bedeutung als im EC, wo ein erheblicher Anteil des Gesamtumsatzes mit dem Online-Verkauf etwa von Büchern, CDs und Reisen erzielt wird. Obwohl je nach verfügbarer Bandbreite sogar z.B. multimediale Informationen bereit gestellt werden können, ist der Online-Kauf im MC im Gegensatz zum EC dennoch meist sehr unkomfortabel. Dies gilt insbesondere, wenn der Kunde das Produkt nicht kurz und präzise spezifizieren kann oder Angebote vergleichen möchte. Daher kommt ein Online-Kauf im MC insbesondere dann in Betracht,

*   wenn diese Option in ein anderes Angebot eingebettet ist (beispielsweise Kauf und Geschenkversand einer CD zu einer gehörten Audio-Datei) oder
*   wenn der Kunde zielgerichtet ein gewünschtes Produkt erwerben möchte und dies kurz und präzise spezifizieren kann (z.B. bei einer Wertpapiertransaktion) oder
*   wenn ein kontextsensitiver Dienst einen Bedarf des Nutzers erkennt und eine proaktive Kaufempfehlung abgibt, die dieser nur bestätigen muss

und wenn ein Wunsch oder eine Notwendigkeit besteht, dieses Gut unmittelbar zu erwerben. Ein Beispiel hierfür sind Kauf oder Reservierung von Eintrittskarten, von denen nur noch eine begrenzte Zahl erhältlich ist, von Fahrkarten oder Flugtickets sowie die Reservierung von Mietwagen.

Dabei können die Eintrittskarte oder Fahrkarte nach dem Online-Kauf physisch an einer bestimmten Stelle hinterlegt werden, etwa an der Theaterkasse oder an einem Fahrkartenautomaten. Interessantere Möglichkeiten eröffnet hierbei jedoch das *Mobile Ticketing*. Hierbei wird das Ticket online erworben und als *Token* auf dem mobilen Endgerät gespeichert. Ein Beispiel zeigt Abb. 10-3. Auf dem Bild ist in der oberen Bildschirmhälfte ein Punktraster zu erkennen, das am Veranstaltungsort eine einfache und schnelle Zugangskontrolle mittels eines Lesegerätes *(Scanner)* ermöglicht.

Abb. 10-3: Ticket auf einem Mobiltelefon

Ein weiterführender Dienst – erweitert um die Nutzung des Mobilen Mehrwertes der *Kontextsensitivität* und im Bedarfsfall auch der *Identifizierungsfunktionen* – ist der automatische oder halbautomatische Erwerb eines Tickets beim Betreten eines Veranstaltungsortes, eines öffentlichen Verkehrsmittels oder sonstigen gebührenpflichtigen Areals. Beispiele sind der Erwerb von Parktickets oder *Mautsysteme* wie für die Realisierung der Autobahngebühr für Lkw in Deutschland ab Ende 2003. Entsprechende Überlegungen bestehen auch für den öffentlichen Nahverkehr, wobei für ein solches „MC-Abo" am Monatsende eine Abrechnung nach dem jeweils günstigsten Tarif erfolgen könnte.

In den Bereich des Mobilen Handels fallen ebenso *Mobile Banking*, die Abwicklung von Bankdienstleistungen wie Kontostandsabfrage oder Überweisungen, und *Mobile Brokerage*, die Abwicklung von Wertpapiertransaktionen. Beide Anwendungen bleiben jedoch bisher weit hinter den Erwartungen zurück, was nicht zuletzt in mangelnder Beachtung der in Kapitel 5 und 8 dargelegten Grundsätze für den Entwurf mobiler Anwendungen begründet liegt.

Eine zunehmende Rolle im Mobilen Handel spielt der Kauf digitaler Güter, wobei es sich jedoch bisher zu einem großen Teil um Logos und Klingeltöne für Mobiltelefone handelt. Hier werden zukünftig insbesondere Bild-, Audio- und Videodaten von Bedeutung sein.

> **Zusammenfassung**
>
> Der Bereich Mobiler Handel umfasst das Einkaufen, Reservieren oder Buchen von Waren oder Dienstleistungen aller Art. Ein wichtiger Teilbereich ist das *Mobile Ticketing*, bei dem ein Ticket als *Token* auf dem mobilen Endgerät gespeichert wird.

10.3   Mobile Such- und Informationsdienste

Ein weiterer wichtiger Bereich sind Such- und Informationsdienste, insbesondere unter Nutzung des Mobilen Mehrwertes der *Kontextsensitivität*. Die zentralen Geschäftsmodelltypen (siehe 8.1.3) hierfür sind *Dienst*, *Vermittlung, Inhalt* und *Kontext*. Als ergänzender Baustein kann der weitere Geschäftsmodelltyp *Integration* hinzukommen.

Hier handelt es sich einerseits um *allgemeine Informationsdienste*, wie diejenigen, die in Abschnitt 9.1 als *Mobile Mehrwertdienste* eingeführt wurden. Typische Beispiele sind allgemeine Nachrichten (z.B. Politik, Wirtschaft, Unterhaltung, Wetter, Regionales, Lottoergebnisse), Finanzinformationen (z.B. Börsenmeldungen, Analysen, Wertpapier- und Devisenkurse), Sportnachrichten (z.B. Fußball, Tennis, Formel 1), oder Branchendienste mit minutenaktueller, zeitkritischer Information (z.B. Preise, Ereignisse, Angebote). Ein nicht zu unterschätzender Bereich liegt hierbei in *Affinity-Diensten*, einer Schnittmenge mit dem Bereich Unterhaltung, auf die in Abschnitt 10.4 näher eingegangen wird.

Weiterhin handelt es sich um entsprechende ortsbezogene Dienste, wie sie in Abschnitt 4.3 eingeführt wurden. Dies können im einfachsten Fall beispielsweise Suchdienste für Geldautomaten, Apotheken, Hotels und Tankstellen sein. Allgemeine Informationsdienste können um die Nutzung des Mobilen Mehrwertes der *Kontextsensitivität* erweitert werden und werden so zu kontextsensitiven Informationsdiensten, etwa ortsbasierte Stadt-, Messe- und Veranstaltungsführer, regionale Wetterinformationen wie Schneehöhen auf den Pisten der Umgebung oder Verkehrsinformationen, die auf den räumlich für den Nutzer interessanten Bereich bezogen sind. Ein Beispiel für einen ortsbezogenen Informationsdienst zeigt Abb. 10-4. Die abgebildete Guide-Lösung könnte ebenso Verwendung etwa für ein Museums-, Firmen- oder Messegelände, einen Flughafen oder als Einkaufsführer in einem großen Ladenzentrum finden.

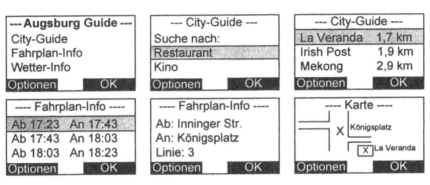

Abb. 10-4: Beispiel für einen ortsbezogenen Informationsdienst

Dienstangebot und -auswahl sind bei Such- und Informationsdiensten typischerweise personalisiert, wie beim Handel können auch hier je nach verfügbarer Bandbreite multimediale Informationen bereitgestellt werden. Man unterscheidet Push- und Pull-Dienste. Als Push-Dienste sind insbesondere auch SMS- oder MMS-Dienste möglich.

Zusammenfassung

Informationsdienste stellen beispielsweise allgemeine Nachrichten, Finanzinformationen, Sportnachrichten, Entertainment oder Branchendienste zur Verfügung; weiterhin sind *Suchdienste* von Bedeutung. Dienstangebot und -auswahl sind bei Such- und Informationsdiensten typischerweise *kontextsensitiv*, z.B. personalisiert und zusätzlich ortsbasiert.

10.4   Portale und Unterhaltung

Aufgrund der spezifischen Eigenschaften und vor allem Einschränkungen mobiler Endgeräte haben Portale im MC eine noch größere Bedeutung als im EC. Der zentrale Geschäftsmodelltyp (siehe 8.1.3) hierfür ist *Vermittlung*. Als ergänzende Bausteine können die weiteren Geschäftsmodelltypen *Kontext* und *Integration* hinzukommen.

Ein Portal ist eine Startseite mit personalisiertem Dienstangebot, etwa Informationen und Links zu Angeboten verschiedenster Art (die häufig wiederum personalisierbar sind, z.B. Aktien-Musterdepot oder Routenplaner). Der Effekt eines Portals besteht darin, dass der Nutzer eine zentrale Anlaufstelle für alle benötigten Funktionen hat.

Portale unterscheiden sich je nach Art und damit Absicht des *Portalanbieters*. Handelt es sich um ein Portal eines spezialisierten Portalanbieters,

also um die „reine" Form eines Portals, so ist das Angebot allgemein umfassend und kann beispielsweise Routenplaner, Maildienste, Suchmaschinen, eine Reihe von Informationsangeboten und vieles mehr enthalten. Je ein typisches Beispiel für derartige Portale als WML-Seite für Mobiltelefon (links) und als HTML-Seite für PDA (rechts) zeigt Abb. 10-5.

Abb. 10-5: Beispiele für mobile Portale (Quellen: Yahoo!, Jamba)

Je eingeschränkter das verwendete Endgerät (siehe 5.2), desto wichtiger
sind Personalisierung und Portale für den Nutzer.

Portale werden auch häufig von Firmen aller Art zur Kundenbindung
eingesetzt, indem ein umfassendes produktbezogenes Informations- und
Serviceangebot bereitgestellt wird. Hierdurch soll die Affinität zum Produkt gesteigert und die Kundenbindung verstärkt werden. Beispiele hierfür
sind die Portalseiten von Radio-/TV-Sendern oder Herstellern technischer
Geräte, insbesondere wenn Ästhetisch-Emotionale Mehrwerte („Life-
style") im Spiel sind.

Die bedeutendste Betreibergruppe für Portale sind Mobilfunkanbieter
(MNO, MVNO). Sie haben die Möglichkeit, die Microbrowser der an ihre
Kunden ausgelieferten Endgeräte vorzukonfigurieren, d.h. ihre eigene Por-
talseite als Startseite einzustellen. Die Masse der Nutzer nimmt dies als
Hilfestellung dankbar an; nur technikaffine Nutzer mit klaren anderen Prä-
ferenzen und unzufriedene Nutzer werden diese Voreinstellung ändern.
Portalseiten von Mobilfunkanbietern stellen inhaltlich typischerweise eine
Mischung aus den beiden vorgenannten Arten dar.

Der Bereich der *Unterhaltung* begründet einen erheblichen Teil der
B2C-Umsatzerwartungen, bildet dabei jedoch keinen in sich geschlossenen
Bereich. Statt dessen handelt es sich um verschiedene Dienste aus bereits

genannten Bereichen, die inhaltlich zusammen gehören. So fällt beispielsweise das kostenpflichtige Herunterladen eines Spiels als Software für das Mobiltelefon unter Mobilen Handel (Kauf eines digitalen Gutes), während etwa ein Dienst „Top 10 Music Charts" einen Informationsdienst darstellt. Neben den „klassischen" Spielen, die einmal als Software erworben werden und dann auf dem Endgerät beliebig oft genutzt werden können, gibt es weitere Kategorien. So kann etwa das Herunterladen der Software kostenlos, die Benutzung des Spiels jedoch kostenpflichtig sein. Diese Kosten können wie bei allen Inhalten pro Ereignis, z.B. pro Spiel oder pro Spielstufe *(Event-Based Billing)*, oder pro Zeiteinheit der Nutzung *(Time-Based Billing)* berechnet werden. Eine innovative Kategorie bilden dabei interaktive Mehrpersonenspiele, die ortsbasiert sein können.

Eine nicht unerhebliche Teilmenge des Bereichs Unterhaltung bilden dabei *Affinity-Dienste*. Mit diesem Begriff sind ergänzende Dienste aller Art gemeint, die etwa im Zusammenhang mit einer Fernsehsendung, einem Popstar oder einem Sportverein, die jeweils über eine große Zahl begeisterter Anhänger verfügen, angeboten werden. Das Beispiel entsprechender Dienste für die Fernsehsendung „Big Brother" wurde bereits in Abschnitt 9.1 eingeführt. Ebenso fällt in diese Kategorie etwa ein Mobiltelefon im *Affinity-Package* eines Fußballvereins, bei dem ein Mobilfunkbetreiber das Telefon in den Vereinsfarben und mit dem Vereinslogo zusammen mit einem Mobilfunkvertrag anbietet, der eine Club-Mitgliedschaft sowie einen exklusiven MMS-Nachrichtendienst und wöchentlichen SMS-Chatroom mit den Stars beinhaltet.

Die zentralen Geschäftsmodelltypen (siehe 8.1.3) für den Bereich der Unterhaltung sind *Dienst* und *Inhalt*. Als ergänzende Bausteine können die weiteren Geschäftsmodelltypen *Vermittlung* und *Kontext* hinzukommen.

Zusammenfassung

Je eingeschränkter das verwendete Endgerät ist, desto wichtiger sind *Portale* für den Nutzer. Ihre Inhalte leiten sich aus den Absichten des *Portalanbieters* ab; die bedeutendste Betreibergruppe sind dabei MNO/MVNO.

Angebote zur *Unterhaltung* sind für B2C-Umsätze sehr bedeutsam. Sie können etwa in Form von Spielen oder Informationsdiensten vorliegen.

10.5 Telemetrie

Der Begriff *Telemetrie* bezeichnet das Messen und das Auslösen von Funktionen über räumliche Distanz hinweg. Die Möglichkeit, dies unter

Verwendung verschiedener Arten drahtloser Kommunikation auf Seiten des auslösenden und/oder des ausführenden Gerätes durchführen zu können, wird durch den MAV der *Telemetriefunktionen* wiedergegeben (siehe 8.2.3).

Entsprechende Anwendungsbeispiele im B2C-Bereich sind regelmäßig noch Zukunftsstudien. Mit den heutigen technischen Möglichkeiten, insbesondere den mobilen Kommunikationstechniken und den Techniken des Ubiquitous Computing, ist eine Realisierung jedoch problemlos möglich. Einige Beispiele:

> In einem Wohnhaus wird ein ungewöhnliches Geräusch wahrgenommen. Der abwesende Nutzer erhält eine Alarmmeldung auf sein mobiles Endgerät. Er schaltet nacheinander das Licht in bestimmten Räumen ein, stellt über Kameras den Sachverhalt fest und alarmiert die Polizei, der er von seinem Endgerät aus die Tür öffnet.

> Bei sonnigem Wetter überprüft ein Nutzer über eine Kamera seinen Garten und schaltet dann für 30 Minuten den Rasensprenger ein.

> Ein gesundheitlich gefährdeter Patient wird alle 10 Minuten durch einen Signalton erinnert, eine Taste seines Endgerätes zu drücken. Tut er dies nicht, ermittelt das Endgerät seine Position und löst automatisch im Dispatch-System einer Rettungszentrale die Alarmierung eines Notarztwagens aus.

> Bei kaltem Wetter schaltet ein Nutzer einige Minuten vor der Benutzung des Autos die Standheizung über das Mobiltelefon ein. Einige Zeit nach Ankunft am Ziel prüft er damit aus dem Konferenzraum heraus, ob sein Fahrzeug ordnungsgemäß verschlossen ist. Dasselbe Fahrzeug ist in der Lage, bei Auslösung des Airbags selbständig einen Notruf zu versenden.

Auch im B2B-Bereich sind Telemetrieanwendungen heute noch nicht die Regel. Innovative Unternehmen beginnen jedoch zu erkennen, dass entsprechende Lösungen häufig zu erheblichen Mehrwerten mit Effizienz- oder Effektivitätswirkung führen. Neben den bereits oben aufgeführten *Überwachungslösungen*, die auch im B2B eine Rolle spielen, sind hier vor allem die *ortsunabhängige Bedienung* von Anwendungen und elektronischen/elektrischen Geräten, die *Betriebsdatenübermittlung* sowie die *Fernwartung* von Informationssystemen von Bedeutung. Bei der Betriebsdatenübermittlung handelt es sich vor allem um Wartungs- und Instandhaltungsdaten von Maschinen. Hierdurch werden Reaktions- und Stillstandzeiten verkürzt (z.B. Schiffsdiesel), starre Wartungsintervalle vermieden (z.B. Auffüllen von Getränke- und Zigarettenautomaten) und eine Ferndiagnose bei Problemen ermöglicht. Ein gutes Beispiel ist nutzungsorientierte Fahrzeugwartung, die nicht nur unmittelbare Effizienzvorteile durch optimierte Materialerhaltung, sondern auch mittelbare durch rechtzeitige Kapazitätsplanung ermöglicht. Einige konkrete Beispiele:

Der Zutritt zu einem gesicherten Gebäude auf dem Werksgelände wird erlangt, indem der Nutzer – vor der Tür stehend – auf seinem mobilen Endgerät eine entsprechende Funktion aufruft. Dies löst die Entriegelung des Drehkreuzes sowie die Protokollierung des Zuganges aus.

Betriebsdaten der Anlagen von Gas-, Elektrizitäts- und Wasserwerken eines städtischen Betriebes werden überwacht. Bei kritischen Betriebszuständen wird Betriebspersonal über mobile Endgeräte alarmiert.

Ein Verkaufsautomat wurde bisher wöchentlich durch Wartungspersonal angefahren. Nach Einbau eines GPRS-Moduls übermittelt er täglich seine Verkaufszahlen, löst bei Unterschreiten einer festgelegten Reservemenge eines Artikels eine Nachbestellung aus und fordert bei kritischem Betriebszustand einen Servicetechniker an.

Ein Fahrzeugmotor sammelt seine Betriebsdaten und berechnet fortlaufend den nächsten erforderlichen Wartungstermin. Nähert sich dieser, vereinbart er automatisch einen Werkstatttermin, veranlasst die Abholung des Fahrzeugs bei Eintreffen im Betriebshof und die Einplanung eines Reservefahrzeuges.

Eine Sicherheitsfirma installiert mobile Endgeräte mit Sensoren und Kameras als Überwachungselemente auf einem Betriebsgelände; bei ungewöhnlichen Bewegungen oder Geräuschen senden diese Bilder an die Zentrale.

Eine andere Sicherheitsfirma verfügt in einem Gebäude über fest installierte Kameras, denen die mobilen Endgeräte des Wachpersonals als Empfänger dienen. Bei Bedarf kann eine Wachperson, die zur selben Zeit andernorts Kontrollen durchführt, die Kameras fernsteuern und ihre Bilder auf einem mobilen Endgerät ansehen.

Eine Maschine sendet einem Servicetechniker eine SMS. Dieser fragt einige Betriebsdaten ab und schaltet dann die Maschine bis zu seinem Eintreffen auf einen reduzierten Funktionsumfang.

In einem ersten Stadium beruhen Telemetrieanwendungen dabei im Wesentlichen auf der Erhebung und Übermittlung von Daten sowie der ortsunabhängigen Bedienung durch einen menschlichen Bediener. Geht man jedoch noch einen Schritt weiter, so wird die automatisierte Koordinierung verschiedenster Ereignisse und Funktionen – etwa durch D2D-Kommunikation in Verbindung mit regelbasierter Entscheidungsfindung – möglich.

Zusammenfassung

Telemetrie ist das Messen und das Auslösen von Funktionen über räumliche Distanz hinweg. Hierdurch werden vor allem *Überwachung, ortsunabhängige Bedienung* von Anwendungen und elektronischen/elektrischen Geräten, *Betriebsdatenübermittlung* sowie *Fernwartung* ermöglicht.

10.6   Telematik

Der Begriff *Telematik* bildet eine Synthese aus den Begriffen *Telekommunikation* und *Informatik*. Telematik ist ein Teilgebiet der Informatik und befasst sich mit der zusammengefassten Übertragung und Verarbeitung von Daten zur Erledigung spezifischer Aufgaben über räumliche Distanz hinweg. Dabei kommen typischerweise aufgabenspezifische Endgeräte zur Anwendung, die entweder eigens hierfür gefertigt werden oder durch die Ergänzung vorhandener Geräte um UC-Technologien (siehe 3.2) entstehen. Auf dem Gebiet der Medizin wird Telematik verwendet, um Diagnose und künftig auch die Vornahme von Operationen durch Spezialisten über beliebige Entfernungen hinweg zu ermöglichen. Weitere Anwendungen liegen im Bereich der Mechatronik – etwa bei Produktionsfehlereskalationssystemen – sowie vor allem der Automobilindustrie.

Im Mittelpunkt der *Fahrzeugtelematik* steht die Datenübertragung vom und zum Fahrzeug. Darauf setzen vor allem drei Arten von Diensten auf:

- *Diagnosedienste* ermöglichen die Übertragung sämtlicher protokollierter Betriebsdaten des Fahrzeuges oder einzelner Baugruppen, z.B. Betriebsstunden, Abnutzungszustände oder aufgelaufene Fehlermeldungen. Im Rahmen der *telemetrischen Diagnose* können auch gezielte Tests durchgeführt und im Rahmen der *Fernwartung* Parameter reguliert werden.

- *Fahrzeugfunktionsdienste* beinhalten den Aufruf regulärer Fahrzeugfunktionen unabhängig vom Aufenthaltsort des Nutzers. Dies können Dienste wie die in Abschnitt 10.5 beispielhaft genannte Fahrzeugverriegelung, das Einschalten einer Standheizung oder das Schließen des Cabrioverdecks sein. Hinzu kommt der manuelle Aufruf besonderer Funktionen wie Ortung im Diebstahlsfall *(Vehicle Tracking)* oder der automatische Aufruf besonderer Funktionen durch die Fahrzeugelektronik wie Notruf mit Standortübermittlung, wenn der Airbag ausgelöst wurde.

- *Fahrerdienste* beinhalten vor allem die Verarbeitung und Verknüpfung ortsbasierter Information. Sie können alle Arten von Assistenz umfassen, vor allem verkehrsbezogene, kontextsensitive Informationsdienste und Suchdienste nach dem Pull- oder nach dem Push-Prinzip. Dies können beispielsweise dynamische Routenplaner oder City-Lotsensysteme sein, die stets aktuelle Baustellen- und Verkehrsinformationen verwenden, aber auch Pannenassistenz sowie simple Tankstellen- und Hotelsuche, wie sie aus Abschnitt 4.3 bzw. 10.3 bekannt sind. Prinzipiell können hier alle Arten von MC-Diensten zur Anwendung kommen.

Die drahtlose Datenübertragung für Telematikanwendungen erfolgt heute typischerweise durch Mobilfunk. Prinzipiell sind jedoch alle Arten drahtloser Kommunikation vorstellbar. So könnte eine Übertragung etwa in Parkhäusern und Tiefgaragen mittels WLAN erfolgen oder sich künftig zwei Fahrzeuge durch spontane Vernetzung mittels Bluetooth über einen geeigneten Abstand, koordinierte Fahrstreifenwahl oder eine Regelung der Vorfahrt verständigen.

Abb. 10-6: Benutzerschnittstelle eines Fahrzeugtelematik-Systems (Quelle: Audi)

Telematiksysteme, die in die Fahrzeugelektronik integriert sind, sind heute bei Neufahrzeugen im Hochpreissegment bereits Standard. Ein Beispiel für eine Benutzerschnittstelle, die in das Fahrzeug integriert ist, zeigt Abb. 10-6. Man kann davon ausgehen, dass diese Systeme mittelfristig einen hohen Verbreitungsgrad erreichen und die bisher üblichen Bordcomputer ersetzen werden. Dies gilt insbesondere für Fahrzeuge deutscher Automobilhersteller, die hier führend sind.

Die Automobilhersteller beschränken sich hierbei nicht auf die Entwicklung der Systeme und deren Verkauf mit dem Fahrzeug. Sie treten als Portalanbieter für ihre Systeme auf und integrieren dabei selbst betriebene Diagnose- und Fahrzeugfunktionsdienste sowie Fahrerdienste, die von spezialisierten Dienstbetreibern bezogen werden. Bei diesen Aktivitäten handelt es sich zwar prinzipiell um ein zusätzliches Geschäftsfeld. Dem hier durchaus vorhandenen großen Kundeninteresse steht jedoch eine geringe Preisbereitschaft gegenüber. Dennoch sind diese Aktivitäten von strategischer Bedeutung für Automobilhersteller, nicht durch die Generierung direkter Erlöse, sondern durch die Bereitstellung eines direkten, bidirektionalen Kommunikationskanals zum Kunden. Dies ermöglicht einerseits ein direktes Angebot von Produkten und Dienstleistungen, andererseits aber auch Lerneffekte durch die flächendeckende Auswertung von Betriebs-

und Fehlerdaten sowie erhebliche Kosteneinsparungen etwa durch die effiziente Abwicklung von Rückrufen.

In Automobilen mittlerer und niedrigerer Preisklassen kommen statt integrierter Telematiksysteme häufig Einbausätze von Drittanbietern, z.B. unter Verwendung von PDA, zum Einsatz. Diese beschränken sich in aller Regel auf Fahrerdienste. Entsprechende verkehrsbezogene, kontextsensitive Informations- und Suchdienste werden meist von den selben spezialisierten Dienstanbietern, deren Inhalte auch die Automobilhersteller verwenden, für alle Arten mobiler Endgeräte zur Verfügung gestellt. Die Dienstanbieter generieren damit transaktionsabhängige und transaktionsunabhängige direkte Erlöse (siehe 8.1.2).

Weitere wichtige Einsatzbereiche für Telematiksysteme sind Abrechnungssysteme für Straßenbenutzungsgebühren *(Mautsysteme)* sowie die optimierte Steuerung von Fahrzeugflotten etwa für Speditionen, Paketdienste und Einsatzfahrzeuge aller Art.

Zusammenfassung

Telematik befasst sich mit der zusammengefassten Übertragung und Verarbeitung von Daten zur Erledigung spezifischer Aufgaben über räumliche Distanz hinweg. Die bedeutendsten Einsatzbereiche sind Medizin, Mechatronik und *Fahrzeugtelematik*.

Kontrollfragen

(52) Ordnen Sie die Aktivitäten der Automobilhersteller in die Wertschöpfungskette des MC ein.

10.7 Mobile Geschäftsprozesse

Der Einsatz mobiler Technologie im Unternehmen wird häufig ausschließlich aus dem technischen Blickwinkel betrachtet. In Wirklichkeit jedoch handelt es sich nicht in erster Linie um ein technisches, sondern um ein organisatorisches Problem. Im Vordergrund steht – obschon hilfreich – auch nicht die simple Verfügbarkeit von Bürokommunikationsumgebungen, etwa zum mobilen Versand und Empfang von E-Mails. Die wesentliche Eigenschaft einer mobilen Lösung ist die Möglichkeit, mobile Arbeitsplätze in inner- und zwischenbetriebliche Prozesse vollständig einzubeziehen.

Unter *mobilen Arbeitsplätzen* werden dabei eine Vielzahl äußerst heterogener Tätigkeitsprofile verstanden, die durch stationären IT-Einsatz nicht ausreichend unterstützt werden können. Wichtige Kategorien sind:

- Mitarbeiter mit Fachfunktionen, die auf dem Firmengelände mobil sind,
- Mitarbeiter mit Fachfunktionen, die außerhalb des Firmengeländes mobil sind,
- Mitarbeiter mit Fach- und Führungsfunktionen in Organisationen, deren operatives Geschäft mobil durchgeführt wird,
- Entscheidungsträger.

Beispiele für die erste Kategorie wären etwa ein Lagerarbeiter, der an verschiedenen Orten Waren annehmen, überprüfen und ausgeben muss, ein Mitarbeiter, der für eine Leihwagenfirma oder einen Automobilspediteur abgestellte Kraftfahrzeuge annehmen und ihren Zustand überprüfen muss oder ein Fachverkäufer von Einbauküchen, der einerseits mit den Kunden im Haus unterwegs ist und Detaillösungen an Hand zahlreicher Musterküchen zeigen, andererseits aber gleichzeitig Verfügbarkeits-, Kosten- und Planungsfragen beantworten muss, für die er eine Planungssoftware mit Datenbankzugriff benötigt. Die zweite Kategorie umfasst etwa den Mitarbeiter im klassischen Vertriebsaußendienst, der sich beim Kunden aufhält und einen Liefertermin zusagen muss, den Techniker, der ein Ersatzteil bestellen muss, oder den Einkäufer eines großen Kaufhauses, der sich in Südostasien befindet, Ware ordern will und aktuelle Abverkaufszahlen benötigt oder Ware geordert hat und diese zur Aufnahme in den Katalog meldet. Die dritte Kategorie betrifft eine spezielle Art von Organisationen, zu denen etwa Speditionen gehören, ebenso wie Baufirmen, Maschinen- oder Anlagenbauer, die Baustellenfertigung betreiben, sowie alle Arten von Einsatzkräften, etwa Polizei, Rettungsdienst, Feuerwehr oder private Wachdienste. Die zu unterstützenden Mitarbeiter sind dann beispielsweise Auslieferungsfahrer, Bauleiter oder Streifenführer. Die vierte Kategorie schließlich umfasst Entscheidungsträger aller Art, die ortsungebunden Entscheidungen bis hin zur Ebene der Unternehmensführung treffen müssen.

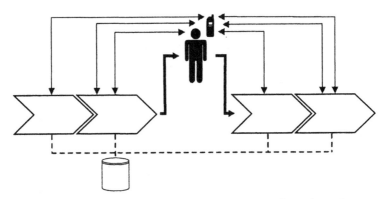

Abb. 10-7: Der mobile Mitarbeiter ist nicht in die Prozesskette integriert

So unterschiedlich die Rahmenbedingungen für die einzelnen Kategorien auch ansonsten sein mögen: das verbindende Element liegt darin, dass diese Mitarbeiter bis dato nicht sinnvoll in die Prozesskette des Unternehmens eingebunden werden konnten (Abb. 10-7).

Dies führt etwa zum typischen Bild des Vetriebsmitarbeiters, der einen erheblichen Teil seiner Zeit am Telefon verbringt und mit anderen Prozessbeteiligten spricht, um Informationen abzufragen, Aufträge zu übermitteln oder Terminzusagen zu erhalten. Allein an diesem Beispiel werden zahlreiche Ineffizienzen erkennbar: die Belastung anderer Prozessbeteiligter durch ständige Rückfragen (häufig gibt es eigens Innendienstmitarbeiter, die den größten Teil ihrer Zeit für die Kommunikation mit dem Außendienst aufwenden), Doppelarbeit und zusätzliche Fehlerquellen durch den Medienbruch und schließlich der Aufwand für den Außendienstmitarbeiter selbst. Hierbei ist nicht nur von Bedeutung, dass etwa ein hoch bezahlter Key Account Manager einen erheblichen Teil seiner Arbeitszeit verliert, in dem er nicht seiner Kernaufgabe nachgehen und Aufträge einwerben kann, sondern auch, dass er dem Kunden häufig wichtige Informationen erst nach Rückfrage mitteilen kann oder für genaue Konditionen gar auf ein einige Tage später eintreffendes schriftliches Angebot verweisen muss. Ähnliche Probleme ergeben sich für Entscheidungsträger, etwa einen Geschäftsführer. Während er abwesend ist, müssen einerseits Vorgänge im Betrieb angehalten werden, für die eine Entscheidung durch ihn benötigt wird. Im einfachen Fall kann diese telefonisch eingeholt werden, was wieder mit hohem Kommunikationsaufwand verbunden ist, anderenfalls bleibt der Vorgang bis zu seiner Rückkehr liegen. Andererseits wird er unterwegs häufig in der Situation sein, Entscheidungen treffen zu müssen. In Ermangelung detaillierter Informationen steht er bis dato häufig vor dem Dilemma, zwischen einer schnellen und einer fundierten Entscheidung wählen müssen. Ähnliche Betrachtungen kann man auch für die anderen genannten Kategorien anstellen.

Mobile Technologie ermöglicht nun die Schaffung einer durchgängigen Prozesskette, in die der mobile Mitarbeiter vollwertig eingebunden ist (Abb. 10-8).

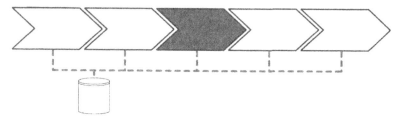

Abb. 10-8: Der mobile Mitarbeiter ist vollwertiger Bestandteil der Prozesskette

Business Process Reengineering (BPR)

Für entscheidende Verbesserungen ist es jedoch nicht ausreichend, den bestehenden Prozess mit mobiler Technologie auszustatten, also etwa dem oben angeführten Vertriebsmitarbeiter oder dem Geschäftsführer den Versand und Empfang von E-Mails mit einem mobilen Endgerät zu ermöglichen. Statt dessen muss eine grundlegende Umgestaltung der betroffenen Geschäftsprozesse in Angriff genommen werden. Der Zusammenhang zwischen dem Einsatz mobiler Technologien und der grundlegenden Umgestaltung der Prozesse – nach den Grundsätzen des *Business Process Reengineering (BPR)* – besteht dabei in beide Richtungen:

- Effektiver und effizienter Einsatz mobiler Technologien wird erst erreicht durch die Umgestaltung der Geschäftsprozesse.
- Die grundlegende Umgestaltung der Geschäftsprozesse wird erst ermöglicht durch die Potenziale mobiler Technologien, also die Verwendung mobiler Mehrwerte.

Business Process Reengineering ist dabei der vollständige Neuentwurf eines Geschäftsprozesses unter Ausnutzung neuer Potenziale, in diesem Fall der mobilen Technologien. Hierbei wird zunächst eine umfassende Problemdefinition vorgenommen und auf deren Grundlage ein vollständig neuer Prozess entworfen. Dabei folgt man der Leitfrage *„Wenn ich dieses Problem mit den heutigen Möglichkeiten lösen müsste, wie würde ich es angehen?"*. Erst dann erfolgt ein Vergleich mit dem bisherigen „gewachsenen" Prozess und eine Analyse der Verbesserungspotenziale und Einschränkungen. Der typische Effekt hierbei ist die Vereinfachung von Prozessen durch Eliminieren, Integrieren oder Automatisieren von Teilprozessen. Ziel ist der Entwurf eines qualitativ hochwertigen Prozesses, der die Potenziale moderner Technologie voll ausnutzt und Wettbewerbsvorteile durch entscheidende Verbesserungen bei den Faktoren Zeit, Qualität und Kosten schafft (zum BPR siehe [1]).

Der neu entstehende Prozess zeichnet sich häufig durch einen Strategischen Mehrwert in Form von Verbesserungen an allen drei Ecken des „magischen Dreiecks" Zeit – Qualität – Kosten aus. Dies könnte etwa der Fall sein, wenn ein Außendienstmitarbeiter durch die Verwendung mobiler Technologie in 30% aller Fälle Prüfung, Kalkulation und Terminzusage für einen Auftrag bereits vor Ort beim Kunden vornehmen kann.

Der wichtigste mobile Mehrwert für die Prozessoptimierung ist die Allgegenwärtigkeit. Einerseits ermöglicht die Verfügbarkeit der erforderlichen Informationen, fundierte Entscheidungen jederzeit und überall in Echtzeit zu treffen. Andererseits muss ein Prozess häufig nicht mehr unterbrochen werden, weil ein Entscheidungs- oder Informationsträger nicht erreichbar ist. Die *Digitale Transformation* des Unternehmens kann nun auch auf mobile Arbeitsplätze ausgedehnt werden [2]. Die dadurch typischerweise entstehenden Informationellen Mehrwerte wurden bereits in Kapitel 10.1 betrachtet. Wichtige Leitfragen für die Optimierung oder den Neuentwurf von Prozessen unter Nutzung Mobiler Mehrwerte sind:

- Wie wird sich der Prozess verändern, wenn von jedem Ort aus zu jeder Zeit Interaktion möglich wird? Erhöht sich damit die Bewegungsfreiheit von Mitarbeitern?
- Wo wird durch den Einsatz mobiler Technologie ein Geschwindigkeitsvorteil erzielt? In welchen Szenarien können hierdurch Effizienzvorteile entstehen?
- Können Informationsquellen und -senken durch eine mobile Lösung effektiver oder effizienter verbunden werden?
- Welche Informationen müssen in welcher Aufbereitungsform mobil verfügbar sein, damit schnelle *und* fundierte Entscheidungen bis hin zur Ebene der Unternehmensführung möglich werden? *(„decisions at the speed of light")*

Mobile ERP und weitere Anwendungen

Nachdem nun die Ziele des Einsatzes mobiler Technologien in inner- und zwischenbetrieblichen Geschäftsprozessen klar geworden sind, soll ein kurzer Blick auf die wichtigsten Arten von Anwendungen geworfen werden, die diesen Zielen dienen.

In kleinen und mittleren Organisationen werden dies häufig Branchenlösungen oder Anwendungssysteme, die Individualsoftware darstellen, sein. Hierbei sind mobile Endgeräte nach den in Kapitel 5 dargelegten Grundsätzen so einzubinden, dass sie entsprechend dem Bedarf des jeweiligen Nutzers schreibenden und lesenden Zugriff auf gemeinsame Datenbestände haben. Sind in solchen Systemen Geschäftsprozesse abgebildet, so ist eine möglichst vollständige Einbeziehung mobiler Clients anzustreben. In einer Reihe von mittleren, vor allem aber in größeren Organisationen sind ERP-Systeme (Enterprise Resource Planning, z.B. SAP R/3, Siebel oder Navision) eingeführt, mit denen die Geschäftsprozesse der Organisation vollständig abgebildet werden. Diese Systeme stellen typischerweise die Möglichkeit zur Einbindung mobiler Endgeräte bereit. Dies wird als *Mobile ERP* bezeichnet und umfasst im Wesentlichen vier Funktionalitäten: Customer Relationship Management (Mobile CRM), Supply Chain Management (Mobile SCM), Mobile Procurement und den mobilen Zugriff auf aufbereitete Unternehmensdaten. Hinzu kommt die Abwicklung des Reisemanagements der mobilen Mitarbeiter. Typischerweise sind die Funktionalitäten in ein Portal integriert und in unterschiedlichem Funktionsumfang sowohl für WAP-fähige Mobiltelefone, als auch für PDA verfügbar.

Eine *Mobile CRM*-Lösung umfasst – entsprechend dem oben geschilderten Beispiel des Vetriebsmitarbeiters – die Abwicklung des Gesamtvorganges von Auftrag und Preisfindung bis hin zur Verwaltung von Kundendaten. Das Ziel hierbei ist die Verkürzung der Reaktionszeit gegenüber dem Kunden bei Information und Leistung. Das mobile Endgerät ermöglicht dem Außendienstmitarbeiter prinzipiell die gleiche Sicht auf den Kunden wie der Büro-Arbeitsplatz. Dies gilt ebenfalls für Abruf und Analyse von Informationen über Mitbewerber, Serviceverträge und eine Reihe anderer Einflussgrößen. Zudem können Produktkonfigurationen und Preise bestimmt sowie Präsentationen und Angebote erstellt werden.

Ziel des *Mobile SCM* ist die Integration mobiler Mitarbeiter und Teams in sämtliche Geschäftsprozesse entlang der Lieferkette. Typische Beispiele hierfür sind das Bestätigen/Einbuchen eingehender Lieferungen durch Einscannen von Barcodes, der Empfang von Lageranweisungen für eingehende Waren, das Überprüfen der Lagerbestände, das Scannen/Ausbuchen von Waren beim Verladen auf LKW sowie der Druck von Lieferdokumenten vor Ort.

Mobile Procurement ermöglicht die Verwendung zentraler Beschaffungsfunktionen auf mobilen Endgeräten, insbesondere Preis-/Eigenschaftsvergleich benötigter Produkte und Dienstleistungen, Online-Einkauf innerhalb eines definierten Budgetrahmens sowie den verzugslosen Anstoß des Genehmigungsprozesses für umfangreichere Beschaffungen. Für den mobilen Zugriff auf (aufbereitete) Unternehmensdaten als Entscheidungsgrundlage wird der Begriff *Mobile Business Intelligence* verwendet. Dies umfasst die Verwendung von Data Warehouses, Reporting- und Analysefunktionen zu den oben ausführlich erläuterten Zwecken.

Einige typische Kennzeichen von Prozessen, die mobilen ERP-Zugriff nutzen, sind:

- stets verfügbare Produkt-/Preis-/Verfügbarkeitsinformation,
- vollständig zentralisierte Datenhaltung von Kundenstammdaten/Terminkalendern/Aufgaben,
- Funktionsintegration durch Anstoß der Auftragsabwicklung direkt bei Auftragserteilung vor Ort,
- ständiger Terminierungsabgleich,
- Eingabe von Lagerinformation direkt bei Warenein- und -ausgang,
- stark vereinfachte Inventurabläufe,
- triviale Statusermittlung/Sendungsverfolgung,
- Möglichkeit der Empfängerquittung auf dem mobilen Endgerät,
- Echtzeit-Kostenrechnung.

Ein weiterer Anwendungsbereich ist das *Job Dispatch*, die Übermittlung von Aufträgen und erforderlichen Daten an mobile Mitarbeiter mit Fach-

funktionen durch rechnergestützte Koordination. Dies ist z.B. für Einsatz-
und Rettungskräfte, Paketdienste oder Servicetechniker sinnvoll und ver-
einigt teilweise Mobile ERP- und Telemetriefunktionalitäten. Der Effekt
ist einerseits eine optimale Aufgabenzuordnung, andererseits ein verzugs-
loses, vollständiges Lagebild in der Zentrale. Häufig ist eine solche Lösung verbunden mit *Mobile Field Services*, die einem mobilen Mitarbeiter
mit Fachfunktionen eine umfassende Assistenzfunktionalität auf dem mobilen Endgerät – aufgrund der erforderlichen Darstellungs- und Eingabemöglichkeiten meist einem PDA – zur Verfügung stellen. Dies kann beispielsweise für einen Beamten der Verkehrspolizei eine Anwendung mit
Funktionen wie Online-Überprüfung von Personen- und Fahrzeugdaten
oder digitaler Erstellung und Übermittlung von Beweisfotos sein oder für
einen Paketzusteller eine optimale Routenberechnung.

Abschließend sei der Bereich *Mobile Office* genannt, die mobile Bereitstellung verschiedener Funktionalitäten einer Standard-Bürokommunikati-
onsumgebung. Entsprechende Funktionalitäten wie beispielsweise der
Versand und Empfang von E-Mails, Terminkalender oder Textverarbeitung sind auf höherwertigen mobilen Endgeräten standardmäßig vorhanden und wurden in Kapitel 3 angesprochen.

Im Anschluss sollen zwei Fallbeispiele verdeutlichen, wie Lösungen in
der Praxis aussehen, wie Geschäftsprozesse beim Einsatz mobiler Technologien verändert werden und welche Wirkung diese Veränderung auf die
Wertschöpfung von Unternehmen hat. In beiden Beispielen ermöglicht die
Lösung Mitarbeitern mit Fachfunktionen, bestimmte Tätigkeiten direkt vor
Ort beim Kunden auszuführen, anstatt einen Teil der Bearbeitung am Ar-
beitsplatz im eigenen Unternehmen durchführen zu müssen.

Fallstudie 1: Mobile Procurement bei Bell Canada

Bell Canada ist der führende Anbieter von Telekommunikationslösungen
für Privat- und Geschäftskunden in Kanada. Zu den angebotenen Produkten und Dienstleistungen zählen Sprach- und Datenübertragung, Internetzugang (ISP) und B2B EC-Lösungen. Die Fallstudie behandelt die Einführung einer Procurement-Lösung für Servicetechniker auf Basis einer SAP-
Lösung [5].

> Die rund 4000 Servicetechniker von Bell Canada bearbeiten Service Calls
> typischerweise vor Ort beim Kunden, besonders wenn es sich hierbei um
> wichtige Kunden (Key Accounts) handelt. Dabei muss ein Techniker nach
> erfolgreicher Fehlersuche und Diagnose aus über 55 000 lagernden Ersatz-
> teilen für Baugruppen wie Modems, Telefonanlagen und Anschlussdosen
> die jeweils benötigten Teile identifizieren und bestellen. Wegen der immer
> kürzer werdenden Technologiezyklen erweitert sich der Stamm an Ersatz-
> teilen stetig, weshalb es keinen Katalog in gedruckter Form gibt. Die Suche

nach passenden Ersatzteilen erforderte je Servicetechniker zwischen 30 und 120 Minuten pro Arbeitstag. Ausgehend von dieser Situation entschied sich Bell Canada für die Einführung einer Mobile Procurement Lösung, die sich optimal in das bestehende Anwendungssystem integrieren lassen sollte. Innerhalb von vier Monaten wurden alle Servicetechniker mit mobilen Endgeräten ausgestattet, welche den Zugriff auf den vollständigen aktuellen Ersatzteilkatalog, durch Offline-Synchronisation auch von Orten ohne Zugang zu Datennetzen, ermöglichen.

Dabei folgen neue Geschäftsprozesse den Möglichkeiten der neuen Technologie. Die Techniker suchen nun vor Ort mit Ersatzteilnummer oder Schlüsselwort nach der passenden Komponente und können beispielsweise Abbildungen, Verfügbarkeiten und Preise einsehen, um dann anhand eines Warenkorbes eine Bestellung mit entsprechenden Lieferdaten und -anschriften auszulösen. Überschreitet eine Ersatzteilbestellung den Verfügungsrahmen des Servicetechnikers, löst dies automatisch einen Prozess zur Bestätigung durch einen Vorgesetzten aus. Wird ein Ersatzteil nicht gelagert, wird ebenfalls automatisch eine entsprechende Bestellung beim Zulieferer ausgelöst und die geschätzte Lieferzeit zurückgegeben.

Durch die Mobile Procurement Lösung ist es Servicetechnikern von Bell Canada möglich geworden, Beschaffungsentscheidungen mit optimalem Informationsstand vor Ort beim Kunden treffen zu können. Dies verkürzt die Prozessdauer wesentlich, wodurch einerseits eine Ressourceneinsparung für Bell Canada und andererseits eine Verringerung der Ausfallzeit für den Kunden möglich wird – ein Faktor, der sich in der Zufriedenheit und Loyalität des Kunden widerspiegelt. Die Ressourceneinsparungen führten bereits nach knapp sechs Monaten zu einem Return on Investment. Die erzielten Verbesserungen in den Bereichen Kosten, Zeit und Qualität begründen für Bell Canada einen Strategischen Mehrwert.

Die Fallstudie zeigt eine mobile Lösung, die auf den ersten Blick eine recht unspektakuläre Funktionalität bereitstellt, einen stets aktuellen Ersatzteilkatalog mit Bestellmöglichkeit. Betrachtet man jedoch die Auswirkungen auf den Geschäftsprozess, so wird die Veränderung deutlich, die durch die Einführung der Lösung bewirkt wurde.

Fallstudie 2: Mobile Field Services bei Progressive Insurance

Progressive Insurance ist mit mehr als 8 Millionen Kunden die viertgrößte Kraftfahrzeugversicherung in den USA. Der hohe Wettbewerb und die Homogenität der Produkte in der Versicherungsbranche machen guten Kundenservice zu einer der wichtigsten Differenzierungsmöglichkeiten. Progressive Insurance setzt beim Einsatz neuer Technologien auf eine Pionierstrategie. Im Electronic Commerce war das Unternehmen die erste Versicherung, die den Abschluss einer Versicherungspolice online und in Echtzeit ermöglichte. Die Fallstudie behandelt die Einführung von Mobile Field Services für eine Schadensbearbeitung vor Ort beim Kunden [6].

Eine Analyse der Kostenstruktur US-amerikanischer Kfz-Versicherer ergibt, dass nach Branchenstatistiken rund 34% der Einnahmen aus Kfz-Versicherungspolicen als Kosten für die Abarbeitung der Schadensmeldungen anfallen. Häufig versuchen Versicherungsunternehmen, die Ausgaben für die Schadensregulierung selbst zu senken, was oft zu verlängerten Verhandlungsphasen und Konflikten zwischen Kunden und Versicherer führt. Progressive Insurance entschied sich statt dessen für die Einführung mobiler Technologie bei der Bearbeitung der Schadensmeldungen zu senken. Der bisherige Prozess begann mit der Schadensmeldung durch einen Kunden über Telefon, Fax oder E-Mail. Die Meldung wurde daraufhin einem Sachbearbeiter zugeordnet, welcher für die Durchführung von Interviews mit den beteiligten Personen, die Untersuchung der beteiligten Fahrzeuge und die weiteren Vorgänge zur Schadensregulierung verantwortlich war. Die fehlende Verfügbarkeit aller relevanten Informationen führte dabei zu Verzögerungen und inkonsistenten Entscheidungen. Progressive führte hierfür einen neuen Prozess ein, der mobile Technologien einsetzt, um einen kontinuierlichen Informationsfluss zwischen Kunden, der zentralen Datenbank und den an der Abarbeitung der Schadensmeldung beteiligten Akteuren zu ermöglichen. Der Sachbearbeiter ist nun grundsätzlich mobil und arbeitet vor Ort beim Kunden. Nach Zuordnung einer Schadensmeldung erhält er die Schadensnummer sowie Details zu Police und Schaden auf sein mobiles Endgerät. Dadurch kann er nun vor Ort die bis zu 20 Schritte einer kompletten Schadensregulierung vornehmen: angefangen beim Ausfüllen der Schadensmeldung, der Durchführung von Interviews mit den Beteiligten, der Identifikation der zu ersetzenden Teile, bis hin zur Schätzung des Reparaturaufwands und anschließenden Zahlung an den Kunden.

Die komplette Abarbeitung von Schadensmeldungen vor Ort führt zu erheblichen Informationellen Mehrwerten für Progressive Insurance und für den Kunden. Verursacht einerseits die stark verkürzte Bearbeitungsdauer eine deutliche Verringerung der Personal- und Sachkosten, so lässt andererseits die Bearbeitung vor Ort beim Kunden ein Gefühl intensiver Betreuung entstehen – was wiederum zu erhöhter Kundenzufriedenheit und Loyalität führt, einem der wichtigsten Wettbewerbsvorteile in der Versicherungsbranche. Die erzielten Verbesserungen in den Bereichen Kosten, Zeit und Qualität begründen auch im Fall von Progressive Insurance einen Strategischen Mehrwert.

Die Fallstudie zeigt eine mobile Lösung, die ebenfalls keine spektakulären Funktionen aufweist. Die Lösung wirkt dadurch, dass sie einem Sachbearbeiter – der ansonsten nur einen für den Kunden anonymen Verwaltungsprozess anstoßen könnte – alle notwendigen Funktionen für die Schadensabwicklung auf dem mobilen Endgerät bereitstellt, so dass dieser in direkter Interaktion mit dem Kunden während der Inaugenscheinnahme des Schadens die Abwicklung abschließt.

Man kann die Lektion aus den beiden Fallstudien generalisieren: Eine mobile Lösung im Unternehmen wirkt typischerweise nicht durch spektakuläre Eigenschaften oder neuartige Fähigkeiten der Endgeräte, sondern simpel durch die Bereitstellung der benötigten Information oder Funktionalität, mit der sie einen neuen, einfacheren und schnelleren Geschäftsprozess ermöglicht.

So unspektakulär jedoch die einzelne Lösung in der Hand des Außendienstmitarbeiters ist, so spektakulär sind insgesamt die Auswirkungen mobiler Technologie auf die Aufbau- und Ablauforganisation von Unternehmen im 21. Jahrhundert: Die *Digitale Transformation*, die Unternehmen durch die volle Ausnutzung der Möglichkeiten des Internet erfahren haben, erweitert sich zur *Mobilen Transformation*, die jede Art von Arbeitsplätzen als vollwertige Mitglieder in inner- und zwischenbetriebliche Prozessketten einbindet.

Hinzu kommt eine Eigenschaft, die im Zusammenhang mit dem Mobile Commerce von vielen Unternehmen sehr geschätzt wird: Während ein Anbieter im B2C MC auf die Schätzung von Nutzungszahlen und eine Vielzahl zukünftiger Einflussfaktoren angewiesen ist, ergeben sich im B2B MC typischerweise Lösungen, die durch ihre klar umrissene Funktionalität ganz konkrete, messbare Effekte (zunächst vor allem durch Kosteneinsparungen) zur Folge haben. Die Entscheidung über die Realisierung einer solchen Lösung kann daher mit all ihren Konsequenzen unter Anwendung des betriebswirtschaftlichen Grundinstrumentariums, nämlich klassischer Investitionsrechnung und Berechnung eines Return on Investment, getroffen werden.

Zusammenfassung

Der Einsatz mobiler Technologie im Unternehmen ist in erster Linie kein technisches, sondern ein organisatorisches Problem. Die wesentliche Eigenschaft einer mobilen Lösung liegt in der Möglichkeit, mobile Arbeitsplätze in inner- und zwischenbetriebliche Prozesse vollständig einzubeziehen. Dabei liegt das Potenzial nicht in der Verbesserung alter Prozesse, sondern in der Möglichkeit, neue Arbeitsweisen aufzubauen und Prozesse nach den Grundsätzen des *Business Process Reengineering (BPR)* neu zu gestalten, um entscheidende Verbesserungen bei den Faktoren Zeit, Qualität und Kosten zu realisieren.

Hierzu dient die Einbindung mobiler Endgeräte in ERP-Systeme *(Mobile ERP)*. Dies umfasst vor allem *Mobile CRM* (die Abwicklung des Gesamtvorganges von Auftrag und Preisfindung bis hin zur Verwaltung von Kundendaten), *Mobile SCM* (Integration mobiler Mitarbeiter und Teams in die Logistikabläufe), *Mobile Procurement* (mobile Abwicklung aller Beschaffungstransaktionen vom Preisvergleich bis zur Bestellung) und den mobilen Zugriff auf aufbereitete Unternehmensdaten, der als *Mobile Business Intelligence* bezeichnet wird.

Weitere wichtige Anwendungen sind *Job Dispatch*, die Koordination und Übermittlung von Aufträgen an mobile Mitarbeiter, *Mobile Field Services*, die Assistenzfunktionalitäten bereitstellen, sowie *Mobile Office*.

Kontrollfragen

(53) Ist das „30%-Beispiel" auf Seite 192 realistisch? Welche Voraussetzungen müssten hierzu gegeben sein?

(54) Nennen Sie drei Beispiele für Prozessverbesserungen durch den Einsatz von Mobile ERP.

Literaturhinweise

[1] *Hammer, M.; Champy, J.:* Business Reengineering – Die Radikalkur für das Unternehmen. 4. Aufl., Campus, Frankfurt a. M. 1994.

[2] *Khodawandi, D.; Pousttchi, K.; Winnewisser C.:* Mobile Technologie braucht neue Geschäftsprozesse. Augsburg 2003.
http://wi2.wiwi.uni-augsburg.de/mobile/

[3] *May, P.:* Mobile Commerce – Opportunities, Applications and Technologies of Wireless Business. Cambridge University Press, Cambridge 2001.

[4] *Steimer, F.; Maier, I.; Spinner, M.:* mCommerce – Einsatz und Anwendung von portablen Geräten für mobilen eCommerce. Addison-Wesley, München 2001.

Internetquellen

[5] *SAP AG:* SAP Customer Success Stories – Bell Canada. 2002.
http://www.sap.com/solutions/mobilebusiness/pdf/BellCanda_500604 26s.pdf

[6] *E-Business Strategies:* Progressive Insurance – Creating Value via Mobile Field Service. 2003.
http://www.ebstrategy.com/case_studies/Progressive.pdf

Anhang: Antworten zu den Kontrollfragen

(1) Mobile Commerce (MC) bezeichnet jede Art von geschäftlicher Transaktion, bei der die Transaktionspartner im Rahmen von Leistungsanbahnung, Leistungsvereinbarung oder Leistungserbringung mobile elektronische Kommunikationstechniken (in Verbindung mit mobilen Endgeräten) einsetzen. Mobilfunk ist eine solche mobile elektronische Kommunikationstechnik, eine andere Möglichkeit wäre etwa Wireless LAN.

(2) Die Entwicklungsstufen werden danach unterschieden, ob ein Angebot Information, Transaktion oder Interaktion ermöglicht. Entsprechende Beispiele aus dem Bereich der Bankdienstleistungen könnten auf der ersten Stufe etwa die Anzeige von Wertpapierkursen, auf der zweiten der Wertpapierkauf oder -verkauf und auf der dritten Stufe eine Art Anlageberatung online über das mobile Endgerät, z.B. unter Verwendung eines Expertensystems, ermöglichen.

(3) Die Aussage ist falsch. Mobilfunk spielt im MC eine sehr große Rolle, stellt aber gleichwohl nur eine von mehreren Möglichkeiten der drahtlosen Kommunikation dar. Im Übrigen kann sowohl über ein geeignetes Mobiltelefon eine andere Art der drahtlosen Kommunikation als Mobilfunk abgewickelt werden (z.B. via Bluetooth), als auch über ein anderes mobiles Endgerät eine Verbindung zu einem Mobilfunknetz aufgebaut werden. MC ist auch dann möglich, wenn weder ein Mobiltelefon, noch Mobilfunktechnologie beteiligt sind, etwa bei der Übertragung eines Inventur-Datensatzes von einem Handheld-Computer in eine Unternehmensdatenbank via Wireless LAN.

(4) Pro Kanal stehen bei GSM acht Zeitschlitze zur Verfügung. Da GSM FDD verwendet, kann jedem dieser Zeitschlitze ein Nutzer zugeordnet werden, also ergeben sich maximal 80 Nutzer (unter der Annahme, dass keine Intrazellengespräche geführt werden).
Aufgrund der Anzahl der Kanäle pro Zelle wird es sich nicht um GSM 900 handeln; vielmehr ist von GSM 1800 auszugehen.

(5) Bei TDD belegt ein Teilnehmer zwei Zeitschlitze, je einen für Up- und einen für Downlink. Damit ergibt sich bei 50 verfügbaren Zeitschlitzen eine maximale Nutzerzahl von 25 (unter derselben Annahme wie in (4)).

(6) Da GSM 900 über eine höhere Reichweite verfügt, kann das Netz im Vergleich zu GSM 1800 mit einer geringeren Zahl von BTS – mithin zu niedrigeren Kosten – betrieben werden. Sind zusätzlich fünf große Städte

vorhanden, so sollten in den Städten zusätzlich GSM 1800-Zellen betrieben werden; es ergibt sich dann ein Dualbandnetz.

Die neuen Zellen sollten zusätzlich (also überlappend mit dem alten Netz) betrieben werden, da dies einerseits eine höhere Kapazität ermöglicht und andererseits damit die Abdeckung für Besitzer älterer Geräte – die nicht dualbandfähig sind – vollständig bleibt.

(7)   Die Herleitung erfolgt über die theoretisch maximal mögliche Anzahl der übertragenen Bit pro Sekunde. In jedem Zeitschlitz von 0,577 ms Dauer können in einem Normal Burst 114 Bit Nutzdaten übertragen werden. Da ein Nutzer je einen von acht Zeitschlitzen zur Verfügung hat, ergibt sich die Datenübertragungsrate zu 114 Bit / (0,000577s*8) = 24696,7 Bit/s.

(8)   Während BTS und BSC die Übertragung auf der Luftschnittstelle ermöglichen und dabei für die MS eigentlich nur eine erweiterte Relaisfunktion bereitstellen, führt das MSC die logische Kommunikation mit der MS.

(9)   Die Gesamtkosten des Netzbetreibers belaufen sich im ersten Falle auf 13 Mio. EUR (13 000 * 1 000 EUR). Im Falle einer möglichen Verlagerung dieser Funktionalität in das BSC fallen stattdessen lediglich 2,3 Mio. EUR (230 * 10 000) an.

Allgemein betrachtet ist es wirtschaftlich, soviel Funktionalität wie möglich auf die jeweils höchst mögliche Ebene (hier: BSC) zu verlagern. Dabei ist natürlich zu beachten, ob eine solche Verlagerung mit Effektivitäts- oder Effizienzeinbußen im Netzbetrieb verbunden ist – diese sind dann gegen die mögliche Kosteneinsparung abzuwägen.

(10)   Roaming ist die Nutzung eines fremden Mobilfunknetzes durch eine MS, Handover dagegen die unterbrechungsfreie Gesprächsübergabe beim Wechsel der Funkzelle innerhalb eines Mobilfunknetzes.

(11)   In zellbasierten Netzen befindet sich – wie der Name sagt – jeder Nutzer in einer definierten Zelle, über die er angesprochen werden kann. In einem GSM-Netz wird jedoch diese (aktuelle) Zelle nicht zentral nachgehalten. Statt dessen wird nur die LA gespeichert. Dadurch ist für einen Teilnehmer nicht unmittelbar bekannt, über welches BTS er erreicht werden kann.

(12)   Bei verbindungsorientierter Datenübertragung wird die Übertragungsstrecke jedes Mal neu aufgebaut und – wie für Sprache – exklusiv geschaltet. Die Netzkapazität wird dabei statisch aufgeteilt, es existiert eine maximale Anzahl an Verbindungen. Die Abrechnung erfolgt nach Verbindungszeit. Bei paketorientierter Datenübertragung werden die Daten zur Übertragung in einzelne Pakete zerlegt, diese adressiert und über ein geteiltes Medium versendet. Die Netzkapazität wird dynamisch aufgeteilt und es existiert eine Volumenobergrenze. Dies ermöglicht die so genannte „Always-On" Funktionalität, d.h. es besteht ständig eine Netzverbindung, aber nur bei Bedarf werden Ressourcen belegt. Die Abrechnung erfolgt nach Datenvolumen und nach Dienstqualität.

(13)   Bei HSCSD handelt es sich um eine Softwareerweiterung für GSM, die eine Kanalbündelung ermöglicht. Im theoretischen Maximum können damit bis zu 8 Kanäle gebündelt werden. Dadurch ergibt sich eine Datenübertragungsrate von maximal 76,8 kBit/s (8 * 9,6 kBit/s) bei CSD-Standardkanälen bzw. 115,2 kBit/s (8 * 14,4 kBit/s) bei Kanälen mit TCH/F 14.4.

(14)   Paketorientierte Datenübertragung ermöglicht eine „Always-On" Funktionalität. Erst mit dieser können vom und zum Nutzer ständig und verzugslos Daten übermittelt werden, um etwa ständig aktuelle oder kontextsensitive Angebote zu ermöglichen (z.B. Newsticker, proaktive ortsbasierte Umleitungsempfehlungen usw.). Theoretisch ist dies zwar auch ansonsten möglich, aber wirtschaftlich nicht sinnvoll. Eine gewisse Vorstufe bilden Kurznachrichten, mit denen aber nur sehr eingeschränkte Dienste möglich sind.

(15)   Der Journalist irrt. Die Einführung von GPRS erforderte vor allem Änderungen im Mobilvermittlungsnetz. UMTS verwendet in seiner Einführungsversion das GPRS-Mobilvermittlungsnetz. Der Aufbau des GPRS-Netzes war also kein Umweg, sondern die erste Stufe zum UMTS-Netz. Demzufolge dienten auch die entsprechenden Investitionen bereits dem Aufbau des UMTS-Netzes.

(16)   Sie sollten von dieser Vorgehensweise deutlich abraten. Die Einführung von EDGE erfordert umfangreiche Anpassungen auf BTS-Ebene, was aufgrund der großen Anzahl an BTS sehr hohe Kosten nach sich zieht. Für ein UMTS-Netz können diese EDGE-fähigen BTS jedoch nicht weiterverwendet werden. Es ist keinesfalls zu erwarten, dass die Kosten der EDGE-Anpassung sich innerhalb ihrer kurzen Nutzungszeit amortisieren oder durch die Gewinnung von Premium-Kunden kompensiert werden können.
Hinzu kommt, dass Sie dann über ein Mix konkurrierender Technologien verfügen, das nicht nur wirtschaftlich, sondern auch technisch sehr wenig Sinn macht.

(17)   Derzeit ist WLAN im Wesentlichen im LAN-Bereich von Bedeutung, etwa um einen drahtlosen Intranetzugang auf dem Firmengelände oder einen Internetzugang für Aussteller auf einem Messegelände zu ermöglichen. Künftig ist an so genannten Hot Spots eine Konkurrenzsituation zur Datenanbindung über Mobilfunk möglich, ebenso ist jedoch auch die Integration von WLAN-Zellen in Mobilfunknetze denkbar.

(18)   Während bei einer Bluetooth-Verbindung keine Sichtlinie erforderlich ist, muss bei einer IrDA-Verbindung die Infrarotschnittstelle des Endgerätes auf diejenige des Kontrollsystems ausgerichtet werden. Für eine Bluetooth-Verbindung könnte das Endgerät also z.B. in der Tasche bleiben.

(19)   Ein virtuelles Äquivalent könnte z.B. den gegenwärtigen Benutzer, aktuellen Füllstand, Temperatur und die bisherigen Benutzungszeiten enthal-

ten. Die Daten können durch Sensoren ermittelt werden. Für die Verbindung zur Webseite könnte ein Bluetooth- oder WLAN-Modul verwendet werden. Mit den Daten ist z.B. eine automatisierte Kaffeeabrechnung und (aggregierte) Bedarfsschätzung möglich; bei einer „Cheftasse" mit niedrigem Füllstand oder Temperatur könnte eine Nachricht an das Sekretariat zur Nachfüllung veranlasst werden und vieles mehr. Erkennt eine Kaffeetasse, dass sie mit anderen benutzten Tassen zusammen auf dem Tisch steht, könnte sie eine Nachricht an das Türschild senden und dies auf „Besprechung" schalten.

Natürlich sind dies zunächst spielerische Anwendungen, die Möglichkeiten etwa für Produktionsabläufe sind jedoch evident. Entsprechende „präparierte" Kaffeetassen wurden im Telecooperation Office der Universität Karlsruhe entwickelt.

(20)   Um mit einer Signaturkarte zu arbeiten, wird ein entsprechender Kartenleser benötigt; das Gerät muss also über eine entsprechende (interne) Erweiterungsmöglichkeit verfügen. Digitale Signatur basiert auf asymmetrischer Verschlüsselung und ist rechenintensiv, also ist entsprechende Prozessorleistung erforderlich. Die Mobilfunk-Anbindung sollte problemlos sein, daher kommen Geräte mit integriertem Mobilfunk oder aber solche mit Bluetooth-Schnittstelle in Frage.

(21)   Bei dem Notfall-Mobiltelefon ist in jedem Fall Satellitennavigation erforderlich. Unabhängig von den Kosten des GPS-Moduls wäre eine andere Lösung in jedem Fall zu ungenau, um das Unfallfahrzeug im Notfall schnell aufzufinden.

Bei dem Umzugsunternehmen wird typischerweise die Zellidentifikation des Mobiltelefons, das der Fahrer mit sich führt, die wirtschaftlichste und damit sinnvollste Lösung sein. In Einzelfällen mag es zwar wichtig sein, ob das Fahrzeug schon beim Kunden, oder noch einige Kilometer entfernt ist. In der weit überwiegenden Zahl der Fälle aber ist eher der ungefähre Standort des Fahrzeugs (z.B. auf einer Deutschlandkarte entlang des Autobahnnetzes) gefragt, für den dieses wenig aufwändige Verfahren voll ausreicht.

Sollten die Fahrzeuge allerdings ohnehin mit Kfz-Navigationssystemen ausgestattet sein, wäre auch eine Nutzung des dann vorhandenen GPS-Empfängers sinnvoll.

(22)   Im ersten Fall ist die Position des Auslösers vorgegeben (Halle 5); die Position des Zieles (den Anforderungen entsprechender Programmierer) wird ermittelt.

Im zweiten Fall wird sowohl die Position des Auslösers wie auch des Ziels ermittelt, wobei jeder Nutzer des Systems sowohl Auslöser (wenn er eine Suchanfrage auslöst), als auch Ziel (passender Diskussionspartner, der sich in der Datenbank befindet) sein kann.

(23)   Für eine B2C-Anwendung mit der Zielgruppe Schüler und Jugendliche sollte dasjenige Haupt-Zielgerät gewählt werden, das der typischen

"Schulhof-Ausstattung" entspricht. Im Jahr 2003 erscheint ein SMS-fähiges Mobiltelefon als geeignet, als weiteres Zielgerät möglicherweise ein WAP-fähiges Mobiltelefon. Bei der B2B-Anwendung für den Bauleiter könnte ebenfalls auf ein WAP-fähiges Mobiltelefon aufgesetzt werden, über das die Zielgruppe vermutlich bereits verfügt. Andererseits jedoch handelt es sich hier bei dem Nutzer um Führungspersonal und es bestehen hohe Funktionalitätsanforderungen an die Anwendung. Es sollte daher geprüft werden, ob hier stattdessen ein PDA als Zielgerät vorzusehen ist.

(24)   Der monatliche Umfang des Datenvolumens beträgt ca. 900 KB. Die kostengünstigste Lösung ist somit der Einsatz einer Prepaid-Karte mit einem Inklusiv-Datenvolumen von 1 MB – einige Euro im Monat reichen dafür typischerweise aus.

(25)   Es liegt eine serverseitige Programmierung vor; es handelt sich um einen Push-Dienst. Der Nutzer initiiert und konfiguriert den Dienst mit dem Limit und den bei Auslösung benötigten Informationen bei (z.B. Kurs, Handelsvolumen). Bei Eintritt des spezifizierten Ereignisses geht die Datenübertragung per SMS dann vom Server aus. Zielgerät ist ein SMS-fähiges Mobiltelefon.
Im Gegensatz zu einer WAP-Anwendung sind diese Informationen aber statisch, zudem ist keine Interaktion möglich.

(26)   Ein Szenario wäre, dass der Nutzer einen Kauf tätigen und zuvor prüfen will, ob sein Kontostand ausreicht. Ein weiteres Szenario wäre, dass der Nutzer Wartezeiten nutzen will – z.B. in öffentlichen Verkehrsmitteln, im Restaurant oder vor einem Termin – um sein Aktiendepot anzusehen oder fällige Überweisungen per WAP zu erledigen. Ein drittes Szenario wäre, dass der Nutzer schnellstmöglich eine bestimmte Zahlung erledigen will oder muss.
Analog zu anderen MC-Anwendungen sollte eine Mobile-Banking Anwendung schnell, schlank sowie intuitiv und mit wenigen Klicks bedienbar sein. Für das zuletzt beschriebene Szenario wäre beispielsweise eine Anwendung vorstellbar, die eine Überweisung vornimmt, nachdem die Zahlungsdaten mittels eines Barcodescanners eingelesen wurden. Auf einem Strafzettel könnte dann etwa ein Strichcode aufgedruckt sein, den der Nutzer mit einem Klick einliest und mit einem weiteren Klick und der Eingabe einer PIN die Zahlung veranlasst und bestätigt.

(27)   Die CRM-Software sollte so skaliert sein, dass sie im Funktionsumfang und in der Darstellung auf die beiden unterschiedlichen Zielgeräte angepasst ist. Eine Lösung könnte etwa vorsehen, dass die Key Account Manager Vollzugriff auf die Unternehmensdatenbank – insbesondere etwa Kundendaten, Kalkulationsdaten und Auftragsteuerung – haben, während die restlichen Mitarbeiter über eine Java-Anwendung Standardaufträge online kalkulieren und lesende Zugriffe auf Kundendaten via WAP durchführen können.

(28)   Bisher ist die Benutzung nur für Studenten mit WAP-fähigen mobilen Endgeräten, vornehmlich Mobiltelefonen, möglich. Eine einfache Alternative, die zudem einem größeren Teil der Zielgruppe die Teilnahme ermöglicht, wäre eine SMS-Anwendung. Hierbei könnten die Studenten sich mit Matrikelnummer und Klausurcode online eintragen und bekämen nach erfolgter Korrektur eine SMS mit der erzielten Note. Der Unterschied zur WAP-Anwendung ist jedoch, dass bei der SMS-Lösung die Universität die Kosten für den SMS-Versand zu tragen hätte, während bei der WAP-Lösung nur eine Bereitstellung der Ergebnisse auf dem ohnehin vorhandenen Webserver erforderlich ist und jeder Nutzer seine Kosten selbst trägt.

(29)   In der vorliegenden Zielgruppe ist eine Beschränkung auf das Zielgerät PDA mangels Verbreitung nicht sinnvoll. Eine intelligente Alternative wäre dagegen, die Konfiguration – die nur zweimal im Jahr erforderlich ist – nicht über das mobile Endgerät, sondern über ein Web-Interface vornehmen zu lassen.

(30)   Kein Kunde wird ein MC-Angebot nutzen, nur weil es sicher ist (sondern weil die Funktionalität des Angebotes für ihn attraktiv ist). Das Gegenteil kann jedoch sehr wohl der Fall sein: Fühlt sich der Kunde unsicher, nutzt er ein Angebot nicht, auch wenn es für ihn ansonsten attraktiv wäre. Damit stellt subjektive Sicherheit eine notwendige (aber nicht hinreichende) Bedingung für die Nutzung eines MC-Angebotes dar.

(31)   Ein Sicherheitsvorfall bedeutet für Unternehmen typischerweise eine ernste Krise, die ihnen merklichen Schaden zufügen und sogar existenzbedrohende Ausmaße annehmen kann.
Die Ursache hierfür liegt eher selten in unmittelbaren materiellen Schäden (z.B. Schadenersatzforderungen), sondern vor allem in mittelbaren Schäden begründet, die durch die Öffentlichkeitswirkung eintreten. Das größte Problem hierbei ist der Vertrauensverlust bei Kunden, potenziellen Kunden und sonstigen Geschäftspartnern.

(32)   Ein Bewegungsprofil ist die Zusammenfassung der Daten, die durch eine fortlaufende Erhebung, Speicherung und Auswertung der Positionsdaten eines Nutzers entstehen. Die Erstellung eines Bewegungsprofils ermöglicht damit die lückenlose Überwachung eines Nutzers, wie sie ansonsten nur durch Observation möglich wäre.

(33)   Hier wird das Problem der Autorisierung adressiert. Typischerweise wird der Nutzer in diesem Fall ein Zertifikat ausgestellt bekommen, mit dem er seine Berechtigung zum Aufenthalt im Gebäude A in dem genannten Zeitraum dann nachweisen kann.

(34)   Die Angriffe des Hackers beeinträchtigen durch Überlastung die Verfügbarkeit des Systems. Es handelt sich hierbei um eine Denial-of-Service Attack (DoS).

(35)   Die Nichtabstreitbarkeit kann hier durch die Verwendung einer digitalen Signatur realisiert werden. Bei einer Wertpapiertransaktion wird allerdings eine so geringe Datenmenge (< 100 Byte) übermittelt, dass hier die Verwendung eines Hash-Wertes nicht sinnvoll ist und statt dessen eine Verschlüsselung des gesamten Nachrichtentextes erfolgen sollte.

(36)   Im Vergleich mit klassischen EC-Lösungen bieten MC-Lösungen zusätzlich Angriffspunkte durch das mobile Endgerät und auf der Luftschnittstelle. Beim mobilen Endgerät spielen im alltäglichen Gebrauch vor allem das höhere Verlust-/Diebstahlsrisiko und die Gefahr des Ausspähens von Daten eine Rolle. Die Datenübertragung auf der Luftschnittstelle bietet im Vergleich zur drahtgebundenen Übertragung erhebliche einfachere Möglichkeit des Mithörens bzw. der Teilnahme am Datenverkehr (Beispiel: Parking-Lot Attack).

(37)   Hier sollte der Bluetooth-Sicherheitsmodus 2 (Sicherheit auf Diensteebene) verwendet werden. Die Übermittlung von Produktinformationen ist nicht sicherheitsrelevant. Um diesen Dienst bestehenden Kunden und Neukunden ohne Konfigurationsaufwand zur Verfügung zu stellen, sollte er ohne Authentifizierung und Autorisierung zur Verfügung stehen.
Für den Zugriff der bestehenden Kunden auf ihre Kundenkartendaten (die ja offensichtlich z.B. eine vollständige Liste bisheriger Einkäufe umfassen, aus der typischerweise personalisierte Rabatte berechnet werden) sollte dagegen eine Authentisierung vorausgesetzt werden.

(38)   Die Angabe der Schlüsselstärke von 128 Bit enthält einen 24 Bit langen Initialisierungsvektor. Der statische Schlüssel selbst hat damit nur eine Länge von 104 Bit.

(39)   Eine Schlüsselstärke von 40 Bit entspricht 5 Zeichen. Bei einer derart kurzen Schlüssellänge ist Raten möglich. Von besonderem Interesse sind hier Begriffe aus dem Alltag dessen, der den Schlüssel vergeben hat. Deshalb sind die Buchstabenkombinationen „Kevin", „Bello" und „Petra" für einen ersten Versuch durchaus aussichtsreich.
Diese Aufgabe soll dem Leser zwei Dinge verdeutlichen: erstens die fragwürdige Sicherheit eines nur 40 Bit langen statischen WEP-Schlüssels und zweitens die Wichtigkeit, in solchen Fällen zumindest einen nicht leicht erratbaren Schlüssel zu wählen. „^5Ä#ß" ist hier sicher eine bessere Wahl als „Kevin".

(40)   Tatsächlich bieten Virtual Private Networks (VPN) mittels IPSec eine hohe Sicherheit. Jedoch ist es fraglich, ob ein derart hohes Sicherheitsniveau für diese Anwendung überhaupt angemessen ist. In keinem Fall ist es jedoch wirtschaftlich sinnvoll, alle Mitarbeiter der Zeitarbeitsfirma mit PDA auszustatten. Neben den Anschaffungskosten müssten die Mitarbeiter in der Bedienung geschult werden, wobei Zeitarbeitsfirmen häufig durch eine hohe Fluktuationsrate gekennzeichnet sind.
Eine sinnvolle Alternative wäre statt dessen eine per WTLS geschützte WAP-Anwendung, zu deren Nutzung WAP-fähige Mobiltelefone ausrei-

chen, über die ein Teil der Nutzer vermutlich ohnehin bereits verfügt und die leicht zu bedienen ist.

(41)   Zur Bereitstellung des Informationsangebots über ein Portal müssen die Wertschöpfungsstufen Inhalteanbieter, Inhalteaggregatoren und Portalanbieter besetzt werden. Für den MNO ist es sinnvoll, selbst als Portalanbieter aufzutreten, daher wird er diese Aktivität selbst ausführen. Für die Wertschöpfungsstufen Inhalteanbieter und Inhalteaggregatoren bietet es sich an, Leistungen extern zu beziehen, da diese Aktivitäten nicht zur Kernkompetenz des MNO zählen.
Sollen entgeltliche Leistungen angeboten werden, so wird außerdem ein Paymentdienstleister benötigt. Hier sollte der MNO unter der Nutzung der bestehenden Kunden- und Abrechnungsbeziehungen ebenfalls selbst agieren.

(42)   Als Endgerätelieferant hat das Unternehmen vorhandene Ressourcen (vor allem Know-how) in systemnahen Bereichen. Synergieeffekte bei der Besetzung weiterer Wertschöpfungsstufen sind somit in erster Linie in den Bereichen Infrastrukturlieferanten und Plattformentwickler zu erzielen, möglicherweise auch noch auf der Stufe Anwendungsentwickler.

(43)   Die zunächst vorgesehene Finanzierung mittels Werbe-SMS ist als ein transaktionsunabhängiger indirekter Erlös zu bewerten, ebenso der Verkauf der Profildaten (im ersten Fall vom Werbe-Auftraggeber, im zweiten vom Datenkäufer). Erlöse durch neue Kunden des Börsenbriefes, die durch das MC-Angebot gewonnen wurden, sind als weitere indirekte Erlöse im Nicht MC-Geschäft einzuordnen.

(44)   Bei diesem Dienst handelt es sich bei der angebotenen Leistung um ein digitales Gut, nämlich bereitgestellte Informationen zu ortsnahen Veranstaltungen. Die grundlegenden Geschäftsmodelltypen sind hier „Inhalt" bezüglich der Veranstaltungshinweise und „Kontext" bezüglich der Verwendung der Ortsinformation.

(45)   Durch die Einsparung ist ein Mehrwert mit Effizienzwirkung (Stichwort: Wirtschaftlichkeit) entstanden. Falls durch die laufende Planung nun termingebundene Aufträge angenommen werden können, die vorher abgelehnt werden mussten, wäre außerdem ein Mehrwert mit Effektivitätswirkung (Stichwort: Wirksamkeit) entstanden.

(46)   Die Allgegenwärtigkeit führt zur ortsunabhängigen und jederzeitigen Verfügbarkeit des Angebotes. Die Kontextsensitivität wird für Stadt- und Wetterinformation (durch Ortsbestimmung) und News (durch Personalisierung oder Interaktivität) verwendet. Zur Bezahlung werden Identifizierungsfunktionen (über die MSISDN) genutzt. Telemetriefunktionen finden keine Anwendung.

(47)   Die Produktion oder Aggregation von Inhalten ist einerseits sehr aufwändig und andererseits nicht das Kerngeschäft des MNO. Zudem ist durch die Gewinnung hochwertiger Content-Markenanbieter (idealerweise mit

bestehender Kundenbeziehung) eine deutliche Ausweitung der Nutzer-
zahlen zu erwarten, verbunden mit einer erhöhten Zahlungsbereitschaft.
Zudem steht der MNO in Konkurrenz zu anderen MNO, die ihren Kunden möglicherweise bereits qualitativ hochwertige Inhalte zugänglich
machen. Schließlich könnten Dienstanbieter mit einer hohen Marktmacht
versuchen, den Netzbetreiber zu umgehen und alternative Abrechnungs-
arten zu nutzen oder einzuführen.

(48)   Bei ständiger Nutzung kann ein Abonnementverkauf sinnvoll sein, bei
gelegentlicher Nutzung ist eher Einzelabrechnung und Revenue Sharing
mit dem Netzbetreiber aussichtsreich. Weiterhin könnte überlegt werden,
den Abonnementen der Print-Ausgabe die Nutzung für einen geringen
Aufpreis zu ermöglichen.

(49)   Raten Sie Ihrem Chef dringend ab. Abgesehen von der Frage, ob das
selbständige Anbieten eines ortsbasierten Dienstes zur Kernkompetenz
Ihrer Firma gehört, oder ob Sie nicht eher einem geeigneten Dienstanbieter Ihre Daten zuliefern sollten: Falls Sie sich dennoch entschließen, den
Dienst anzubieten, benötigen Sie ohnehin die Positionsdaten des Nutzers
– hier führt der Weg nicht an den Netzbetreibern vorbei, also böte sich
auch eine Abrechnung über diesen an. Eine Monatsrechnung, die vermutlich Prozesskosten zwischen 3 und 5 EUR verursacht, macht wenig Sinn
für einen Dienst, der pro Einzelnutzung 2 EUR kostet und von vielen
Nutzern eher gelegentlich verwendet wird. Schließlich sei angemerkt,
dass es diese Leistung am Markt für den Kunden bereits deutlich günstiger gibt, und zwar meistens über den Netzbetreiber selbst.

(50)   Das größte Akzeptanzproblem ist mangelnde subjektive Sicherheit. Zur
Abhilfe sind vor allem Marketingmaßnahmen gut geeignet, etwa Aufbau
und Nutzung von Marken oder die Gewinnung entsprechender Partner.

(51)   Die Idee ist mehr als fragwürdig. Das Problem bei dieser Frage ist der
geringe Marktanteil der einzelnen Banken im Privatkundengeschäft. Ein
Händler, der Ihr Bezahlverfahren akzeptiert, adressiert damit typischerweise nur einen sehr geringen Teil seiner Kundschaft. Ein Ansatz über
Zusammenschlüsse von Banken bzw. über Kreditkartenorganisationen ist
hier erheblich viel versprechender (ähnliche Überlegungen wie für dieses
Bezahlverfahren könnten zum Sinn eines Ersatzes der EC-Karte und der
angebotenen Kreditkarten durch vollständig bankeigene Produkte angestellt werden). Hinzu kommt, dass die mit Abstand größte Akzeptanz für
mobiles Bezahlen derzeit im Szenario MC vorhanden ist, was eine Beschränkung auf EC und stationären Handel nicht sinnvoll erscheinen
lässt. Im Szenario MC wiederum werden die MNO zweifellos marktbeherrschend als MPSP bleiben.

(52)   Bezieht man alle Aktivitäten der Automobilhersteller im Telematikbe-
reich ein, so treten sie einerseits als Plattformentwickler, Anwendungsentwickler und Endgerätelieferanten, andererseits als Inhalteanbieter, Inhalteaggregatoren und Portalanbieter auf.

(53)   Das Beispiel ist durchaus realistisch. Der Außendienstmitarbeiter müsste mit einer Mobile ERP Lösung ausgestattet sein, die ihm zumindest bei einfachen Aufträgen die vollständige Prüfung und Kalkulation sowie einen Einblick in die Produktionsplanung und Auftragseingabe mit (automatisierter) Reservierung von Ressourcen ermöglicht.

(54)   Drei typische Vorteile sind stets verfügbare aktuelle Daten, die Möglichkeit zur redundanzfreien vollständig zentralisierten Datenhaltung und die Ausdehnung Funktionsintegration auf mobile Arbeitsplätze.

Sachverzeichnis

Erläuterungen zum Sachverzeichnis:

Fett gedruckte Seitenzahlen geben jeweils eine Fundstelle an, an welcher der Leser den betreffenden Begriff als Hauptthema im Text findet. Bei Begriffen, deren Bedeutung nicht unmittelbar ersichtlich ist, wurde diese in <spitzen Klammern> angefügt.

Erfolgreich im Informationszeitalter

O. **Christ**, Universität St. Gallen

Content-Management in der Praxis

Erfolgreicher Aufbau und Betrieb unternehmensweiter Portale

Wie können Unternehmen ein effizientes und am betrieblichen Nutzen ausgerichtetes Content-Management erzielen? **Content-Management in der Praxis** beschreibt anhand von illustrativen Fallbeispielen Lösungskonzepte für den erfolgreichen Aufbau und Betrieb unternehmensweiter Portale. Neben strategischen Elementen beschreibt das Buch eine integrierte Architektur für das Content-Management multikanalfähiger Portale, die Prozessmodelle und darauf ausgerichtete Software-Funktionen des Content-Management enthält.

2003. XXV, 253 S. 112 Abb. Geb. € **39,95**; sFr 64,00 ISBN 3-540-00103-4

J. **Link,** Universität Kassel (Hrsg.)

Mobile Commerce

Gewinnpotenziale in Marketing und Vertrieb

Wie können Unternehmen eine kommerzielle Nutzung des M-Commerce realisieren? **Mobile Commerce** analysiert die Bestimmungsfaktoren der zukünftigen Entwicklung und einer erfolgreichen kommerziellen Nutzung und stellt zentrale Teilaspekte des Einsatzes mobiler Endgeräte dar. Es wird deutlich, dass nur die Unternehmen im M-Commerce kommerzielle Erfolge erzielen, welche bestimmte Regeln des strategischen Marketing und Marketing-Controlling befolgen. Dieses Buch hilft dabei.

2003. Etwa 290 S. Geb. € **39,95**; sFr 64,00 ISBN 3-540-00024-0

H. **Österle, R. Winter,** Universität St. Gallen (Hrsg.)

Business Engineering

Auf dem Weg zum Unternehmen des Informationszeitalters

Wie werden Unternehmen fit für das Informationszeitalter? Dieser Frage geht die zweite Auflage des erfolgreichen Werkes zur Disziplin Business Engineering nach. Teil eins des **Business Engineering** stellt die Grundlagen des St. Galler Ansatzes des Business Engineering umfassend vor. Teil zwei fasst die verschiedenen Ansätze aus der angewandten Forschung zum Business Engineering zusammen, analysiert die Geschäftsmodelle des Informationszeitalters, identifiziert Indikatoren und Treiber des Wandels und entwickelt Methoden und Instrumente für Veränderungsprozesse.

2., neu bearb. u. erw. Aufl. 2003. Etwa 370 S. Geb. € **44,95**; sFr 72,00
ISBN 3-540-00049-6

Springer · Kundenservice · Haberstr. 7 · 69126 Heidelberg
Tel.: (0 62 21) 345 -0 · Fax: (0 62 21) 345 -4229
e-mail: orders@springer.de

Die €-Preise für Bücher sind gültig in Deutschland und enthalten 7% MwSt.
Preisänderungen und Irrtümer vorbehalten. d&p · BA 43421-6_2/9308

Springer

J. Link,
Universität-GH Kassel (Hrsg.)

Customer Relationship Management

Erfolgreiche Kundenbeziehungen durch integrierte Informationssysteme

Durch die Kundenorientierten Informationssysteme (Database Marketing, Computer Aided Selling, Online Marketing) können Kundenwünsche individueller, wirkungsvoller, schneller und kostengünstiger erfasst, und Kunden langfristig gebunden werden. Führungskräfte aus internationalen Großunternehmen und auf dem CRM-Gebiet forschende Wissenschaftler schildern ihre Erkenntnisse und Erfahrungen.

2001. VIII, 325 S. 84 Abb., 9 Tab.
Geb. € **44,95**; sFr 72,00
ISBN 3-540-42444-X

J. Link,
Universität GH Kassel (Hrsg.)

Wettbewerbsvorteile durch Online Marketing

Die strategischen Perspektiven elektronischer Märkte

Wettbewerbsvorteile durch **Online Marketing** untersucht grundlegende Einflußgrößen, die den Erfolg und die längerfristige Entwicklung elektronischer Märkte bestimmen. Es zeigt, wie der Abbau technologischer, ökonomischer und verhaltensmäßiger Restriktionen neue Möglichkeiten der interaktiven Kundengewinnung und Kundenbindung sowie des virtuellen Einkaufs in Form von Teleshopping, Telebooking usw. beeinflußt.

2., überarb. u. erw. Aufl. 2000. IX,
330 S. 66 Abb., 5 Tab. Geb.
€ **44,95**; sFr 72,00
ISBN 3-540-67072-6

J. Link; D. Tiedtke,
Universität-GH Kassel (Hrsg.)

Erfolgreiche Praxisbeispiele im Online Marketing

Strategien und Erfahrungen aus unterschiedlichen Branchen

In Unternehmen herrscht Unsicherheit bezüglich Wirtschaftlichkeit und Konzeption eines eigenen Internet-Auftritts. Erfahrungsberichte und Musterbeispiele, die eine Orientierungsfunktion im Sinne eines Benchmarking bieten können, sind gesucht. Unternehmen wie DELL, Lufthansa oder UPS schildern, welche Marktsituation, Ziele, Strategien und Gestaltungsmerkmale ihrem Internet-Auftritt zugrundeliegen, und welche Erfahrungen und Erfolge bislang vorliegen.

2., überarb. u. erw. Aufl. 2001. VIII,
330 S. 112 Abb. Geb.
€ **44,95**; sFr 72,00
ISBN 3-540-41338-3

Springer · Kundenservice
Haberstr. 7 · 69126 Heidelberg
Tel.: (0 62 21) 345 - 0
Fax: (0 62 21) 345 - 4229
e-mail: orders@springer.de

Die €-Preise für Bücher sind gültig in Deutschland und enthalten 7% MwSt.
Preisänderungen und Irrtümer vorbehalten. d&p · BA 00024/1

Druck: betz-druck GmbH, D-64291 Darmstadt
Verarbeitung: Buchbinderei Schäffer, D-67269 Grünstadt